CB031484

V CONGRESSO NACIONAL
DE DIREITO DO TRABALHO

TÍTULO:	V JORNADAS CONGRESSO NACIONAL DE DIREITO DE TRABALHO
COORDENADOR:	ANTÓNIO MOREIRA
EDITOR:	LIVRARIA ALMEDINA – COIMBRA www.almedina.net
LIVRARIAS:	LIVRARIA ALMEDINA ARCO DE ALMEDINA, 15 TELEF. 239 851900 FAX. 239 851901 3004-509 COIMBRA – PORTUGAL livraria@almedina.net LIVRARIA ALMEDINA ARRÁBIDA SHOPPING, LOJA 158 PRACETA HENRIQUE MOREIRA AFURADA 4400-475 V. N. GAIA – PORTUGAL arrabida@almedina.net LIVRARIA ALMEDINA – PORTO R. DE CEUTA, 79 TELEF. 22 2059773 FAX. 22 2039497 4050-191 PORTO – PORTUGAL porto@almedina.net EDIÇÕES GLOBO, LDA. RUA S. FILIPE NERY, 37-A (AO RATO) TELEF. 21 3857619 FAX: 21 3844661 1250-225 LISBOA – PORTUGAL globo@almedina.net LIVRARIA ALMEDINA ATRIUM SALDANHA LOJAS 71 A 74 PRAÇA DUQUE DE SALDANHA, 1 TELEF. 21 3712690 atrium@almedina.net LIVRARIA ALMEDINA – BRAGA CAMPUS DE GUALTAR UNIVERSIDADE DO MINHO 4700-320 BRAGA TELEF. 253 678 822 braga@almedina.net
EXECUÇÃO GRÁFICA:	G.C. – GRÁFICA DE COIMBRA, LDA. PALHEIRA – ASSAFARGE 3001-453 COIMBRA Email: producao@graficadecoimbra.pt JANEIRO, 2003
DEPÓSITO LEGAL:	190640/03

Toda a reprodução desta obra, seja por fotocópia ou outro qualquer processo, sem prévia autorização escrita do Editor, é ilícita e passível de procedimento judicial contra o infractor

V CONGRESSO NACIONAL DE DIREITO DO TRABALHO

MEMÓRIAS

Coordenação
PROF. DOUTOR ANTÓNIO MOREIRA
Colaboração
DR.ª TERESA COELHO MOREIRA

ALMEDINA

NOTA PRÉVIA

As Memórias *representam a concretização possível das conferências e prelecções produzidas no V Congresso Nacional de Direito do Trabalho. E se é inquestionável que dificuldades de vária ordem me impediram de inserir mais textos, sendo o factor tempo o principal inimigo, implacável muitas vezes, não deixa de ser motivo de regozijo constatar que com este volume se cumprem cerca de duas mil páginas de textos de referência no Direito do Trabalho português. Cumpre-me, assim, agradecer penhoradamente a todos aqueles que tornaram possíveis os cinco volumes de* Memórias *que com este se completam.*

Espaço de reflexão plural, aberto, os Congressos Nacionais têm desempenhado papel de merecido destaque na reponderação e reforma do Direito do Trabalho. E, coincidências à parte, é gratificante constatar o interesse que este ramo do Direito tem despertado nos últimos anos...

...

E o VI Congresso Nacional de Direito do Trabalho vai já ter lugar nos próximos dias 13 e 14 de Fevereiro no Hotel Altis, em Lisboa.

Vilamoura, 1 de Janeiro de 2003

COMISSÃO DE HONRA

Presidente da República
Presidente da Assembleia da República
Primeiro-Ministro
Presidente do Supremo Tribunal de Justiça
Ministro do Trabalho e da Solidariedade
Provedor de Justiça
Presidente do Conselho Económico e Social
Bastonário da Ordem dos Advogados
Director do Centro de Estudos Judiciários
Presidente do IDICT
Inspector-Geral do Trabalho
Prof. Doutor Inocêncio Galvão Telles, Vice-Reitor
da Universidade Lusíada

MENSAGEM AO CONGRESSO

I
De Sua Excelência o Primeiro-Ministro, Engenheiro António Manuel de Oliveira Guterres

Ilustres Congressistas:

Este é o quinto ano de realização do Congresso Nacional do Direito do Trabalho que, pelos resultados anteriores, granjeou grande prestígio nacional e internacional, nos meios ligados à problemática juris-laboral.

Não podendo, infelizmente, estar presente, venho desejar os maiores êxitos a este Congresso na procura de soluções jurídicas que proporcionem relações de trabalho mais solidárias e mais justas.

O Primeiro-Ministro,
(*António Manuel de Oliveira Guterres*)

DIA 31 DE JANEIRO DE 2002
9h 30m

SESSÃO SOLENE DE ABERTURA

Presidência
Doutor Henrique Nascimento Rodrigues
Provedor de Justiça

Mesa de Honra
Prof. Doutor Inocêncio Galvão Telles
Vice-Reitor da Universidade Lusíada
Doutor Silva Lopes
Presidente do Conselho Económico e Social
Desembargador Dr. Mário Mendes
Director do Centro de Estudos Judiciários
Dr. Brito Xavier
Presidente do I.D.I.C.T.
Prof. Doutor António Menezes Cordeiro
*Catedrático da Faculdade de Direito da Universidade Clássica de Lisboa
e da Universidade Católica*
Prof. Doutor António José Moreira
*Catedrático das Universidades Lusíada, Director do Instituto Lusíada
do Direito do Trabalho, Assessor Principal do IDICT
e Coordenador do Congresso*

AS RAZÕES DO CONGRESSO

António Moreira

Professor Catedrático das Universidades Lusíada
Director do Instituto Lusíada de Direito do Trabalho
Assessor Principal do IDICT
Coordenador do Congresso

AS RAZÕES DO CONGRESSO

António Moreira
*Professor Catedrático
das Universidades Lusíada
Director do Instituto Lusíada
de Direito do Trabalho
Assessor Principal do IDICT
Coordenador do Congresso*

Em nome do Senhor Provedor de Justiça, Dr. Henrique Nascimento Rodrigues, declaro abertos os trabalhos deste Congresso.

Senhor Provedor de Justiça, distinto presidente da Mesa e insigne juslaboralista
Senhor Doutor Silva Lopes, Presidente do Conselho Económico e Social
Senhor Juiz Desembargador Dr. Mário Mendes, Director do Centro de Estudos Judiciários
Senhor Dr. Brito Xavier, Presidente da Direcção do IDICT
Senhor Prof. Doutor Inocêncio Galvão Telles, Mestre dos juristas portugueses e Vice-Reitor da Universidade Lusíada
Senhor Prof. Doutor António Menezes Cordeiro, brilhante académico e conferencista *reincidente* nas Sessões de Abertura destes Congressos
Senhoras e Senhores Conferencistas e Prelectores
Senhoras e Senhores Convidados
Senhoras e Senhores Congressistas
Minhas Senhoras e Meus Senhores:

A primeira palavra é de agradecimento a todos V.ªs Ex.ªs, distintos elementos da Mesa, por nos honrarem com a vossa presença nesta Sessão

Solene de Abertura do V Congresso Nacional de Direito do Trabalho, avaliando e dignificando o evento.

A segunda palavra, igualmente de agradecimento, destina-se a todas as entidades que integram a Comissão de Honra, presidida, como habitualmente, por Sua Excelência o Senhor Presidente da República e que, além dos elementos desta Mesa, integra os Senhores Presidente da Assembleia da República, Dr. António de Almeida Santos, Primeiro--Ministro, Eng. António Manuel de Oliveira Guterres, Presidente do Supremo Tribunal de Justiça, Juiz Conselheiro Dr. Aragão Seia, e Inspector-Geral do Trabalho, Dr. Inácio Mota da Silva.

A associação de tão insignes personalidades à realização deste evento dispensa-me que sobre ele teça qualquer tipo de encómio, sendo certo, também, que não é por razões taumatúrgicas que estas coisas acontecem.

E a minha terceira palavra é, ainda, de reconhecimento a todos os Senhores Conferencistas, Prelectores e Congressistas, estes na ordem das duas centenas, e que são os obreiros deste Congresso. E da partilha do enorme saber de alguns todos poderemos beneficiar.

Todos V.ªˢ Ex.ªˢ terão reparado que o Congresso abrange cinco áreas temáticas:
– As Novas Ameaças ao Direito do Trabalho;
– A Boa Fé no Contrato de Trabalho;
– Tempos de Trabalho e de Não Trabalho;
– O Direito do Trabalho e a Problemática da Igualdade; e
– Direitos Fundamentais dos trabalhadores; Inconstitucionalidades. Mundialização.

Temas muito sugestivos e que vão proporcionar reflexões essenciais, agora que o mundo é mais pequeno, agora que muitas coisas mudaram, agora que, embora com optimismos moderados, a velocidade vertiginosa de tudo e de todos pode aproximar-nos de abismos sem precedentes e de autênticos buracos negros.

Tema I – As Novas Ameaças ao Direito do Trabalho
O Direito do Trabalho, como Direito *conquistado* e, num movimento oponente, concedido, teve parto difícil e prolongado, não faltando quem lhe augurasse esperança de vida curta. Com pouco mais de um século de existência, nas experiências mais antigas, o Direito do Trabalho é alvo de críticas sérias no plano da autonomia dogmática, não obstante os ataques

e ameaças mais recentes se centrarem em torno da sua tendencial configuração unilateral, proteccionista ou de *via única*.

Não sei se, num equilíbrio sempre desejado, as velhas ameaças são mais incisivas que as novas. Mas como é destaes que se trata, vamos ouvir quem sobre elas reflectiu.

Tema II – A Boa Fé no Contrato de Trabalho

Este modelo contratual autonómico não foge a este princípio estruturante da teoria geral dos contratos. A boa fé *in contrahendo*, a boa fé na execução do contrato, a lealdade, o princípio da colaboração, *inter alia*, são matérias a abordar. Com a polémica que lhe está associada, a concitar, assim o espero, debate profícuo.

Tema III – Tempos de Trabalho e de Não Trabalho

A digressão pela história laboral do Direito reconduz-nos a tempos de trabalho dificilmente contidos nas horas que o dia comporta. E, convenhamos, que pouco se avançou desde a Convenção n.º 1 da OIT, de 1919, até aos nossos dias. À pressa sucedeu a cautela; aos sopros humanitaristas sucedeu um capitalismo sem tréguas; à *libertação* do trabalhador sucedeu, numa economia internacionalizada à escala mundial, a ideia da competitividade, necessária, e a fuga a esquemas rigidificantes de determinação dos tempos de trabalho. Quem não os conhece?! Desde isenções de horário de trabalho que visam, *contra legem*, ultrapassar os limites dos períodos normais de trabalho, *rectius,* contra princípios fundamentais da nossa ordem jurídico-laboral com assento na Constituição e não, especificamente, contra a primeira parte do art. 15.º da Lei de Duração do Trabalho, até à dita gestão flexível dos tempos de trabalho. A não existir um balizamento claro, sempre com respeito das regras da boa fé, corre-se o perigo de retrocesso aos primórdios da civilização industrial. E sempre com o receio dos trabalhadores, o fundado receio, de que não venham a integrar a enorme legião já não dos desempregados mas dos *excluídos*.

Tema IV – O Direito do Trabalho e a Problemática da Igualdade

No que concerne ao género não se trata, propriamente, dum problema da moda. É temática que abarca mais de metade da população activa e que marcou negativamente o Direito do Trabalho. Nos nossos tempos pode dizer-se que a mulher trabalhadora vai adquirindo autêntica carta de cidadania embora com alguns *tectos de vidro* difíceis de transpor.

De facto, a segregação profissional entre os sexos não é algo que se tenha de considerar inevitável ou natural. Tão pouco se deve considerar natural e inevitável que a função parental dos homens seja totalmente secundarizada. Chegar a uma distribuição mais igualitária das responsabilidades de casa e dos cuidados dos filhos deve constituir importante meta política para melhorar a condição da mulher no mercado de trabalho.

Tema V – Direitos Fundamentais dos Trabalhadores. Inconstitucionalidades... Mundialização.

A laboralização da Constituição e a constitucionalização do Direito do Trabalho marcam inquestionavelmente as relações de trabalho do presente. Com as divergências que sempre existem em matérias tão densas, vai tocar-se no fundo de algumas profundamente polémicas, ulcerosas, mas essenciais ao presente e ao futuro do Direito do Trabalho.

E as ***Conferências de Abertura e de Encerramento***, darão, respectivamente, o mote aos trabalhos e a sua síntese.

É altura de reencontrar a ética do contrato de trabalho, os valores determinantes da ordem jurídico-laboral, em época de cavalgadas galopantes para a anomia, para o desregramento, para os paraísos laborais.

No fundo, se quizesse rotular este Congresso como um conclave temático, diria que, do que se trata, é da Boa Fé no Direito do Trabalho.

E é com estas considerações meramente aproximativas da temática a abordar que iremos partir para dois dias de trabalho arduo, sem tempos de trabalho, com isenção de horário de trabalho.

Termino formulando votos de excelente trabalho e dum renovado muito obrigado a todos.

Conferência de Abertura

CONTRATO DE TRABALHO E OBJECÇÃO DE CONSCIÊNCIA

António Menezes Cordeiro

Professor Catedrático da Faculdade de Direito da Universidade Clássica de Lisboa e da Universidade Católica
Doutor em Direito

CONTRATO DE TRABALHO
E OBJECÇÃO DE CONSCIÊNCIA

António Menezes Cordeiro
*Professor Catedrático da Faculdade
de Direito da Universidade Clássica
de Lisboa e da Universidade Católica
Doutor em Direito*

I. INTRODUÇÃO

1. A objecção de consciência na Constituição

I. Segundo o artigo 41.º/1 da Constituição da República,
A liberdade de consciência, de religião e de culto é inviolável.

A esse preceito básico, o legislador constitucional acrescentou várias proposições: umas destinadas a desenvolvê-lo e, outras, a delimitá-lo. Assim:
– ninguém pode ser perseguido, privado de direitos ou isento de obrigações ou deveres cívicos por causa das suas convicções ou prática religiosa – n.º 2;
– ninguém pode ser perguntado por qualquer autoridade acerca das suas convicções ou prática religiosa, salvo para recolha de dados estatísticos não individualmente identificáveis, nem ser prejudicado por se recusar a responder – n.º 3.

Posto isso, o n.º 4 garante a separação e a liberdade das "igrejas", enquanto o n.º 5 assegura a liberdade de ensino de qualquer religião. Finalmente, dispõe o n.º 6, sempre do artigo 41.º, da Constituição:
É garantido o direito à objecção de consciência, nos termos da lei.

A objecção de consciência será, assim, a possibilidade que a pessoa tem de invocar a "liberdade de consciência, de religião e de culto", para se eximir ao acatamento de determinados deveres.

II. Aparentemente, estamos perante uma contradição intraconstitucional. O artigo 41.º/2 problema que ninguém pode ser isento de obrigações ou deveres cívicos por causa das suas convicções ou prática religiosa, enquanto, logo de seguida, o n.º 6 do mesmo artigo garante o "direito à objecção de consciência".

A contradição pode ser superada com recurso a algumas precisões. No n.º 2, proíbe-se a isenção de *obrigações cívicas* ou de *deveres cívicos*, isto é: de obrigações ou de deveres que assistem a todos os cidadãos, só pelo facto de o serem. Mas não se impede que, em nome da referida "objecção de consciência", tais obrigações ou deveres cívicos não possam ser perguntados por outros.

No n.º 6, assegura-se, em geral – e portanto: não apenas perante obrigações ou deveres cívicos – o direito à objecção de consciência: mas nos termos da lei.

III. O artigo 41.º/2 e 6 da Constituição teve em vista o problema da obrigação ao serviço militar, ainda que não exclusivamente[1]. Mas fica-se pelo campo das "obrigações e deveres cívicos". Além disso, a harmonização desses preceitos exige, como se viu, que ao desempenho "objectado" se substitua um outro, equivalente. Isso só é possível através de uma lei adequada.

A "objecção de consciência" constitucional não tem a amplidão que poderia resultar de uma sua leitura isolada. Basta pensar na filosofia naturalista que proibisse... o pagamento de impostos: nenhuma Constituição a aceitaria. Ele só é admissível quando haja deveres de substituição, o que implica uma lei especialmente adaptada. Por isso, a

---

[1] JORGE MIRANDA, *Manual de Direito constitucional*, tomo IV – *Direitos fundamentais*, 3ª ed. (2000), 417-418, declara que esse preceito antes "... pode abranger quaisquer adstrições colectivas que contendam com as crenças e convicções". GOMES CANOTILHO e VITAL MOREIRA, *Constituição da República Portuguesa Anotada*, 3ª ed. (1993), 245, entendem: "É evidente (...) que a Constituição não reserva a objecção de consciência apenas para as obrigações militares (...) nem somente para os motivos de índole religiosa, podendo portanto invocar-se em relação a outros domínios e fundamentar-se em outras razões de consciência (morais, filosóficas, etc.)".

objecção de consciência está sob reserva de lei, sendo um direito "procedimentalmente dependente"[2].

2. A objecção de consciência perante o serviço militar

I. A objecção de consciência veio a sofrer um tratamento legal diferenciado perante o problema do serviço militar. Assim surgiu a Lei n.º 6/85, de 4 de Maio[3], cujo artigo 1.º/2 dispunha:

> O direito à objecção de consciência comporta a isenção do serviço militar, quer em tempo de paz quer em tempo de guerra, e implica para os respectivos titulares o dever de prestar um serviço cívico adequado à sua situação[4] [5].

A situação de objector de consciência adquiria-se por decisão judicial – artigo 9.º. Seguia-se, para tanto, um processo regulado nos artigos 16.º e seguintes da referida Lei n.º 6/85, de 4 de Maio.

II. A solução do recurso ao processo judicial deu lugar a alguns interessantes arestos dos nossos tribunais[6] [7]. Todavia, era inviável, na prática, pela sua morosidade. Por isso, a Lei n.º 7/92, de 12 de Maio, regulou de novo a objecção de consciência perante o serviço militar, veio estabelecer um processo administrativo[8].

---

[2] G. CANOTILHO/V. MOREIRA, *Constituição*, 3ª ed. cit., 246.

[3] Depois alterada pela Lei nº 101/88, de 25 de Agosto.

[4] Por seu turno, o artigo 2º definia os objectores de consciência: "... os cidadãos convictos de que, por motivos de ordem religiosa, moral ou filosófica, lhes não é legítimo usar meios violentos de qualquer natureza contra o seu semelhante, ainda que para fins de defesa nacional, colectiva ou pessoal".

[5] O serviço cívico era, depois, regulado pelo Decreto-Lei nº 91/87, de 27 de Fevereiro.

[6] Assim e como exemplos: RLx 23-Out.-1986 (IANQUEL MILHANO), CJ XI (1986) 4, 167-168, com uma exposição sobre "testemunhas de Jeová"; REv 23-Out.-1986 (CASTRO MENDES), CJ XI (1986) 4, 291-293, com interessantes referências históricas; com uma precisão modelar: REv 2-Out.-1986 (CARDONA FERREIRA), CJ XII (1986) 4, 283-285. Quanto à insuficiência de uma "... platónica profissão de fé pacifista...", RPt 18-Nov.--1986 (PINTO FURTADO), CJ XI (1986) 5, 218-219.

[7] Lei nº 39/91, de 27 de Julho, que veio regularizar a situação dos cidadãos que, nos termos do artigo 28º da Lei nº 8/85, de 4 de Maio, aguardavam decisão sobre a sua situação.

[8] A Constituição não adstringia o legislador a um processo judicial; cf. TC nº 143/88, de 16 de Junho (VITAL MOREIRA), BMJ 378 (1988), 183-191.

O reconhecimento do estatuto de objector de consciência passou a competir à Comissão Nacional de Objecção de Consciência, nos termos do artigo 19.º da Lei n.º 7/92. A Lei em questão foi alterada pela Lei n.º 138/99, de 28 de Agosto. O serviço único substitutivo foi regulado pelo Decreto-Lei n.º 191/92, e 8 de Setembro. Tudo isto perdeu relevo com o fim do serviço militar obrigatório[9].

III. Chegamos, assim, a uma "objecção de consciência" típica: a prevista na Constituição com a potencialidade de provocar a substituição de "obrigações e deveres cívicos" por outros, de equivalente penosidade. Tal objecção de consciência, necessariamente dependente da lei, encontrou uma regulamentação expressa no campo do serviço militar.

3. A objecção de consciência comum; relevância laboral

I. Além da objecção de consciência expressamente referida no artigo 41.º/6 da Constituição, encontramos uma objecção de consciência comum.

Desta feita, trata-se da possibilidade de bloquear a exigência do cumprimento de um dever, através da invocação de uma prerrogativa fundamental: a objecção de consciência. Ela não consta de qualquer lei expressa, antes devendo ser construída pela doutrina e pela jurisprudência.

II. A figura da objecção de consciência é, à partida, vaga. Além disso e a ser reconhecida, ela teria efeitos radicais: permitiria ao "objector" liberar-se de quaisquer obrigações, em detrimento do credor ou da sociedade e isso, à partida, sem qualquer contrapartida. Pode, ainda, ser censurável. Os deveres cívicos são, muitas vezes, voluntariamente assumidos. Como objectar, depois, de consciência? Compreende-se, por isso, que sendo um tema aprazível, a objecção de consciência implique um cuidadoso manuseio dos instrumentos em presença.

III. No Direito do trabalho, a objecção de consciência surge como um potencial contraponto ao poder de direcção patronal. O trabalhador

---

[9] Cf. a Lei nº 174/99, de 21 de Setembro.

subordinado sujeita-se a concretizar a prestação-trabalho de acordo com as instruções que receba do empregador. Com limites. Assim, se receber ordens que contundam com a sua consciência, pode objectar, desobedecendo licitamente?
Vamos procurar esclarecer esse aspecto.

II – A "JURIDIFICAÇÃO" DA "CONSCIÊNCIA"

4. A "Moral e o Direito"

I. O artigo 41.°/1 da Constituição refere, como inviolável, a liberdade de consciência, de religião e de culto. Partindo daqui, parece-nos que a "consciência" opera como factor decisivo. Podemos alargá-lo à objecção de consciência comum e na linha de uma tradição já consagrada.
A consciência surge como uma instância inteira, de controlo de comportamentos: a sua associação à Moral é inevitável.

II. Distinguir Moral e Direito é, nas palavras de JHERING, o "Cabo Horn da Filosofia Jurídica"[10]. Os diversos critérios apresentados são insatisfatórios[11]. Assim:
– o Direito não é um "mínimo ético": há normas jurídicas e moralmente neutras;
– o Direito não é coercivo: tende mesmo a, progressivamente, prescindir de sanções aplicáveis pela força;
– o Direito não é bilateral, por oposição à Moral, unilateral: ambas as ordens jogam com a vida de relação.

Se recorrermos à História verificamos que diversas ordenações Direito/Moral se têm sucedido. Assim[12]:
– o jusnaturalismo escolástico propendia para uma unidade Direito/ Moral: o primeiro serviria a segunda; trata-se de uma posição

---

[10] Cf. ARTHUR KAUFMANN, *Recht und Sittlichkeit* (1964), 7.
[11] Entre muitos e com indicações: KARL LARENZ, *Sittlichkeit und Recht* (1943), 186 ss., KARL ENGISCH, *Auf der Suche nach der Gesetzigkeit* (1971), 84 ss. e o clássico OTTO VON GIERKE, *Recht und Sittlichkeit* (1917, reimp. 1963), Logos 6, 211-264 (222 ss.).
[12] HEINRICH HENKEL, *Einführung in die Rechtsphilosophie*, 2ª ed. (1977), 78 ss..

retomada, no movimentado século XX, pelos pensamentos totalitários;
- o positivismo defende uma separação de raiz entre o Direito e a Moral: funções diversas e perspectivas distintas; no fundo, pretende prevenir-se a erupção, no Direito, de elementos a ele alheios;
- o kantismo e o neo-kantismo inclinam-se para uma diferença entre Direito e Moral: exterioridade *versus* interioridade.

III. Cabe perguntar se, sob tudo isto, não reinará uma diversidade terminológica: o que entender como Moral? Vamos usar a ordenação do tema em quatro esferas, de acordo com a exposição de HENKEL[13]. Temos:
- a Moral autónoma ou Ética da consciência: parte da ideia de bem em si, a realizar como imperativo de consciência; esta, de nível individual – e portanto: independente de grupos ou de condicionalismos histórico-culturais – opera como única instância de controlo;
- a Ética dos grandes sistemas (religiosos ou profanos): embora interior, ela é preconizada, na base de factores histórico-culturais, para uma multiplicidade de pessoas; nessa medida, ela faculta uma apreciação supra-individual das condutas;
- a Moral social: ligada à tradição e a condicionalismos de grupo, ela equivale à exigência de comportamentos éticos, posta, pela sociedade, aos seus membros;
- a Moral humana: corresponde ao menor denominador comum de toda a Humanidade, dando corpo a grandes vectores universais, fatalmente muito vagos.

IV. Perante esta classificação, poderíamos dizer que a Moral autónoma fica separada do Direito; a Ética dos grandes sistemas é diferente do Direito: interior, perante a exterioridade deste. Já a Moral social e a Moral humana tornam-se de diferenciações problemáticas, perante o jurídico.

A moderna antropologia sublinha que a Moral e Direito são ministradas do exterior. Os códigos de conduta (incluindo os que tangem à consciência de cada um) advêm de um condicionamento exterior[14] reportado, de modo indiferente, à Moral e ao Direito.

---

[13] HEINRICH HENKEL, *Einführung in die Rechtsphilosophie*, 2ª ed. cit., 67 ss..
[14] Trata-se de "socialização" em sentido sociológico.

Sem prejuízo da discussão filosófica – que provavelmente acompanhará toda a História da Humanidade – poderemos dizer que o Direito traduz, das regras de ordenação das condutas humanas, a parte juspositivada, isto é: aquela que dispõe de esquemas institucionalizados de realização normativa (legislação, interpretação e aplicação). A Moral (social) será, então, o corpo de regras de conduta que não disponha de instâncias próprias de aplicação.

Fora isso, o Direito traduz, sempre, em cada sociedade, o "código moral" historicamente mais diferenciado e perfeito.

5. A "consciência" relevante

I. A consciência relevante para o Direito será, em princípio aquela que assuma uma dimensão social e, daí: uma susceptibilidade de submissão a uma instância de controlo. Na História recente, esta afirmação documenta-se nas leis relativas à objecção de consciência perante a obrigatoriedade de prestação de serviço militar.

II. Todavia, essa "exteriorização" da consciência relevante não poderá – sob pena de inutilizar a noção – deixar de a reportar a uma prerrogativa muito pessoal do sujeito: algo que está na sua disponibilidade e cuja concretização dependerá, no maior grau, da sua autodeterminação pessoal.

A consciência relevante poderá assim exprimir-se numa ideia de direito próprio do sujeito, ainda que, para tanto, se utilize "direito" no sentido mais lato do termo.

III. A jussubjectivação da "consciência", preço a pagar pela sua relevância jurídico-positiva implica, ainda, uma especial carga valorativa. Não há nenhuma razão para que a consciência de um possa bater a consciência de outro. O direito de um cessa, perante o de outro. Outro tanto sucede às "liberdades" de todos.

Chegados aqui impõe-se o apelo a "direitos fundamentais". Trata-se de posições jurídicas subjectivas que, mercê do sistema de fontes assumem uma força preponderante sobre outras posições que se lhes oponham.

"Consciência relevante" é aquela que se possa apoiar em direitos fundamentais.

IV. A liberdade que, historicamente, facultou a "juridificação" da consciência é a religiosa. Vimos, acima, como reclamando embora o domínio da consciência dos homens, as regras religiosas estão historico-culturalmente alicerçadas, facultando uma exteriorização operacional mínima.

Esta filiação histórica da "consciência" transparece no artigo 41.º/1 da Constituição quando, em conjunto, garante "a liberdade de consciência, de religião e de culto". Poderemos alargá-la ao respeito de valores consideráveis, mesmo quando não enquadrados em religiões específicas: pense-se no médico ateu e que, não obstante, recuse a interrupção voluntária da gravidez, por respeito com a vida ou, até, no médico veterinário a quem repugnem touradas.

Veremos como aproveitar, em termos técnico-jurídicos fecundos, esta tradição jurídico-cultural.

III. DIREITOS FUNDAMENTAIS E OUTRAS FIGURAS AFINS

6. Os direitos do homem

I. Os direitos do homem traduzem prerrogativas próprias de cada ser humano e que o Direito não pode deixar de consignar. Eles prendem-se com a dignidade da pessoa, articulando-se com toda uma evolução histórico-cultural.

Na tradição ocidental, encontramos um reconhecimento de tais posições nos gregos clássicos[15] e, depois, nos cristãos[16]. Ao longo da Idade Média, e embora com outras manifestações interessantes, dispersas pela Europa, eles foram sobretudo institucionalizados pela tradição britânica.

II. O publicista e professor de Münster ALBERT BLECKMANN situa a origem moderna das fórmulas dos direitos fundamentais nas cortes medievais: reuniões de nobres, clero e burguesia onde, sob forma contratual, era imposta ao rei a necessidade de respeitar certas prerrogativas: o

---

[15] KONRAD LÖW, *Die Grundrechte* (1982), 51.
[16] *Idem*, 55.

respeito pelo Direito consuetudinário, a correcta aplicação da justiça, o reconhecimento da propriedade e a defesa da paz[17].

Pioneiras: as cortes de Leão, de 1188 e a *Magna Charta Libertatum* britânica, de 1215[18]. Exemplos semelhantes ocorreram nos diversos territórios europeus.

O desenvolvimento da moderna teoria do Estado, a partir do século XVII deu novas perspectivas aos hoje ditos "direitos fundamentais". JOHN MILTON, secretário de CROMWELL, formulou os postulados seguintes[19]: direito à vida, propriedade e liberdade, liberdades de religião e de consciência, liberdade de expressão e de imprensa.

Seguiram-se os estudiosos do "contrato social": JOHN LOCKE (1632-1704)[20], DAVID HUME (1711-1776)[21] e JEAN-JACQUES ROUSSEAU (1712-1778)[22]. LOCKE considerava a vida, a liberdade e a propriedade como direitos inatos, correspondentes ao estado natural, e que o contrato social visou assegurar. HUME explicava que havendo um contrato social, os seus termos tinham de ser respeitados; o poder supremo não poderia retirar seja a quem for parte da sua propriedade sem o assentimento do próprio ou dos seus representantes[23]. ROUSSEAU, por fim, entendia que, pelo pacto social, os homens (as sociedades) alienavam-se totalmente, com todos os seus direitos, à comunidade; e como todos fariam o mesmo, ninguém perderia: ganha-se o equivalente do que se perca e o que se tenha[24].

---

[17] Cf. ALBERT BLECKMANN, *Staatsrecht II – Die Grundrechte*, 4ª ed. (1997), 2 ss..

[18] Quanto à *Magna Carta* e, em geral, no tocante a esta evolução: JÖRG IPSEN, *Staatsrecht II – (Grundrechte)*, 3ª ed. (2000), 5 ss., GERRIT MANSSEN, *Grundrechte* (2000), 1 ss. e MICHAEL SACHS, *Verfassungsrecht II – Grundrechte* (2000), 1 ss.; entre nós e com numerosas indicações, JORGE MIRANDA, *Manual de Direito Constitucional*, tomo IV – *Direitos fundamentais*, 3ª ed. cit., 12 ss..

[19] BLECKMANN, *Die Grundrechte*, 4ª ed. cit., 3.

[20] JOHN LOCKE, especialmente *Two Treatises on Civil Government* (1690), sendo relevante o segundo *An Essay Concerning the true Original, Extent and End of Civil Government* publicado em *Social Contract/Essays by LOCKE, HUME and ROUSSEAU*, intr. Sir ERNEST BARKER, 1947, 1-206.

[21] DAVID HUME, *Of the original contract*, publ. em *Moral and Political Essays* (1748) e incluído em Sir ERNEST BARKER, *Essays* cit., 209-236 (236).

[22] JEAN-JACQUES ROUSSEAU, *Du contrat social* (1762), publ. *Du contrat social on principes du droit politique* (ed. 1962), 243-244; na trad. ingl. publ. Sir E. BARKER, cf. 256.

[23] Cf. JEROME J. SHESTACK, *The Philosophical Foundations of Human Rights*, em JANUSZ SYMONIDES (ed.), *Human Rights: Concept and Standards* (2000), 31-66 (36 ss.).

[24] A imagem contratualista ocorre, ainda hoje, sob diversas fórmulas; assim RONALD DWORKIN, *Freiheit, Selbstregierung und der Wille des Volkes / Ist Demokratie heite noch möglich?* em GOSEPATH/LOHMANN, *Philosophie der Menschenrechte* (1998)m 293-309).

Estava lançada a base ideológica dos futuros direitos fundamentais[25].

III. Os direitos do homem desenvolveram-se como um esquema destinado a conter o Estado, evitando a intromissão deste na vida e nos interesses das pessoas.

Nos finais do século XVIII, eles obtiveram êxitos sucessivos importantes: ficaram consignados no *Bill of Rights* da Virgínia, de 12-Jun.-1778 e na Declaração de Direitos francesa, de 1789.

Acompanharam, depois, os êxitos do liberalismo, nos diversos países, entre os quais o nosso.

IV. Os direitos do homem foram-se alargando. Num primeiro momento, eles surgiam como defesas simples, dando azo aos chamados "direitos de liberdade negativa": o direito à vida, como exemplo. Alargaram-se, depois, à "participação activa" (liberdade de imprensa) e à "participação social" (segurança social)[26]. Estes últimos passos adviriam, todavia, já na fase de "direitos fundamentais".

7. Os direitos fundamentais

I. Os direitos fundamentais[27] correspondem à juspositivação, nas ordens internas do tipo continental, dos direitos do homem[28]. Embora com antecedentes, a expressão "direitos fundamentais" ficou consignada na Constituição do *Reich* alemão de 11 de Agosto de 1919 – a Cons-

---

[25] Cf. THOMAS BUERGENTHAL, *International Human Rights in an Historical Perspective*, em SYMONIDES (ed.), *Human Rights* (2000), 3-30.

[26] GEORG LOHMANN, *Die unterschiedlichen Menschenrechte*, em K. PETER FRITZSCHE/GEORG LOHMANN, *Menschenrechte zwischen Anspruch und Wirklichkeit* (2000), 9-23 (12, 15 e 18, respectivamente). Esta tripartição corresponde à doutrina dos "três estados", de JELLINEK, relativa aos "direitos públicos": o *status libertae*, negativo, o *status civitatis*, positivo e o *status activae civitatis*, social; cf. GEORG JELLINEK, *System der subjektiven öffentlichen Rechte*, 2ª ed. (1905, reimp., 1963), 94 ss., 114 ss. e 136 ss., respectivamente.

[27] Quanto à preferência por "direitos fundamentais" cf. JORGE MIRANDA, *Direitos fundamentais*, 3ª ed. cit., 51-52, em termos convincentes.

[28] GERRIT MANSSEN, *Grundrechte* cit., 5. Cf., entre nós, JORGE BACELAR GOUVEIA, *O estado de excepção no Direito constitucional*, II vol. (1998), 1463 ss..

tituição de Weimar – que lhe dedicou os artigos 109 a 165[29], sob o título "direitos fundamentais".

A Constituição portuguesa de 1976, aproveitando toda uma série de experiências anteriores e assente no nível elevado do constitucionalismo português, acolheu e desenvolveu a matéria, da melhor forma.

Podemos apresentar os direitos fundamentais como as posições jurídicas activas das pessoas, consagradas na Constituição. Serão formais quando se considere a Constituição formal – portanto: o diploma, aprovado com determinadas solenidades e a que se chame "Constituição" – e materiais quando resultem dos princípios e normas essenciais de determinado ordenamento[30]. Os direitos fundamentais apresentam-se, no essencial, como produto de um discurso jurídico-constitucional. Todavia, a realidade a que se reportam suporta reflexões filosóficas e comporta um posicionamento internacional[31]

II. Em termos técnicos rigorosos, nem todos os "direitos fundamentais" são verdadeiros "direitos": eles acolhem posições activas de tipo genérico, como as "liberdades"[32]. Trata-se, todavia, de uma expressão consagrada.

A multiplicação de "direitos" fora de qualquer técnica jurídica pode provocar a sua desvalorização. Os próprios direitos fundamentais são exageradamente invocados. Assim, VON MÜNCH relata, na experiência alemã e até 1998, 117 528 queixas por pretensas violações da Constituição de 1949, das quais 114 512 por alegados atentados aos direitos fundamentais. Destas, apenas 3 000 (2,62%) obtiveram provimento, o que dá bem a ideia da empolada litigiosidade constitucional[33].

Feita a prevenção, nenhum obstáculo existe em que se continue a falar de "direitos".

---

[29] Cf. FRITZ POETZSCH-HEFFTER, *Handausgabe der Reichsverfassung vom 11.August 1919*, 2ª ed. (1921), 163 ss. e *Handkommentar der Reichsverfassung vom 11.August 1919*, 3ª ed. (1928), 392-501. MICHAEL SACHS, *Verfassungsrecht II – Grundrechte* cit., 5, fala, a tal propósito, no primeiro catálogo de direitos fundamentais.

[30] Cf. JORGE MIRANDA, *Direitos fundamentais*, 3ª ed. cit., 7 ss., com indicações.

[31] JOSÉ CARLOS VIEIRA DE ANDRADE, *Os direitos fundamentais na Constituição portuguesa de 1976* (1983), 11 ss., 16 ss. e 25 ss..

[32] Cf. a perspectiva de GREGORIO PECES-BARBA MARTINEZ, *Diritti e doveri fundamentali*, DDPubl V (1990), 139-159.

[33] INGO VON MÜNCH/PHILIP KUNIG, *Grundgesetz-Kommentar*, 5ª ed. (2000), prenot. art. 1-19 (21 ss.).

8. Segue; classificações e enunciado

I. Os direitos fundamentais são susceptíveis de classificações diversas. Todas elas têm interesse para o melhor conhecimento da figura. Vamos, todavia, atermo-nos às mais significativas, num prisma de Direito privado.

> SACHS distingue os direitos fundamentais em função da fonte, do titular, do obrigado e da matéria regulada[34]. No tocante à fonte, teríamos direitos com assento na constituição federal, na constituição dos estados federados, nos textos europeus ou no Direito internacional. Quanto ao titular teríamos direitos comuns e direitos próprios de certas categorias: mães, crianças, minorias, refugiados, etc.. A ideia do obrigado permitiria distinguir direitos oponíveis ao Estado ou *erga omnes*. Finalmente, a matéria regulada atenderia ao tema neles em jogo: religião, cultura, economia, vida privada ou opção política.
>
> Outras ordenações são possíveis, com relevo para o desenvolvimento de JORGE MIRANDA, que distingue direitos (fundamentais) individuais e institucionais, comuns e particulares, do homem, do cidadão e do trabalhador, pessoais, sociais e políticos, gerais e especiais, materiais e procedimentais[35][36].

A prevalência – que seguramente se impõe, de um ponto de vista pragmático e, logo, científico – de critérios científicos levará a circunscrever os direitos fundamentais aos que resultem, directa ou proximamente, da Constituição.

II. Para efeitos do estudo material do tema, interessa distinguir os direitos fundamentais de acordo com categorias civis.

A contraposição básica distingue, nos direitos fundamentais, os direitos subjectivos *proprio sensu* dos restantes[37]. Apenas os primeiros

---

[34] SACHS, *Verfassungsecht* II – *Grundrechte* cit., 30-31.
[35] JORGE MIRANDA, *Direitos fundamentais*, 3ª ed. cit., 77 ss..
[36] Quanto ao universo jurídico-positivo dos direitos fundamentais, tem interesse confrontar o índice da recolha de JORGE BACELAR GOUVEIA, *Legislação de direitos fundamentais* (1991), 517 ss.: a própria LDC está aí incluída.
[37] Trata-se de uma distinção que apresenta contratos com as contraposições publicísticas entre "direitos", "liberdades" e "garantias", embora não se confunda com elas; cf. JORGE MIRANDA, *Direitos fundamentais*, 3ª ed. cit., 95 ss..

são "direitos subjectivos": os demais traduzem posições favoráveis que, por falta de especificidade do bem a que se reportem, se traduzem, no essencial, em permissões genéricas ou liberdades. A esta luz, não são direitos (subjectivos) a liberdade de religião, a liberdade de educação, a liberdade de constituir família ou a liberdade de imprensa: implicam permissões genéricas e não específicas. Todavia, tais "liberdades" poderão seguir um regime próprio dos direitos subjectivos.

Segue-se a distinção entre direitos (fundamentais) privados e os públicos: os primeiros correspondem a regras materialmente civis ou privadas, isto é: a regras que, embora constitucionalizadas, se podem considerar como de Direito privado, através dos critérios histórico-sistemáticos. Os direitos fundamentais públicos têm a ver com regras administrativas, pessoais ou processuais. Serão direitos fundamentais públicos o direito à tutela jurisdicional efectiva – 20.º –, o direito de resistência[38] – 21.º – e o direito à contenção das medidas criminais – 28.º a 33.º, todos da Constituição e como exemplos[39].

III. Finalmente, os direitos fundamentais privados correspondem a direitos de personalidade quando se reportem a bens de personalidade. São eles[40]:
– o direito à vida – 24.º/1;
– o direito à integridade moral e física – 25.º/1;
– os "direitos pessoais" referidos no artigo 26.º/1:
  – direito à identidade pessoal;
  – direito ao desenvolvimento da personalidade;
  – direito à capacidade civil;
  – direito à cidadania;
  – direito ao bom nome e reputação;
  – direito à imagem;

---

[38] Haveria aqui que distinguir em "direito geral de resistência", mera liberdade e o direito (específico) de resistência, que se consubstanciaria caso a caso, depois de verificados os pressupostos respectivos.

[39] Ocorre aqui referir a classificação das posições jurídicas públicas, apresentada por JELLINEK, em *status libertatis*, *status civitatis* e *status activae civitatis* e que pode ser seguida em JORGE MIRANDA, *Direitos fundamentais*, 3ª ed. cit., 87-89; cf. GEORG JELLINEK, *System der subjektiven öffentlichen Rechte*, 2ª ed. (1905, reimpr., 1963), 94 ss., 114 ss. e 136 ss., respectivamente.

[40] Os artigos citados pertencem à Constituição.

– direito à palavra;
– direito à reserva da intimidade da vida privada e familiar;
– direito à protecção legal contra quaisquer formas de discriminação.

Este último direito pode assumir uma feição pública.
O artigo 26.º/3 permite ainda isolar um "direito à dignidade pessoal e à identidade genética": figura híbrida, mas cujos contornos devem ser precisados pelo Direito.

IV. A grande base constitucional dos direitos fundamentais (civis) de personalidade reside, pois, nos artigos 24.º/1, 25.º/1 e 26.º/1, todos da Constituição. As figuras aí consignadas mereceram, depois, diversas concretizações. Assim:
– o direito à inviolabilidade do domicílio – 34.º/1;
– o direito ao sigilo da correspondência e de outros meios de comunicação privada – *idem*;
– o direito de acesso aos dados informáticos que digam respeito ao sujeito – 35.º/1;
– o direito de resposta, de rectificação e de indemnização por infracções cometidas ao "abrigo" da liberdade de expressão e de informação – 37.º/4[41];
– o direito moral de autor – 42.º/2.

Posições importantes como a liberdade de iniciativa económica privada ou liberdade de empresa – 61.º/1 – e o acesso à propriedade (ou apropriação) privada – 62.º/1 – não são direitos de personalidade nem, sequer, direitos subjectivos: apenas *in concreto* esta última figura poderá surgir.

V. A Constituição assegura, ainda, diversas prerrogativas que poderão, depois, inflectir ou mesmo enformar direitos de personalidade. Vamos recordar os seguintes "direitos":
– à segurança social – 63.º/1;
– à protecção da saúde – 64.º/1;

---

[41] As próprias liberdades de expressão e de informação não surgem como direitos subjectivos, dada a natureza genérica das permissões em que assentam.

– à habitação "... de dimensão adequada, com condições de higiene e conforto e que preserve a intimidade pessoal e a privacidade familiar..." – 65.º/1;
– ao ambiente de vida humana, sadio e ecologicamente equilibrado – 66.º/1.

Também os "direitos" específicos de certas categorias, como os dos pais e mães – 68.º/1 –, das crianças – 69.º/1 –, dos jovens – 70.º/1 – dos deficientes – 71.º1 – e dos idosos – 72.º/1, não sendo verdadeiros direitos subjectivos, têm um papel na concretização dos verdadeiros direitos (fundamentais) de personalidade.

Na mesma linha podemos referir os "direitos" culturais: à educação e cultura – 73.º/1 –, ao ensino – 74.º/1 – à fruição e criação cultural – 78.º/1 – e à cultura física e desporto – 79.º/1, todos da Constituição.

VI. Por fim, temos direitos fundamentais não previstos na Constituição[42]: seja derivados de meras leis ordinárias[43], seja totalmente atípicos[44]. Muitas vezes, a multiplicação de direitos assim conseguida, deriva da não utilização de "direito" em termos técnicos[45]. Teremos sempre de nos interrogar quanto ao regime: poderemos estar perante posições activas fundamentais, diferentes de direitos.

9. O regime

I. Os direitos fundamentais têm um regime específico, dotado de esquemas que visam assegurar a sua efectivação. Compreende-se a sua importância: sempre que um direito de personalidade possa acolher-se a um "direito fundamental", a sua tutela ficará reforçada.

---

[42] Cf. JORGE MIRANDA, *A abertura constitucional a novos direitos fundamentais*, nos *Estudos em Homenagem ao Professor Doutor Manuel Gomes da Silva* (2001), 559-572.
[43] *Vide* a larga enumeração de JORGE MIRANDA, *A abertura constitucional* cit., 569 ss..
[44] Cf. JORGE BACELAR GOUVEIA, *Os direitos fundamentais atípicos* (1995), falando em *numerus apertus* – 67 ss.; o direito fundamental atípico não resulta, nos seus contornos e em rigor, de nenhuma lei, antes sendo confeccionável pela vontade das partes ou do seu titular.
[45] Cf. as modalidades constantes de BACELAR GOUVEIA, *Os direitos fundamentais atípicos* cit., 81 ss..

Segundo o artigo 18.º/1 da Constituição,
 Os preceitos constitucionais respeitantes aos direitos, liberdades e garantias são directamente aplicáveis e vinculam as entidades públicas e privadas.

Trata-se de um esquema retirado do artigo 1.º/3 da Lei Fundamental alemã[46], visando uma protecção alargada e efectiva[47]. No fundo, o preceito visa prevenir que, através de leis ordinárias, o Estado acabe por frustrar a mensagem normativa ínsita nos direitos fundamentais[48].

Na base deste preceito, os tribunais têm feito aplicações importantes: no campo do processo[49] e no domínio dos direitos substantivos[50].

II. Ainda a propósito do regime pôs-se a questão complexa da eficácia civil ou *erga omnes* dos direitos fundamentais. O problema põe-se porque, em princípio, os direitos fundamentais deveriam dirigir-se contra o Estado: apenas reflexamente se situariam no campo privado, obrigando outros particulares[51].

Neste momento, temos disponíveis elementos que permitem ir mais longe. Quando o artigo 18.º/1 da Constituição, superando o próprio artigo 1.º/3 da Lei Fundamental Alemã, afirma que os direitos fundamentais "... vinculam as entidades (...) privadas..."[52], fá-lo sob a lógica reserva de se tratar de direitos que, pela sua própria estrutura, possam atingir os outros particulares. Por exemplo, o "direito" fundamental à habitação não permite, ao arrendatário, bloquear a possibilidade de o senhorio despejar o prédio para obras: trata-se de um "direito" a acções ou prestações do

---

[46] Cf. IPSEN, *Grundrechte*, 4ª ed. cit., 17 e JORGE MIRANDA, *Direitos fundamentais*, 3ª ed. cit., 311 ss..

[47] HELMUT GOERLICH, *Grundrechte als Verfahrensgarantien* (1981), 137 ss..

[48] Cf. VIEIRA DE ANDRADE, *Os direitos fundamentais* cit., 254 ss..

[49] Assim, em RPt 20-Dez.-2000 (MANSO RAINHO), CJ XX (2000) 5, 235-236, a propósito da consulta do inquérito, em processo penal.

[50] Assim, RLx 15-Mar.-2000 (MARCOLINO DE JESUS), CJ XXV (2000) 2, 90-92 (91/I), num caso relativo ao bom nome.

[51] KONRAD LÖW, *Die Grundrechte* (1982), 24.

[52] Cf., quanto a esse preceito, VIEIRA DE ANDRADE, *Os direitos fundamentais* cit., 270 ss., JOSÉ JOÃO ABRANTES, *A vinculação das entidades privadas aos direitos fundamentais* (1990), 87 ss. e JORGE MIRANDA, *Direitos fundamentais*, 3ª ed. cit., 320 ss.; cf., ainda, as considerações feitas neste *Tratado*, I, 1, 2ª ed., 204 ss..

Estado, de cariz programático[53], e não de um direito real que deva ser imposto ao senhorio, sob pena, aliás, de grave atentado ao princípio da igualdade.

Os direitos fundamentais que, estruturalmente, surgem oponíveis *erga omnes* são, precisamente, os direitos de personalidade.

III. A referência, em tal conjuntura, a "direitos fundamentais" teria um duplo papel: permitiria isolar o direito de personalidade concreto que, por ter sido constitucionalmente nomeado, disporia de um suplemento de peso argumentativo e aplicativo; implicaria uma especial intensidade normativa, pondo-os ao abrigo de normas hierarquicamente inferiores.

A eficácia civil dos direitos fundamentais será abaixo explicitada.

IV – A OBJECÇÃO DE CONSCIÊNCIA

10. Os direitos "de consciência"

I. Numa delimitação progressiva do nosso tema, chegamos aos direitos fundamentais susceptíveis de enformar a consciência humana.

Não parece adequado reeditar, a este propósito, toda uma discussão sobre a Moral e a consciência ética: não há respostas unívocas e, sobretudo: não se vê como possa o Direito tomar posição, impondo uma Moral (qualquer uma) a outra.

II. Remeter para a consciência de alguém é, no fundo, deixar uma decisão à livre opção da pessoa considerada, em função de opções de tipo espiritual. Ora, a "livre decisão" de uma pessoa só pode ser imposta a outra quando constitua o conteúdo de um direito. Mais precisamente: um direito absoluto, oponível *erga omnes* e que não admita restrições contratuais.

No campo do Direito do trabalho: falamos de um direito subjectivo que permita, ao seu titular, deter a obediência laboral.

III. Encontramos tais direitos – podemos chamar-lhes "de consciência" – entre os direitos fundamentais visados para a liberdade interior da pessoa: liberdade religiosa, liberdade artística, liberdade educativa.

---

[53] TC nº 333/99, de 8 de Junho (Vítor Nunes de Almeida; vencida: Fernanda Palma), BMJ 488 (1999), 94-102 (99, com indicações).

Pergunta-se agora: podemos opor tais "liberdades", quando constituídas com direitos fundamentais, a terceiros? A resposta será dada pela doutrina da eficácia civil ou eficácia reflexa dos direitos fundamentais. Vamos ver como.

11. Relevância substantiva dos direitos fundamentais

I. Os direitos fundamentais corresponderam a uma técnica constitucional de salvaguarda das pessoas. Tal técnica acabaria por ganhar uma relevância substantiva. Por duas vias:
– pela própria compleitude da análise constitucional;
– pelo peso argumentativo que a presença, no texto constitucional, faculta a certos factores jussubjectivos.

Os direitos fundamentais alcançam, na sua formulação constitucional, um nível de pormenor que escapa, em regra, aos correspondentes ramos substantivos. No que toca ao Direito da personalidade (civil), tudo se perde em pouco mais do que formulações genéricas como as do artigo 70.º do Código Civil. Num efeito de retorno, eles facultam, pois, aos civilistas, instrumentos de análise de inegável utilidade que, por propiciarem um melhor conhecimento, não devem ser esquecidos.

A possibilidade de, em modelos de decisão, incluir argumentos dotados de cobertura constitucional pode influenciar decisivamente a solução ao abrigo de esquemas como os da interpretação conforme com a Constituição ou outros[54].

---

[54] Quanto ao alcance dessa "interpretação" cf., com indicações, MENEZES CORDEIRO, *Manual de Direito do Trabalho* cit., 154 ss.. Há numerosa jurisprudência do nosso Supremo que, a propósito de conflitos de direitos, apela a direitos de personalidade ou a direitos fundamentais, para decidir. Assim e como exemplos: STJ 27-Mai.-1997 (CARDONA FERREIRA), CJ/Supremo V (1997) 2, 102-105 (104/II), RCb 8-Jul.-1997 (FRANCISCO LOURENÇO), CJ XXII (1997) 4, 23-26 (25/II), REv 2-Out.-1997 (MOTA MIRANDA), CJ XXII (1997) 4, 275-277 (276/II), REv 16-Out.-1997 (MOTA MIRANDA), *idem*, 278-279, RPt 2-Fev.-1998 (SIMÕES FREIRE), CJ XXIII (1998) 1, 203-207 (206/I), STJ 6-Mai.-1998 (FERNANDES MAGALHÃES), CJ/Supremo VI (1998) 2, 76-78 (77/II) = BMJ 477 (1998), 406-411 (411), STJ 2-Jun.-1998 (FERNANDO FABIÃO), CJ/Supremo VI (1998) 2, 106-108 (107/II), STJ 22-Out.-1998 (NORONHA NASCIMENTO), CJ/Supremo VI (1998) 3, 77-79 (78/II) = BMJ 480 (1998), 413-418, RPt 8-Mar.-1998 (MANUEL GONÇALVES FERREIRA), CJ XXIV (1999) 2, 177-180, RLx 15-Jun.-1999 (BETTENCOURT FARIA), CJ XXIV (1999) 3, 115-117 (117/I) e RLx 14-Out.-1999 (CATARINA MANSO), CJ XXIV (1999) 4, 125-127 (127/I).

II. Obtém-se, assim, uma ideia de penetração civil dos direitos fundamentais: estes facultam um estudo analítico e uma redobrada protecção de certas figuras civis tradicionais.

A referência a uma eficácia perante terceiros, eficácia reflexa, eficácia privada ou simplesmente, eficácia civil dos direitos fundamentais ganharia dimensões substantivas renovadas, ao propiciar soluções diferentes.

O fenómeno pode analisar-se em dois planos:
– o da sua penetração dogmática;
– o do seu alcance material.

III. A penetração dogmática dos direitos fundamentais no Direito civil poder-se-ia dar de modo directo[55] ou através da concretização de conceitos indeterminados[56]: no primeiro caso, ela passaria desde logo dos textos fundamentais às decisões civis; no segundo, ele contribuiria para precisar, em casos concretos, princípios como os da boa fé ou dos bons costumes.

IV. O alcance material dos direitos fundamentais permite-lhes passar por três fases:
– a das pretensões contra o Estado por acções deste que conduzissem à sua violação[57]; os direitos fundamentais assegurariam um espaço livre da ingerência estadual;
– a das pretensões contra o Estado por omissões deste que facultem a violação dos direitos fundamentais por terceiros – *maxime* por outros particulares[58]; o espaço assegurado livre contra o Estado não poderia ser invadido por terceiros;

---

[55] HANS CARL NIPPERDEY, *Grundrechte und Privatrechte*, FS Molitor (1962), 17-33 (26).

[56] PAUL MIKAT, *Gleichheitsgrundsatz und Testierfreiheit*, FS Nipperdey 1 (1965), 581-604 (590) e HARALD BOGS, *Die Verfassungskonforme Auslegung von Gesetzen unter besondere Berücksichtigung der Rechtsprechung des Bundesverfassungsgerichts* (1966), 137.

[57] RÜDIGER BREUER, *Grundrechte als Anspruchsnormen*, FG 25. BVerwG (1978), 89-119 (89 e 95 ss.).

[58] JÜRGEN SCHWABE, *Bundesverfassungsgericht und "Drittwirkung" der Grundrechte*, AöR 100 (1975) 442-470 (443 ss.). Cf. LARENZ/WOLF, *Allgemeiner Teil des bürgelichen Rechts*, 8ª ed. (1997), 107-108 e DIETER FLOREN, *Grundrechtsdogmatik im Vertragsrecht/Spezifische Mechanismen des Grundrechtsschutzes gegenüber der gerichtlichen Anwendung von Zivilrecht* (1999), 19 ss..

– a das pretensões contra terceiros – maxime particulares – por acções que contundam com os direitos fundamentais: é a sua eficácia reflexa ou civil[59].

12. Concretização e dificuldades

I. Em nome desta eficácia civil, foram tomadas decisões tais como:
– o director da casa de imprensa de Hamburgo lança uma campanha de boicote a um filme dirigido por um realizador implicado em campanhas anti-semitas nazis; condenado civilmente, ele viria, no entanto, a ser ilibado pelo tribunal constitucional, que entendeu ter ele agido nos domínios da livre exteriorização do pensamento, garantidos pela lei fundamental[60];
– um marido move contra a mulher uma acção de divórcio: casara quando ela professava certa religião, igual à dele; ora, supervenientemente a mulher veio a converter-se a determinado credo religioso, descurando a casa e a educação dos filhos; apesar de se terem demonstrado esses factos, veio-se a entender que a mulher agira nos termos da sua liberdade religiosa, não se justificando o divórcio[61];
– um chefe de orquestra é despedido por actuação contrária ao (bom) gosto da entidade empregadora; o despedimento é considerado ilícito por se entender que ele actuara ao abrigo da sua liberdade de criação artística[62].

---

[59] Esta posição tende a ser adoptada pelos autores que defendem a actuação directa dos direitos fundamentais, já que estes se apresentariam como absolutos; cf. além de NIPPERDEY supra cit., autores como LAUFKE, LEISNER e RAMM, citando diversa jurisprudência. Trata-se de uma posição particularmente criticada por CLAUS-WILHELM CANARIS, *Grundrechte und Privatrecht*, AcP 184 (1984), 201-246 (204 ss.).

[60] BVerfG 15-Jan.-1958, BVerfGE 7 (1958), 198-230. Os tribunais constitucionais assumem, assim, um papel importante neste tipo de concretização; cf. UWE DIEDERICHSEN, *Das Bundesverfassungsgericht als oberstes Zivilgericht – ein Lehrstück der juristischen Methodenlehre*, AcP 198 (1998), 171-260 (172 e 199 ss.).

[61] BGH 24-Out.-1962, BGHZ 38 (1963), 317-322 (319-320, 325 e 332). Cf. já BGH 6-Abr.-1960, BGHZ 33 (1961), 145-163 (145 e 150), onde se afirmara também a liberdade de consciência, a propósito de opções religiosas.

II. A eficácia civil dos direitos fundamentais tem levantado dúvidas crescentes na doutrina; não lhe será estranho o facto de se ter chegado a patentes exageros, nesse domínio[63]. Designadamente, ela foi utilizada:

para restringir áreas de liberdade: uma pessoa não poderia, por hipótese, prejudicar ou diferenciar, num testamento, as beneficiárias (femininas), por contundir contra a não-discriminação das pessoas em função do sexo, garantida na Constituição;

para justificar o incumprimento das obrigações: as pessoas poderiam eximir-se ao acatamento de certos deveres em nome da sua liberdade de consciência; por exemplo, o médico ou o enfermeiro assalariados poderiam recusar-se a colaborar em práticas de interrupção da gravidez ou o trabalhador de confissão judaica recusar-se a trabalhar ao sábado, etc.[64].

III. Ora se em casos-limites a eficácia civil dos direitos fundamentais não ofereceria dificuldades – até como expressão dos meros direitos (civis) de personalidade – algumas das consequências a que conduz obrigam a reponderar o fenómeno, limitando-o a uma mera eficácia mediata[65].

Deve ter-se presente que os direitos fundamentais, na sua efectivação, traduzem, com frequência um peso ou um sacrifício para outrem. Ora, tal peso deve ser distribuído por toda a sociedade, através do Estado, não podendo concentrar-se numa única pessoa: isso iria, aliás, contra a própria igualdade.

---

[62] BAG 15-Ag.-1984, BAGE 46 (1986), 163-174 (173).

[63] Cf. PAWLOWSKI, *Allgemeiner Teil*, 5ª ed. cit., 74 e, em particular, o citado estudo de CANARIS, *Grundrechte und Privatrecht*, com resposta em JÜRGEN SCHWABE, *Grundrechte und Privatrecht*, AcP 185 (1985), 1-8 e réplica em AcP 185 cit., 9-12.

[64] Cf., entre outros, BOSCH/HABSCHEID, *Vertragspflicht und Gewissenskonflikt*, JZ 1954, 213-217, A. BLOMEYER, *Gewissensprivileg im Vertragsrecht?*, idem, 309-312 e F. WIEACKER, *Vertragspflicht und Gewissenskonflikt*, JZ 1954? 213-217, A. BLOMEYER, *Gewissensprivileg im Vertragsrecht?*, idem, 309-312 e F. WIEACKER, *Vertragsbruch aus Gewissensnot*, idem, 466-468, HORST KAUFMANN, *Die Einrede der entgegenstehende Gewissennspflicht*, AcP 161 (1962), 289-316 (313 ss.) e HEINRICH HEFFTER, *Auswirkung der Glaubens- und Gewissensfreiheit im Schuldverhältnis* (1968), 60 ss.. Entre nós, vide JOSÉ LAMEGO, *"Sociedade aberta" e liberdade de consciência – O direito fundamental de liberdade de consciência* (1985).

[65] Cf. LARENZ/WOLF, *Allgemeiner Teil*, 8ª ed. cit., 107; vide GÖTZ HUECK, *Der Grundsatz der gleichmässigen Behandlung im Privatrecht* (1958), 100-105 e CANARIS, *Grundrechte* cit., maxime 245.

A doutrina tem-se inclinado para admitir apenas a referida eficácia mediata dos direitos fundamentais: eles só interfeririam no campo civil através da concretização de conceitos indeterminados – v.g., boa fé ou bons costumes – numa posição que já havia sido mencionada[66].

13. Posição adoptada

I. As prevenções feitas pela doutrina actual contra uma eficácia civil dos direitos fundamentais têm razão de ser. A actuação do Estado é qualitativamente diferente da das pessoas privadas, não podendo, por isso, ser feitas transposições automáticas.

Por exemplo, parece evidente – perante a nossa cultura – que o Estado deve tratar todas as pessoas de modo igual. Mas um particular não está nas mesmas condições: ele poderá, arbitrariamente, escolher contratar com uma ou outra pessoa, sem justificações nem preocupações igualitárias, salvo particulares limites impostos no caso concreto pela boa fé ou pelos bons costumes.

II. Há, pois, que distinguir, sob as construções linguísticas jussubjectivantes, o sentido de certos direitos fundamentais: quando dirijam comandos ao Estado, não cabe, deles, extrapolar regras directas para os particulares.

Nos restantes casos, os direitos fundamentais podem ser directamente atendidos, em termos civis, tanto mais que eles apenas tendem a reforçar posições já consagradas, maxime pelo Direito da personalidade.

Ainda aí, no entanto, com limitações que lhes restituam o seu verdadeiro sentido normativo e, designadamente:
– com adequação axiológica;
– com adequação funcional.

III. A adequação axiológica recorda que os direitos fundamentais não acautelam, somente, certos valores; antes o fazem por forma adequada ou, noutro prisma, perante violações que eles considerem adequadas. Apenas nessa dimensão eles podem surtir efeitos civis. Por exemplo, a recusa em celebrar um contrato – maxime de prestação de serviço ou

---
[66] Cf. as apreciações críticas de CANARIS, ob. cit., 222 ss..

de trabalho – pode pôr em perigo a vida ou a integridade da outra parte; mas o direito à vida, como fundamental que é, não exige, aqui, a celebração do contrato (em princípio) por não haver adequação axiológica em tal dimensão.

IV. A adequação funcional obriga a atinar nas próprias violações em si: também estas podem situar-se no termo de funções estranhas ao direito fundamental considerado, quer por conflitos de deveres em que este ceda – por exemplo, o soldado na guerra pode matar e, provavelmente, deverá mesmo fazê-lo – quer por simples alheamento ou desconexão – por exemplo, a pessoa que professasse uma religião que proibisse o trabalho não poderia, legitimamente, receber sem trabalhar, em nome da liberdade de consciência.

14. O alargamento a códigos de conduta

I. Reportámos a objecção de consciência a direitos fundamentais que assegure a liberdade interior do sujeito. Podemos alargá-la a códigos de conduta, designadamente de tipo profissional.

Tomemos profissões delicadas como a de médico ou de advogado, marcadas pela autonomia técnica. No seu âmbito, o profissioal habilitado deve guiar-se pelos fins últimos da profissão e pelas regras da sua arte. Na falta de especificação constitucional, poderemos aqui falar de um direito fundamental atípico: o de aderir a códigos de conduta profissional.

II. A LCT, no seu artigo 5.º/2, ressalva a autonomia técnica dos trabalhadores cujas actividades sejam normalmente exercidas como profissão liberal. Temos, aqui, um campo fecundo para a objecção de consciência, no Direito do trabalho.

O trabalhador que apele à sua autonomia técnica para delimitar a autoridade patronal não o pode fazer de modo arbitrário. A sua objecção, sendo de "consciência", terá de colher apoio em códigos de deontologia profissional, mais ou menos explícitos mas, em qualquer caso, histórica e culturalmente legitimados.

III. Também aqui faz sentido apelar à adequação axiológica e à adequação profissional. Assim, o advogado assalariado não poderá invocar "objecção de consciência" para descurar os problemas fiscais da empresa; mas poderá recusar-se a contestar acções obviamente procedentes.

Também o médico assalariado não poderá invocar objecção de consciência para recusar exames de rotina perfeitamente pacífica perante as regras técnicas da arte médica.

IV. A objecção de consciência, no Direito do trabalho como no Direito em geral, deverá ficar como um último reduto capaz de proteger a pessoa e os seus valores do excesso de dureza da condição jurídica. Sem banalizações: mas sempre operacional.

DIA 31 DE JANEIRO DE 2002
11 horas

TEMA I

AS NOVAS AMEAÇAS AO DIREITO DO TRABALHO

Presidência
Dr. Brito Xavier
Presidente do I.D.I.C.T.

Prelectores
Prof. Dr. António Vilar, da Universidade Lusíada e Advogado
Prof. Dr.ª Catarina Carvalho, da Universidade Católica e Advogada
Prof. Doutora Maria do Rosário Palma Ramalho, da Faculdade
de Direito da Universidade Clássica de Lisboa
Prof. Dr. Pedro Ortins de Bettencourt,
da Universidade Lusíada e Advogado

O DIREITO DO TRABALHO PERANTE A REALIDADE DOS GRUPOS EMPRESARIAIS
– ALGUNS PROBLEMAS LIGADOS À TRANSMISSÃO DE ESTABELECIMENTO ENTRE EMPRESAS DO MESMO GRUPO

Catarina de Oliveira Carvalho

Universidade Católica Portuguesa – Porto

O DIREITO DO TRABALHO PERANTE A REALIDADE DOS GRUPOS EMPRESARIAIS
– ALGUNS PROBLEMAS LIGADOS À TRANSMISSÃO DE ESTABELECIMENTO ENTRE EMPRESAS DO MESMO GRUPO

CATARINA DE OLIVEIRA CARVALHO
Universidade Católica Portuguesa – Porto

1. Introdução – Problematização jurídico-laboral dos grupos de empresas[1]

No contexto das novas ameaças ao direito do trabalho, o fenómeno dos grupos empresariais assume um papel de decisiva relevância, atentas as virtualidades contidas nesta forma de organização societária para a prática de comportamentos violadores das normas jurídico-laborais[2]. O desenvolvimento desta forma de concentração empresarial originou dificuldades acrescidas naqueles ramos jurídicos, como o direito do trabalho, cuja regulamentação legal assenta no modelo da "tradicional e

---

[1] Os problemas enunciados neste estudo valem para os grupos de empresas em sentido amplo, não se restringindo àqueles que adoptam uma forma societária. Contudo, por a maioria das situações surgir a propósito de empresas constituídas sob a forma societária, utilizamos, por vezes, a terminologia mais restrita, sociedade, sem com isso pretendermos afastar a eventualidade de idêntico problema ou solução valer para outras configurações empresariais.

[2] O mesmo acontece com outros complexos normativos como as leis da concorrência – vd. ENGRÁCIA ANTUNES, *Os grupos de sociedades – Estrutura e organização jurídica da empresa plurissocietária,* Almedina, Coimbra, 1993, p. 43; YVES GUYON, *Droit des affaires,* 10.ª edição, Economica, Paris, 1998, pp. 606-607.

monolítica empresa societária"[3]/[4]. Nas palavras de Pascal Lagoutte[5], "a aplicação de um direito concebido para a empresa para além dos limites desta suscita um certo número de dificuldades".

Como salienta Molina Navarrete, não é fácil (ou é mesmo impossível) traçar uma fronteira entre a *"fisiologia" dos grupos* (uso "normal" da forma jurídica para aumentar a competitividade no contexto de uma economia globalizada, através de economias de escala geradas, nomeadamente, por uma optimização dos factores produtivos) e a *"patologia" dos mesmos* (uso "anormal" das referidas formas, afectando interesses legítimos tutelados pelo sistema jurídico a vários níveis – não só social, mas igualmente no que respeita a distorções no mercado concorrencial, etc.), visto esta última ter por base a admissibilidade, ínsita na própria função

---

[3] Engrácia Antunes, *Os grupos de sociedades...*, cit., p. 13.

[4] A importância da empresa no domínio jurídico-laboral é salientada por quase todos os autores. Nesse sentido, afirma Bernardo Lobo Xavier, s. v. «Entidade Patronal», in *Polis – Enciclopédia Verbo da Sociedade e do Estado,* vol. II, p. 980, que a legislação do trabalho foi concebida em função das "entidades patronais que exercem uma empresa em sentido laboral (...)"; o mesmo entendimento é partilhado por Orlando de Carvalho («Empresa e direito do trabalho», in *Temas de Direito do Trabalho – Direito do trabalho na crise. Poder empresarial. Greves atípicas. IV Jornadas Luso-hispano-brasileiras de direito do trabalho,* Coimbra Editora, Coimbra, 1990, p. 15) ao afirmar que "a empresa é o fulcro do direito do trabalho". Mário Pinto, Pedro Furtado Martins e António Nunes de Carvalho (*Comentário às leis do trabalho,* vol. I, Lex, Lisboa, 1994, anotação ao art. 1.º, ponto 2, p. 24) asseveram que "o paradigma do contrato de trabalho pressuposto na LCT é o do trabalho prestado na empresa (cfr., neste sentido, v.g., os artigos 7.º, 12.º, n.º 2, 18.º, n.ºˢ 3 e 4, 20.º, n.º 1, alíneas a), d) e e) e n.º 2, 22.º, n.º 2 [actual n.º 7], 23.º, 24.º, n.º 1, 26.º, n.º 2, 31.º, n.º 4, 37.º, 39.º, n.ºˢ 2 e 4 e 50.º, n.º 3)". De igual modo, Mário Pinto (*Direito do trabalho,* Universidade Católica Editora, Lisboa, 1996, pp. 115-116) realça que o legislador português "tem legislado quase sempre para o direito do trabalho na empresa sem ter o cuidado de o explicitar conceptual e sistematicamente (...)", referindo como paradigma a LCT. António Monteiro Fernandes (*Direito do trabalho,* 10.ª ed., Almedina, Coimbra, 1998, p. 230), seguindo o mesmo raciocínio, diz-nos que "a LCT contém, no fundo, o *regime jurídico do trabalho na empresa*". Pedro Romano Martinez, *Direito do trabalho,* Almedina, Coimbra, 2002, p. 126, afirma que "a regulamentação da Lei do Contrato de Trabalho e de diplomas complementares assenta no pressuposto de o empregador ser uma empresa (...)". Também, Jorge Coutinho de Abreu, *Da empresarialidade – as empresas no direito,* Almedina, Coimbra, 1996, pp. 1 e ss., apresenta múltiplas referências legais demonstrativas da presença da empresa na legislação laboral.

[5] «Sur l´extinction des relations de travail dans les groupes de sociétés: le regard de l'avocat», in aavv, *Les groupes de sociétés et le droit du travail,* dir. Bernard Teyssié, LGDJ, Paris, 1999, p. 96.

económica do grupo, de "uma transferência de poder 'injustificada' do ponto de vista dos princípios civilistas, alterando o equilíbrio contratual e a transparência jurídica entre as partes negociais"[6].

A perda de parte significativa da autonomia empresarial pelas empresas integradas no grupo, nomeadamente no que toca ao poder de decisão, pelo menos relativamente às questões fundamentais, a favor da empresa-mãe, não afecta a independência jurídica de cada sociedade membro do grupo; daí a legislação do trabalho ignorar este tipo de construção empresarial, deixando por atender os perigos que daqui podem advir para os trabalhadores, resultantes da dependência económica e decisória relativamente a outra empresa, geradora de desequilíbrios sérios com consequências para os sujeitos referidos[7]. Uma circunstância promotora de riscos acrescidos em relação à empresa societária "independente" relaciona-se com as inúmeras possibilidades de manipulação patrimonial, através do fraccionamento do património, da transferência de bens, lucros e capitais, em prejuízo dos credores das sociedades afectadas[8]. A realização de operações deste teor pode até potenciar a falência de uma das sociedades do grupo[9].

A integração da prestação laboral no seio do grupo de empresas não foi ainda abordada pela generalidade das legislações, sendo-lhe, igualmente, conferido pouco relevo quer pela doutrina, quer pela juris-

---

[6] MOLINA NAVARRETE, «El "levantamiento del velo jurídico" en el ámbito de un mismo grupo de sociedades: un falso debate?», *Anuario de Derecho Civil*, tomo XLVIII, 1995, p. 789-790, *Persona juridica y disciplina de los grupos de sociedades*, Real Colégio de España, Bolonia, 1995, pp. 88-89, e *El derecho nuevo de los grupos de empresas – Entre libertad y norma*, Ibidem Ediciones, Madrid, 1997,p. 90. Em sentido similar, BRUNO VENEZIANI, «Gruppi di imprese e Diritto del Lavoro», *Lavoro e Diritto*, 1990, n.º 1, p. 638, afirma que a lesão dos interesses e direitos dos trabalhadores "não nasce apenas da patologia dos grupos".

[7] Com esta convicção, MARTIN HENSSLER, *Der Arbeitsvertrag im Konzern*, Duncker & Humblot, Berlim, 1983, p. 20. Afirmam a necessidade de uma real protecção da sociedade, dos sócios (especialmente dos minoritários), e dos credores, MEDINA CARREIRA, *Concentração de empresas e grupos de sociedades – Aspectos histórico-económicos e jurídicos*, Edições Asa, Porto, 1992, p. 53 e ENGRÁCIA ANTUNES, *Os grupos de sociedades..., cit.*, pp. 232, 243 e *passim*.

[8] DIAS COIMBRA, «Grupo societário em relação de domínio total e cedência ocasional de trabalhadores: atribuição de prestação salarial complementar», *RDES*, 1990, p. 120.

[9] Cf. HORST KONZEN, «Arbeitsverhältnisse im Konzern – Problema, Zwischenbilanz, Persepcktiven», *ZHR*, n.º 151, 1987, p. 568, e ENGRÁCIA ANTUNES, *Os grupos de sociedades..., cit.*, p. 186.

prudência portuguesas que, embora não ignorando completamente o problema, se têm limitado à subsunção aos quadros legais vigentes, sem delinear qualquer tentativa de teorização. Se do ponto de vista jurídico-comercial os grupos foram objecto de regulamentação[10], nas restantes áreas do direito encontramos algumas breves referências a este fenómeno, nem sempre unívocas. Quanto ao direito do trabalho a lacuna parece ser, entre nós, quase completa[11], com excepção da matéria relativa à cedência ocasional de trabalhadores[12] – embora a terminologia legal seja ambígua – e daquela outra respeitante à instituição de um Conselho de Empresa Europeu ou de um procedimento de informação e consulta dos trabalhadores em grupos de empresas transnacionais, de dimensão comunitária[13]/[14].

---

[10] No contexto jurídico-societário, a Alemanha foi pioneira no tratamento positivo da questão dos grupos através da *Aktiengesetz* de 1965, seguindo-se o Brasil em 1976, e finalmente Portugal mediante a introdução de um título no Código das Sociedades Comerciais de 1986 dedicado às sociedades coligadas (arts. 481.º e ss.).

[11] O anteprojecto do Código de Trabalho (1.ª versão) contempla, no art. 308.º (inserido na secção III, do capítulo V, relativa às garantias dos créditos), uma futura inovação, na lei laboral portuguesa, ao consagrar a responsabilidade solidária das sociedades em relação de domínio ou de grupo (remetendo para os conceitos consagrados nos arts. 481.º ss. do CSC) em matéria de créditos laborais. Apesar de parte deste regime já resultar do CSC (art. 501.º), o seu âmbito de aplicação foi positivamente alargado pelo anteprojecto para o contexto específico das relações laborais, embora pudesse e devesse ter ido um pouco mais longe. Por outro lado, a inserção do art. 501.º de forma exclusiva no CSC redundava, de facto, infelizmente, no desconhecimento das virtualidades contidas neste preceito para ser aplicado nas relações jus-laborais.

Uma outra referência ao fenómeno da coligação societária traduz uma das novidades em matéria dos sujeitos do contrato de trabalho e encontra-se no art. 92.º do anteprojecto. Este preceito vem consagrar uma nova excepção ao princípio da liberdade de forma para aquelas situações em que o trabalhador celebra um contrato de trabalho com uma pluralidade de empregadores. Tal como está redigida, a norma suscita algumas perplexidades, as quais, todavia, caem fora do âmbito deste estudo.

[12] Arts. 26.º e ss. do DL n.º 358/89, de 17/10.

[13] Trata-se do DL n.º 40/99, de 9/06, que realizou a transposição para o ordenamento jurídico nacional da Directiva n.º 94/45/CE do Conselho, de 22/09 (publicada no *JOCE*, n.º L 245/64, de 30 de Setembro de 1994).

[14] De importante falta de regulamentação se pode falar também a propósito da lei alemã, embora ulteriormente à *Aktiengesetz* tenham surgido normas inseridas noutros diplomas que abordam questões relacionadas com problemas do exercício dos direitos colectivos dos trabalhadores no âmbito dos grupos, *maxime* o direito de co-gestão (*Mitbestimmung*) – cfr. HORST KONZEN, *op. cit.*, pp. 568, 573. Mesmo a nível doutrinal, embora a problemática relativa aos grupos de empresas no direito do trabalho tenha sido

Ora, os problemas laborais são numerosos e de diversa índole, atravessando todo este ramo jurídico desde as relações individuais até às colectivas. Não cabendo no âmbito desta intervenção abordar todas as questões jurídicas merecedoras de uma ponderação específica, enunciaremos as principais dificuldades, seguindo-se uma análise mais aprofundada de uma das questões que mais recentemente têm suscitado um debate aceso no âmbito do direito laboral dos grupos de empresas: a aplicabilidade do regime legal da transmissão de estabelecimento quando a mesma ocorre no seio de um grupo.

Uma primeira questão fundamental na caracterização do estatuto jurídico do trabalhador consiste em determinar a identidade do empregador, problema que se coloca com especial acuidade no âmbito dos grupo de empresas, face à multiplicidade de fenómenos de fluidez e mobilidade destas estruturas, susceptíveis de criar aparências enganosas quanto à existência, ou não, de autonomia das diversas empresas envolvidas[15]. Com efeito, pode acontecer que a actividade do trabalhador seja realizada a favor de duas ou mais sociedades do grupo de modo alternado, sucessivo ou mesmo com carácter de simultaneidade[16]. Nestas circunstâncias

---

tratada na parte das relações colectivas de trabalho, o âmbito das relações individuais encontra-se ainda pouco aprofundado – cf. MARTIN HENSSLER, *op. cit.*, p. 19. A lacuna no contexto das relações individuais é igualmente salientada por HORST KONZEN, *últ. op. cit.*, p. 573. O Autor chega mesmo a afirmar que o trabalhador é um mero "enteado" no desenvolvimento doutrinal e jurisprudencial do direito dos grupos (p. 567).

Digna de nota é a lei brasileira pela solução inovadora adoptada em matéria de direito do trabalho. O § 2 do art. 2 da Consolidação das leis do trabalho consagra a responsabilidade solidária, perante os trabalhadores, da "empresa principal" e de todas aquelas que "estiverem sob a sua direcção, controle ou administração", cada uma com personalidade jurídica própria, mas formando um "grupo industrial, comercial ou de qualquer outra actividade económica". A lei do trabalho, contrariamente à comercial, não atribui patentemente relevância ao facto de a empresa assumir uma forma societária ou não.

[15] A determinação da identidade do empregador é fundamental para que o prestador de trabalho possa efectivar os seus direitos, porquanto a incerteza gerada neste domínio poderá significar a negação do real exercício dos mesmos. Essa identificação é necessária, por exemplo (entre muitos outros), para que o trabalhador possa proceder à reclamação de créditos (nomeadamente, atendendo ao prazo de prescrição previsto pelo art. 38.º da LCT), para efeitos do cálculo da antiguidade na empresa, para rescindir o contrato com justa causa (nos termos do art. 35.º do DL n.º 64-A/89, de 27/02), ou para saber a quem dar o respectivo aviso prévio, ou ainda para exercer o direito à reclassificação previsto pela Lei n.º 21/96 de 23 de Julho (art. 6.º, n.º 6).

[16] Vários exemplos são configurados por ROMANO MARTINEZ, *op. cit.*, pp. 127 e ss.

seria, com toda a certeza, precipitado excluir *ab initio* da posição de empregador todas as entidades que não celebraram expressamente (de modo formal ou não) um contrato com o trabalhador envolvido, embora a mobilidade deste possa originar graves dificuldades quanto à exacta determinação de tal estatuto, fomentando deste modo a dissociação entre a situação real e a situação normativa tradutora da relação de trabalho existente entre os sujeitos da mesma. Basta configurar a hipótese de uma entidade patronal proceder intencionalmente à contratação de trabalhadores através de uma sociedade-filha para desempenharem a sua actividade numa outra que esteja, designadamente, em relação de domínio ou de subordinação com aquela, tendo a sociedade contratante como único objectivo libertar a primeira de quaisquer vínculos laborais.

As dificuldades não ficam por aqui: para esta situação de ambiguidade contribui, muitas vezes, o recurso a entidades gestoras de recursos humanos para realizar a contratação dos trabalhadores ("sociedades de gestão de pessoal") e a participação de representantes de várias ou de todas as sociedades do grupo nas negociações contratuais, sem esclarecimento adequado da separação jurídica entre os diversos membros do grupo, transmitindo ao trabalhador uma falsa ideia de unidade.

Por outro lado, em face do direito português[17], os grupos de sociedades (no sentido estrito que lhes é atribuído pelo Código das Sociedades

---

[17] Assim como em todos os congéneres europeus. No direito alemão veja-se MARTIN HENSSLER, *op. cit.*, p. 38 e CHRISTINE WINDBICHLER, «Arbeitnehmermobilität im Konzern», *RdA*, 1988, p. 99. Quanto ao ordenamento jurídico francês, *vd. Mémento pratique Francis Lefebvre – Groupes de sociétés*, Edições Francis Lefebvre, Levallois, 1998/99, p. 779, e no sistema jurídico italiano, SILVIO BENVENUTO, «Il contratto di lavoro e la destinazione della prestazioni a favore di terzi», *Il Diritto del Lavoro*, II, 1961, p. 414. Curioso é um aresto italiano de 1933 que se pronunciou sobre um caso em que o trabalhador foi designado pela sociedade-mãe para exercer funções de direcção na filial. Atendendo a que o trabalhador passou a estar sujeito, indiferenciadamente, às ordens da sociedade-mãe e da filial, auferindo uma única retribuição, o Tribunal considerou que ambas ocupavam a posição de entidade empregadora, pelo que responderiam solidariamente perante o prestador de trabalho. Parece contudo ir mais longe, afirmando que *o grupo é empregador*, embora não tenhamos a certeza quanto ao alcance exacto desta declaração, pois, aparentemente, apenas essas duas sociedades integravam o grupo. *Vd.* L. A. MIGLIORANZI, «L'impiegato di due datori di lavoro e le indennità di legge», *Il Diritto del Lavoro*, 1933, II, pp. 438-439.

[18] Neste sentido, entre outros, COUTINHO DE ABREU («Grupos de sociedades e direito do trabalho», *BFD* (Coimbra), vol. LXVI, 1990, pp. 134 e 136; BERNARDO LOBO XAVIER, *Curso de direito do trabalho*, 2.ª ed. com aditamento de actualização, Verbo, Lisboa,

1996, p. 312; ABEL FERREIRA, *Grupos de empresas e direito do trabalho*, Dissertação de Mestrado em Ciências Jurídicas, apresentada na Faculdade de Direito da Universidade de Lisboa, 1997, pp. 154 e 156 ss.; *idem,* «Grupos de empresas e relações laborais (breve introdução ao tema)», *in* AAVV, *I Congresso Nacional de Direito do Trabalho – Memórias,* org. por António Moreira, Almedina, Coimbra, 1998, p. 289; ROMANO MARTINEZ, *op. cit.,* p. 132.

COUTINHO DE ABREU («A empresa e o empregador em direito do trabalho», *BFD* (Coimbra) – *Estudos em homenagem ao Prof. Doutor J. J. Teixeira Ribeiro,* 1983, p. 278 e «Grupos de sociedades...», cit., p. 136) define o empregador como "toda a pessoa (ou grupo de pessoas) singular ou colectiva perante a qual uma certa ou certas pessoas físicas estão obrigadas, por contrato, a prestar determinada actividade, mediante retribuição, sob autoridade daquela", especificando "a empresa pública (personalizada) ou a sociedade de capitais públicos, a cooperativa (pessoa jurídica) e a pessoa singular ou colectiva privada". Efectivamente, esta concepção parece resultar do art. 1.º da LCT, não sendo juridicamente compreensível que uma entidade patronal, como centro de imputação de direitos e deveres, possa ser desprovida de personalidade jurídica.

Em sentido oposto, defendendo uma concepção unitária identificadora do grupo com o empregador, PLÁ RODRIGUEZ, «Los grupos de empresas», *REDT,* n.º 6, 1981, p. 191. O Autor adere a este entendimento utilizando duas espécies de argumentos: por um lado, a primazia da substância sobre a forma e, por outro, o princípio do tratamento mais favorável do trabalhador.

O primeiro argumento apresentado baseia-se, desde logo, num postulado que carece ele próprio de demonstração: a identificação do grupo societário com uma única empresa. Com efeito, como salienta COUTINHO DE ABREU («Grupos de sociedades...», cit., pp. 132 e ss. e *Da empresarialidade..., cit.,* pp. 258 ss.), mesmo que se parta da realidade económica, não existe só uma noção de empresa económica e os próprios economistas divergem quanto à atribuição ao grupo deste epíteto. Por outro lado, "a ideia de unidade empresarial do grupo não se mostra necessária para explicar" o facto de algumas normas jurídicas de diferentes ramos do direito tratarem aparentemente "o grupo como uma empresa para certos efeitos"; daí o Autor negar o entendimento do grupo como uma empresa, mesmo no direito do trabalho, concluindo pela ideia de "um conjunto de empresas (em sentido subjectivo e objectivo)", embora se trate de "empresas encadeadas".

Em segundo lugar, aquela tese sobrepõe a estrutura económica à jurídica, ignorando por completo esta última, quando, mesmo que, de uma perspectiva económica, se identificasse o grupo com uma empresa (embora COUTINHO DE ABREU, *Da empresarialidade..., cit.,* p. 264, afirme que "'unidade económica não deve ser 'traduzido' para 'empresa'"), tal não significaria ter de se adoptar o mesmo conceito no domínio jurídico (COUTINHO DE ABREU, «Grupos de sociedades...», cit., p. 134). Esta posição é corroborada por ABEL FERREIRA (*Grupos de empresas..., cit.,* p. 160) ao recordar que "empresa e empregador são realidades distintas, logo mesmo que se admitisse o pressuposto anteriormente mencionado, nunca se poderia dizer que o grupo é a entidade patronal". Neste contexto, sobre

Comerciais, que não deverá ser por nós adoptado no âmbito laboral) nem sequer têm personalidade jurídica e, como tal, não podem ser titulares de direitos e obrigações. Portanto, o grupo em si nunca poderá ser encarado como o empregador[18]. Aliás, a própria bondade de uma solução legal de princípio com este carácter afigura-se questionável, pois, para além de implicar um alargamento das obrigações do trabalhador ao âmbito do grupo[19], em tempos de crise, o descalabro económico de uma ou várias das empresas do grupo poderia conduzir outras a um destino idêntico[20].

O direito do trabalho não se limita a assegurar os direitos do trabalhador, tendo também de esclarecer em que medida as obrigações deste último são influenciadas pela inserção da sociedade contratante num grupo[21]. Poderá ser exigido ao trabalhador de uma das sociedades do grupo a prestação da sua actividade a outras empresas do mesmo? Na afectação sucessiva do prestador de trabalho a diversas sociedades, quais as consequências para os seus direitos e garantias legais, contratuais ou resultantes dos instrumentos de regulamentação colectiva do trabalho? Mantém-se a mesma relação laboral ou surgem distintos contratos de trabalho? Existem formas específicas de mobilidade geográfica laboral para esta configuração empresarial?

Ligadas a estas questões surgem necessariamente outras que respeitam às obrigações de sigilo e de não concorrência: também estas se

---

"a autonomia relativa do direito e da economia", veja-se COUTINHO DE ABREU, *Da empresarialidade..., cit.,* pp. 18 e ss.

Também o segundo fundamento invocado não convence, apresentando-se, à partida, duvidoso o carácter do *favor laboratoris* como princípio interpretativo geral, ou seja, parece reduzir-se ao domínio dos conflitos de normas, nos termos dos arts. 13.º, n.º 1, e 14.º, n.º 2, da LCT. Neste sentido, veja-se, designadamente, BERNARDO LOBO XAVIER, *Curso..., cit.,* pp. 264 e ss., e ROMANO MARTINEZ, *op. cit.,* pp. 217 e ss. Para uma análise das várias vertentes deste princípio e das posições assumidas pela doutrina portuguesa, cfr. MENEZES CORDEIRO, «O princípio do tratamento mais favorável no direito do trabalho actual», *Direito e Justiça,* 1987/88, vol. III, pp. 111 e ss.

[19] Cfr. COUTINHO DE ABREU, «Grupos de sociedades...», *cit.,* p. 137, nota 40 e ROMANO MARTINEZ, *op. cit.,* p. 134.

[20] Este entendimento é partilhado por MARTENS, «Das Arbeitsverhältnis im Konzern», *in 25 Jahre Bundesarbeitsgericht,* Munique, 1979, p. 368, nota 5, *apud* MARTIN HENSSLER, *op. cit.,* p. 39, embora não obtenha a concordância deste último Autor. Também MOZART VICTOR RUSSOMANO, *Comentários..., cit.,* p. 12, menciona este inconveniente.

[21] Neste sentido, MARTIN HENSSLER, *op. cit.,* p. 22.

estendem às outras sociedades do grupo?[22] E após a cessação de um contrato de trabalho do qual consta uma cláusula de não concorrência, em que medida tal acordo poderá impedir o trabalhador de realizar a sua actividade para empresas concorrentes, não do seu empregador, mas de sociedades com ele coligadas?[23]:

No âmbito das relações colectivas de trabalho, os problemas gerados pela constituição de grupos empresariais não são menos importantes. Assim, se pensarmos que a constituição das estruturas representativas dos trabalhadores "está dependente da delimitação do universo empresarial em que se insere a sua actuação...", vemos com clareza que "a dissolução do quadro empresarial (...) prejudicará inevitavelmente o exercício dos respectivos direitos"[24].

Antes de mais, a constituição de diferentes empresas com autonomia jurídica pode ser utilizada como um meio de evitar a aplicação de determinadas regras respeitantes às relações colectivas de trabalho. Tal resulta de não se ter em conta o número de trabalhadores do grupo para a criação de instituições representativas, podendo as entidades empregadoras aproveitar a ambiguidade resultante da pluralidade jurídica a fim de evitar a aplicação da respectiva legislação. Basta, para tal, que as diversas empresas do grupo tenham um número de trabalhadores inferior ao mínimo a partir do qual a lei atribui determinados direitos relativos às comissões de trabalhadores ou aos delegados sindicais[25].

---

[22] Esta questão é também suscitada por ENGRÁCIA ANTUNES, *Os grupos de sociedades..., cit.,* p. 189, nota 418.

[23] Para concretizar o problema vamos recorrer a um caso descrito por HENSSLER (*op. cit.,* p. 176): o trabalhador Z foi químico numa indústria farmacêutica e pretende, agora, trabalhar para um fabricante de insecticidas. A futura entidade patronal tem no seu grupo uma empresa farmacêutica e os laboratórios de pesquisa de ambas as sociedades trabalham muito estreitamente. A proibição de não concorrência acordada com a anterior entidade patronal impede esta actividade? Sobre este problema, veja-se o nosso *Da mobilidade dos trabalhadores no âmbito dos grupos de empresas nacionais – Pespectiva das relações individuais de trabalho,* Publicações Universidade Católica, Porto, 2001, pp. 357 ss.

[24] ABEL FERREIRA, *Grupos de empresas..., cit.,* p. 134.

[25] Assim, BRUNO OPPETIT, «Groupe de sociétés et droit du travail», *Revue des Sociétés,* 1973, p. 75. Nomeadamente, para reduzir o número de membros das comissões de trabalhadores (art. 14.º da Lei nº 46/79, de 12/09 – LComT), de delegados sindicais beneficiários de créditos de tempo (art. 33.º do DL nº 215-B/75, de 30/04 – LS), para impedir o cumprimento da obrigação de conceder instalações aos delegados sindicais (art.

Aliás, mesmo não existindo qualquer intenção fraudulenta, a mera existência de um grupo pode constituir um impedimento à concretização dos direitos atribuídos às estruturas representativas dos trabalhadores. Tendo tal representação lugar apenas ao nível das sociedades filiais, quando as decisões importantes são tomadas pela sociedade dominante[26], é afastado, em grande parte, o direito à informação, consulta e controlo (nos sistemas que o consagram)[27]. Esta factualidade vai reflectir-se na própria negociação colectiva, pois a falta de acesso à informação dificulta o estabelecimento de negociações "com conhecimento de causa" [28].

Os trabalhadores têm o direito fundamental de criar "comissões de trabalhadores para defesa dos seus interesses e intervenção democrática na vida da empresa"[29]. Ora, em cada empresa só uma comissão pode ser titular dos direitos constitucional e legalmente atribuídos a estas organizações (n.º 1 do art. 3.º da LComT)[30]; e, como as diversas entidades jurídicas que compõem o grupo são autónomas entre si, sendo de rejeitar a ficção da unidade subjectiva, não se pode falar de uma comissão de trabalhadores do grupo empresarial, mas sim de tantas comissões quantas as sociedades empregadoras.

Por outro lado, há que atender ao direito atribuído aos trabalhadores de criação de comissões coordenadoras, previsto no art. 54.º, n.º 3, da CRP e no art. 1.º, n.º 2, e 6.º, n.º 1, da LComT. A forma como está regulada esta figura parece torná-la apta à intervenção no âmbito do

---

30.º da LS) e, mesmo, aproveitar-se da existência, em convenções colectivas de trabalho (CCT), de tabelas salariais mais baixas para empresas com reduzido número de trabalhadores ou com um volume de facturação inferior a determinado montante. Pode finalmente suceder que os trabalhadores sejam contratados pela sociedade sujeita àquela CCT que lhes é menos favorável. Cf. YVES GUYON op. cit., p. 606.

[26] Cf. LYON-CAEN, PÉLISSER e SUPIOT, Droit du travail, 18.ª ed., Dalloz, Paris, 1996, p. 27.

[27] MOURA RAMOS, Da lei aplicável ao contrato de trabalho internacional, Almedina, Coimbra, 1991, p. 46 e ABEL FERREIRA, Grupos de empresas..., cit., p. 224. Observando o mesmo problema a propósito do direito brasileiro, cf. BUENO MAGANO, Os grupos de empresas no direito do trabalho, Editora Revista dos Tribunais, São Paulo, 1979, p. 180.

[28] BUENO MAGANO, ibidem.

[29] Cfr. o art. 54.º, n.º 1, da CRP e os arts. 1.º, n.º 1 e 3.º, n.º 1, da LComT.

[30] Embora, nas situações em que uma empresa tem mais do que um estabelecimento geograficamente disperso, possam existir, simultaneamente, subcomissões de trabalhadores com competência delegada pela comissão de trabalhadores (artigo 3.º, n.ºˢ 2 e 4, al. a), da LComT).

grupo[31]. Todavia, apesar de ser, em termos de direito positivo, o único instrumento com virtualidades para actuar ao nível dos grupos nacionais[32], as competências da comissão coordenadora são insuficientes no plano interno, onde a sua intervenção está reduzida às situações de "reorganização de unidades produtivas" de um determinado sector de produção (art. 1.º, n.º 2 e arts. 32.º a 35.º da LComT), sendo ineficaz quanto à efectivação do diálogo entre os trabalhadores e o centro de decisão do grupo[33].

Outros países procuraram formas mais convincentes de assegurar os referidos direitos. Em França encontrou-se uma forma institucional de consagrar tal representação: o *comité de groupe,* e no direito alemão tal representação faz-se através da figura do *Konzernbetriebsrat*[34].

Cumpre ainda realçar a supramencionada Directiva 94/45/CE do Conselho, de 22/09, relativa à criação de um Conselho de Empresa Europeu ou de um procedimento de informação e consulta dos trabalhadores nas empresas ou grupos de empresas de dimensão comunitária, transposta para o ordenamento interno pela Lei n.º 40/99, de 9/06. Este diploma visa tornar efectivo o conhecimento e participação dos trabalhadores nos processos decisórios realizados ao nível de empresas ou grupos de empresas de dimensão comunitária, visto os procedimentos de informação e consulta internos não se adaptarem a estruturas transnacionais[35]. Aliás, como já referimos, temos muitas dúvidas sobre a suficiência daqueles, mesmo ao nível dos grupos de empresas nacionais. Já antes do início de vigência deste diploma, ABEL FERREIRA referia que "a transposição da Directiva (…) criará uma situação nova no Direito laboral português, o qual passará a contar com um novo instrumento originado pela necessidade de

---

[31] Cfr. art. 32.º, al. b), da LComT.

[32] Com este entendimento, COUTINHO DE ABREU, «Grupos de sociedades...», cit., p. 147 e ABEL FERREIRA, *Grupos de empresas...,* cit., p. 240.

[33] Ora, se a Constituição consagra um direito à criação de organizações com vista à "intervenção democrática na vida da empresa", restringir esse direito a uma função de coordenação de várias estruturas, sem que haja qualquer contacto com a instância dotada do real poder decisório do grupo, significará esvaziar o mesmo de conteúdo – cf. ABEL FERREIRA, *Grupos de empresas...,* cit., p. 240.

[34] Para mais desenvolvimentos, *vd.* o nosso *Da mobilidade... cit.,* pp. 49 ss., e respectivas remissões bibliográficas.

[35] Cf. JORGE LEITE, LIBERAL FERNANDES, LEAL AMADO, JOÃO REIS, *Conselhos de empresa europeus – Comentários à Directiva 94/45/CE,* Edições Cosmos, Lisboa, 1996, pp. 39 e 101.

tutela específica dos trabalhadores integrados em grupos de empresas multinacionais sem correspondente no direito aplicável aos grupos nacionais"[36].

Outro dos aspectos controversos diz respeito à negociação colectiva no âmbito do grupo. A lei enumera as modalidades de convenção colectiva do trabalho no art. 2.º, n.º 3, do DL n.º 519-C1/79, de 29/12 (LIRC), distinguindo, em função do sujeito negocial em causa, os contratos colectivos de trabalho, os acordos colectivos de trabalho e os acordos de empresa. Também nesta matéria não existe, entre nós, qualquer regime jurídico dirigido à contratação colectiva no âmbito dos grupos de empresas[37]. É precisamente no seio dos grupos que a regulamentação colectiva assume especial relevo, pela conveniência de harmonizar as condições de trabalho da colectividade de trabalhadores que lhe está subjacente. Aliás, na hipótese de existirem trabalhadores com direito a uma participação nos lucros, só através da negociação colectiva será possível, entre nós, compensar as diferenças decorrentes dos diversos resultados económicos obtidos por cada empresa individualmente considerada[38]. A ausência de

---

[36] ABEL FERREIRA, *Grupos de empresas...*, cit., p. 237.

[37] JESÚS CRUZ VILLALÓN («La negociación colectiva en los grupos de empresas», in *Grupos de empresas y derecho del trabajo,* Antonio Baylos e Luis Collado (eds.), Editorial Trotta, Madrid, 1994, p. 273) analisa as estatísticas espanholas demonstrativas da escassa importância deste nível negocial no conjunto da estrutura de negociação no país, mantendo-se a prática de convenções diferenciadas para cada uma das sociedades do grupo (p. 276). Para uma análise das razões justificativas deste fenómeno, cf. *idem,* pp. 278 e ss.

[38] Este fenómeno empresarial implica uma perda de autonomia patrimonial por parte das sociedades-filhas, o que faz com que direitos deste tipo estejam sempre "sob a potencial ameaça de esvaziamento do respectivo conteúdo" – ENGRÁCIA ANTUNES, *Os grupos de sociedades...*, cit., pp. 187-188. Este Autor aproxima os riscos que, quanto a este aspecto, recaem sobre os trabalhadores, daqueles que correm os sócios minoritários ou externos.

MARTIN HENSSLER, *op. cit.,* p. 111, defende que o empregador não poderá realizar uma distribuição arbitrária dos resultados económicos do grupo, para os quais os trabalhadores contribuíram com o seu trabalho; ou seja, não poderá abusar da sua "posição de poder", favorecendo discricionariamente uns e desfavorecendo outros. Salvaguarda, no entanto, as diferenças específicas entre as empresas do grupo justificativas de um tratamento diferenciado.

O legislador francês estabeleceu a participação nos lucros calculados ao nível do grupo (arts. 8-4 e 12 da *Ordonnance* n.º 86-1134, de 21/10/86), resolvendo o problema – *vd.* YVES GUYON, *op. cit.,* p. 650; RIPERT e ROBLOT, *Traité de droit commercial,* 17.ª edição, LGDJ, Paris 1998, p. 1472. Após a Lei n.º 94-640, de 25/04/94, as disposições

regulamentação laboral colectiva pode, também, nas situações de recurso frequente à mobilidade geográfica dos trabalhadores, introduzir modificações substanciais na situação jurídica destes, ao prestarem sucessivamente trabalho nas diversas empresas. Todavia, as figuras da contratação colectiva, legalmente tipificadas, não se adaptam à realidade dos grupos empresariais. O nosso direito admite a intervenção das entidades empregadoras individuais na celebração de convenções colectivas (art. 3.º, n.º 1, al. b, da LIRC), mas como a capacidade negocial colectiva é reconhecida apenas às empresas com autonomia jurídica, fica, portanto, de parte o grupo. Deste modo, embora não seja possível a celebração de um único acordo de empresa abrangendo todo o grupo, os empregadores podem constituir uma associação patronal e, por essa via, celebrar contratos colectivos (art. 2.º, n.º 3, da LIRC)[39].

Coloca-se, porém, o problema de saber se um acordo de empresa celebrado pela empresa-mãe pode vir a abranger todas as restantes. Face à autonomia jurídica de cada uma delas tal não será possível, embora se pudesse chegar a um resultado idêntico mediante a adesão das restantes à convenção colectiva celebrada pela dominante (art. 28.º da LIRC)[40]. No entanto, o recurso a esta figura pode não ser exequível, em virtude do carácter heterogéneo das actividades desenvolvidas pelas empresas do grupo que impede o ajustamento do acordo às especificidades de cada uma delas, uma vez que da adesão "não pode resultar modificação do conteúdo da convenção" (art. 28.º, n.º 3, da LIRC)[41].

---

legais da referida *Ordonnance* integraram o *Code du travail,* nos arts. L. 441-1 a L. 441-8; L. 442-1 a L. 442-17 e L. 443-1 a L. 443-9.

[39] Cf. ABEL FERREIRA, *Grupos de empresas..., cit.,* p. 248.

[40] Assim, DIAS COIMBRA, «Os grupos societários no âmbito das relações colectivas de trabalho: a negociação de acordo de empresa», *RDES,* Outubro/Dezembro de 1992, p. 407. Embora, como afirma ABEL FERREIRA, *Grupos de empresas..., cit.,* p. 248, esta hipótese seja bastante duvidosa, pois, "definindo a lei o acordo de empresa como a convenção 'subscrita por associações sindicais e uma só entidade patronal para uma só empresa', admitir a adesão de outras entidades empregadoras significa que, mal ela ocorra, o acordo de empresa (...) perdeu a sua característica distintiva", transformando-se em algo diferente.

[41] Com esta convicção, ABEL FERREIRA, *Grupos de empresas..., cit.,* p. 248.

Outras soluções possíveis passam, por um lado, pela negociação e celebração da convenção pela empresa-mãe, actuando os titulares dos seus órgãos como mandatários das restantes empresas de modo a estabelecer uma regulamentação colectiva congénere para todas. Por outro lado, é ainda concebível a celebração de tantos acordos de empresa quantas as empresas envolvidas, com base em propostas idênticas resultantes de

A título de conclusão, podemos dizer, com DIAS COIMBRA[42], que a forma mais simples e adequada de regulamentação colectiva no domínio dos grupos é a celebração de acordos colectivos, ou seja, "[convenções] outorgadas por associações sindicais e uma pluralidade de entidades patronais para uma pluralidade de empresas"[43], embora com as dificuldades já assinaladas, às quais acresce a filiação de trabalhadores em associações sindicais de âmbito de actuação subjectiva, objectiva ou geográfica diferente[44].

2. As vicissitudes translativas da empresa no âmbito dos grupos de sociedades

2.1 *Considerações gerais*

Vamos referirmo-nos, neste contexto, ao problema da transmissão do estabelecimento no âmbito dos grupos de sociedades, atendendo às formas básicas de constituição desta configuração jurídico-económica. Como salienta SEVERINO NAPPI[45], a análise da disciplina dos grupos não tem incidido preferencialmente sobre os processos que conduzem à sua formação, sendo certo que se afigura essencial focalizar a atenção dos juristas nos instrumentos técnico-jurídicos concretamente utilizados para assegurar a "circulação" da empresa, antes mesmo da análise dos efeitos da transmissão sobre as relações laborais. De facto, não podemos ignorar

---

indicações da empresa-mãe. Simplesmente, quer esta hipótese, quer a anterior, além de complexas, contribuem para "a desvalorização do processo negocial" e podem conduzir a "alterações significativas no conjunto da regulamentação, em virtude de ser distinta a força negocial e a forma de actuação dos diversos interlocutores sindicais, mas também por efeito de ritmos diferenciados da negociação, pela variabilidade de actividades envolvidas, etc.". Sobre estas últimas hipóteses e respectivas críticas, consultar ABEL FERREIRA, *Grupos de empresas...*, cit., p. 249.

[42] DIAS COIMBRA, «Os grupos societários no âmbito das relações colectivas...», cit., pp. 410 e ss. No mesmo sentido, ABEL FERREIRA, *Grupos de empresas...*, cit., p. 249; idem, «Grupos de empresas...», cit., p. 292; ROMANO MARTINEZ, *op. cit.*, p. 135.

[43] Cfr. art. 2.º, n.º 3, da LIRC.

[44] Assim, ABEL FERREIRA, *Grupos de empresas...*, cit., p. 250.

[45] SEVERINO NAPPI, «Le vincende traslative dell'azienda nell'ambito dei fenomeni societari», *Diritto del Lavoro*, 1994, pp. 257-258.

que a aplicação dos meios de tutela jus-laborais previstos no ordenamento jurídico se encontra fortemente condicionada ao uso que se faça da pessoa jurídica.

Esta forma de concentração pode ser obtida através do desmembramento de uma sociedade em várias outras distintas, continuando cada uma delas a desenvolver parte da actividade que anteriormente estava concentrada numa só – basta pensar na hipótese de uma sociedade criar um grupo de domínio total inicial (art. 488.º do CSC). Por outro lado, podem optar por integrar no grupo sociedades que até esse momento eram economicamente independentes, designadamente, através da aquisição da totalidade das participações sociais (grupo constituído por domínio total superveniente) ou de um número suficiente para lhe permitir uma relação de domínio através do exercício de uma influência dominante, nos termos apurados no art. 486.º do CSC[46]/[47]. Assim, mesmo sem alteração do ponto de vista formal da identidade jurídica do empregador, de uma perspectiva material, o impacto pode ser em tudo semelhante ao de uma transmissão do estabelecimento[48].

Antes de mais, convém salientar que a constituição de um grupo de domínio total inicial não ocorre através de um processo de cisão simples. Com efeito, nesta última, as participações sociais da nova sociedade são atribuídas aos sócios da sociedade cindida, não passando, portanto, a pertencer à própria sociedade (arts. 119.º, al. f) e 112.º, al. b), *ex vi* do art. 120.º do CSC)[49]. Daqui resulta, obviamente, uma sujeição a um regime

---

[46] Note-se que aqui não temos um grupo de sociedades em sentido estrito, mas sim uma forma de coligação societária ou um grupo de facto.

[47] Em sentido similar, CAMPS RUIZ, *La problemática juridico-laboral de los grupos de sociedades,* Ministerio de Trabajo y Seguridad Social, Madrid, 1986, p. 85.

[48] Assim, CAMPS RUIZ, *últ. op. cit.,* p. 85. No mesmo sentido, JÚLIO GOMES («O conflito entre a jurisprudência nacional e a jurisprudência do TJ das CCEE em matéria de transmissão do estabelecimento no direito do trabalho: o artigo 37.º da LCT e a Directiva 77/187/CEE», *RDES,* 1996, pp. 91 e ss.), verificando a inaplicabilidade da Directiva a estas hipóteses, alerta para o carácter formal deste raciocínio como demonstrativo dos "perigos que para o Direito do Trabalho resultam de um excessivo enfeudamento a conceitos próprios do Direito Comercial".

[49] Outras diferenças são anotadas por ENGRÁCIA ANTUNES (*Os grupos de sociedades..., cit.,* pp. 60-61, nota 129 e, do mesmo autor, *Os direitos dos sócios da sociedade mãe na formação e direcção dos grupos societários,* UCP, Porto, 19944, pp. 49-50 e a nota 52), designadamente, as restrições a nível de formas societárias impostas pelo CSC para a constituição de grupos (a sociedade criada tem de ser anónima, podendo a criadora assumir também a forma de sociedade por quotas ou em comandita por acções – arts.

jurídico diverso: aplicam-se os princípios jurídico-societários gerais em vez do regime previsto para os grupos constituídos por domínio total, conquanto as operações de cisão estejam sujeitas, no aspecto juslaboral, ao art. 37.º da LCT[50], relativo à transmissão do estabelecimento, para além de a parte do património a destacar para constituir a nova sociedade ter de formar, no seio da sociedade que é objecto da cisão, uma "unidade económica", de acordo com o art. 124.º, n.º 1, al. b), do CSC[51].

2.2 Transmissão de estabelecimento entre empresas do mesmo grupo

Um dos problemas que assume relevância neste contexto refere-se à aplicabilidade do regime do art. 37.º da LCT no âmbito dos grupos de sociedades, tendo em conta designadamente as inúmeras possibilidades de fraude potenciadas pelo facto de este mecanismo ocorrer no seio de um grupo empresarial[52].

481.º, n° 1, e 488.º, n° 1), sem que as mesmas resultem do regime da cisão (art. 118.º, n° 1). No entanto, o Autor salienta as afinidades existentes entre as figuras, na medida em que ambas têm subjacente "uma lógica de repartição de uma actividade económica originariamente unitária por vários entes societários juridicamente autónomos", podendo a cisão constituir "o embrião da formação de um grupo de sociedades" – cf. *Os grupos de sociedades...*, cit., pp. 60-61 e *Os direitos dos sócios...*, cit., pp. 47-49.

[50] Se nem sempre foi clara a aplicabilidade do art. 37.º da LCT a estas hipóteses de cisão, hoje, a resposta decorre do CSC ao estabelecer, no seu art. 119.º, al. p), que do projecto de cisão deve constar "[a] atribuição da posição contratual da sociedade ou sociedades intervenientes, decorrente dos contratos de trabalho celebrados com os seus trabalhadores, os quais não se extinguem por força da cisão". Cf. COUTINHO DE ABREU, «Grupos de sociedades...», cit., pp. 142-143. Este sentido resulta igualmente da Sexta Directiva n.º 82/891/CEE, do Conselho, de 17/12/82 (*JOCE*, n.º L 378, de 31/12/82), relativa às cisões de sociedades anónimas que, no seu art. 11.º, remete precisamente para a mencionada Directiva n.º 77/187/CEE (revogada pela Directiva 2001/23/CE do Conselho, de 12/03/01), no que respeita à protecção dos trabalhadores de cada sociedade participante na cisão. A nível jurisprudencial podemos verificar a aplicação do art. 37.º à cisão no Ac. da RLx, de 9/07/98 (*CJ*, 1998, III, pp. 161 e ss.).

[51] A não ser que a sociedade originária se limite a transmitir participações sociais nos termos da al. a) do n.º 1 do art. 124.º.

[52] PILAR JUÁREZ PÉREZ, *Las relaciones laborales en los grupos internacionales de sociedades*, Granada, 2000, p. 183, refere que "a habitual indiferença legislativa, comunitária e estatal, em relação ao fenómeno dos grupos manifesta-se com especial intensidade em matéria de transmissão empresarial". Demonstrando, também, alguma surpresa

A transmissão parcial da actividade e bens sociais operada entre a sociedade-mãe e uma filial, ou entre sociedades-filhas, é admissível nos termos em que se considera existir uma transmissão parcial de um estabelecimento[53]. Para este efeito, tem-se entendido que só existe uma *parte* de um estabelecimento, separável como estabelecimento, quando a unidade de produção em causa dispõe de alguma autonomia organizatória[54].

---

perante a ausência de desenvolvimentos jurisprudenciais e doutrinais da aplicabilidade do regime jurídico da transmissão do estabelecimento no seio dos grupos, ALAIN COEURET («Contrats de travail et groupes de sociétés», in *Groupes de sociétés: contrats et responsabilités*, LGDJ, Paris, 1994, p. 45, nt. 52) acaba por concluir, sem mais explicações, que a norma correspondente do ordenamento jurídico francês não permite uma utilização adequada a este domínio específico.

[53] O art. 37.º da LCT não se refere expressamente à transmissão parcial, o que levou alguma doutrina a negar a sua admissibilidade, vd. BERNARDO LOBO XAVIER, *Regime jurídico do contrato de trabalho anotado*, 2.ª edição, Atlântica Editora, Coimbra, 1972, anotação ao art. 37.º, ponto II, p. 100. No sentido da sua admissibilidade, COUTINHO DE ABREU, «A empresa e o empregador...», cit., p. 300. Hoje, perante a Directiva n.º 2001/23/CE do Conselho, de 12/03/01, não resta qualquer dúvida acerca do âmbito de aplicação desta norma no que respeita à transmissão parcial ou global, em face do art. 1.º, n.º 1, al. a).

O anteprojecto do Código de trabalho prevê expressamente, a par da transmissão da empresa ou estabelecimento, a hipótese de se transmitir apenas uma unidade económica. Esta última aparece definida como "o conjunto de meios organizados com o objectivo de exercer uma actividade económica, principal ou acessória" (art. 249.º, n° 4).

[54] Note-se que, no âmbito do direito do trabalho, este conceito assume necessariamente maior amplitude do que no direito comercial. Relativamente a este último ramo jurídico, escreve ORLANDO DE CARVALHO (*Critério e estrutura do estabelecimento comercial*, I – *O problema da empresa como objecto de negócios*, Coimbra, 1967, p. 606, nota 293), a propósito do chamado "trespasse parcial", o problema "redunda (…) num problema distintivo – o de saber se há verdadeiro estabelecimento no que se oferece como parte de estabelecimento"; ou seja, interessa averiguar se a parte do estabelecimento transmitida já tem, por si, uma posição própria ou se pode tê-la em face do "conjunto" do estabelecimento. Um critério fixo e estável para a identificação de parte do estabelecimento, para efeitos do art. 37.º da LCT, ainda não foi encontrado pela doutrina ou pela jurisprudência. Todavia, alguns passos têm sido dados nesse sentido, destacando-se aqui a doutrina germânica. A maioria dos autores deste país atende, basicamente, à possibilidade de o substrato material do conjunto de meios transmitidos servir um escopo comum e específico, ou seja, permitir ao transmissário a prossecução de idênticos fins técnico-laborais. Este fim específico é que permite distinguir um mero somatório de meios de *parte* do estabelecimento. É certo que também se tem exigido alguma autonomia organizatória. No entanto, o sentido desta fórmula é interpretado por alguns autores de modo abrangente: não tem de *preexistir* necessariamente uma autonomia organizatória formal, bastando uma autonomia concebível, avaliada em função do tal escopo próprio em conexão com a

Nestas hipóteses, aplica-se, em regra, o disposto no art. 37.º da LCT, exactamente como aconteceria se não existisse qualquer relação de grupo, uma vez que cada sociedade dispõe de autonomia jurídica, não só em relação a "terceiros", mas também relativamente às "irmãs", operando por isso uma mudança de titularidade jurídica[55]. O problema da ausência de autonomia económica da sociedade transmissária relativamente ao poder de direcção da sociedade-mãe, não será, na maioria dos casos, suficiente para excluir a referida "autonomia organizatória mínima", dificultando a aplicação do art. 37.º[56].

Neste sentido, também se pronunciou o TJCE num acórdão de 2/12/99 que opôs C. Allen a Amalgamated Construction Co. Ltd[57]. As duas socie-

---

realização de uma tarefa parcial. De facto, tendo em conta a *ratio* do § 613 do BGB (correspondente ao art. 37.º da LCT), assume importância decisiva, neste contexto, a manutenção dos postos de trabalho. Ora, a exigência de uma organização formalmente autónoma faria depender a aplicação desta norma da estrutura da empresa, prejudicando os trabalhadores daquelas organizações empresariais muito centralizadas. Neste sentido, afirma MANFRED LIEB, «Betriebs-(Teil)Übergang bei zentraler Unternehmensorganisation», *ZfA*, 1994, p. 233, que seria fácil criar uma estrutura deste tipo, onde antes havia uma autonomia formal, para elevar o grau de exigência quanto ao conceito de *parte* do estabelecimento e dificultar a aplicação do § 613 do BGB. Esclarece ainda que a aplicação deste preceito legal, e portanto a protecção dos trabalhadores envolvidos, não pode depender do acaso da organização empresarial, prejudicando os prestadores de trabalho das empresas centralizadas (p. 231). Para esta e outras considerações, cf. *idem*, pp. 230-232. Este entendimento pode, contudo, suscitar alguns problemas práticos, nomeadamente, no que respeita à identificação dos postos de trabalho "transmitidos". Para uma análise do conceito de "parte de estabelecimento", para efeitos do art. 37.º da LCT, veja-se o interessante estudo de JÚLIO GOMES, «A jurisprudência recente do TJCE em matéria de transmissão de empresa, estabelecimento ou parte de estabelecimento – inflexão ou continuidade?», in *Estudos do Instituto de Direito do Trabalho, I Curso de Pós-Graduação em Direito do Trabalho*, Vol. I, dir. de Pedro Romano Martinez, Almedina, 2001, p. 486 ss.

No direito espanhol, este problema é tratado no art. 44 do ET, o qual, diferentemente do que acontece entre nós, prevê na sua hipótese legal, a par da empresa, a transmissão do centro de trabalho e da unidade produtiva autónoma. Para uma análise do conceito de transmissão parcial neste ordenamento jurídico, veja-se a obra de MONEREO PÉREZ, *La nocion de empresa en el derecho del trabajo y su cambio de titularidad – Estudio del ordenamiento interno y comunitario*, Ibidem Ediciones, Madrid, 1999, pp. 69 e ss.

[55] Assim, ANTONIO FONTANA, «Questioni varie in tema di trasferimento d'azienda», *Il Diritto del Lavoro*, 1970, II, pp. 338-339.

[56] Em sentido diverso, FABRÍCIA DE ALMEIDA HENRIQUES, «Transmissão do estabelecimento e flexibilização das relações laborais», *ROA*, ano 61, Abril de 2001, p. 1032.

[57] Processo C-234/98, *CJ*, 1999, p. 8643.

dades "irmãs" (A e B) surgem inseridas num grupo, detendo a sociedade--mãe 100% do capital de ambas. O problema surge na sequência de um contrato celebrado entre uma das filiais (A) e uma terceira sociedade, proprietária das minas de carvão Prince of Wales, com vista à continuação dos trabalhos de perfuração nas minas que aquela empresa já vinha realizando. Nos termos da proposta apresentada, a sociedade-filha (A) subcontrataria a sua "irmã" (B) cujos custos de mão-de-obra eram consideravelmente inferiores aos da primeira. Ao diminuir o volume de actividade da sociedade (A), decorrente desta subcontratação, decide a mesma despedir um determinado número de trabalhadores que prestavam a sua actividade nesse mesmo local, informando-os contudo de que poderiam ser contratados pela sociedade (B) depois da interrupção de um fim--de-semana, o que efectivamente veio a suceder. Todavia, ao fim de algum tempo, a sociedade proprietária das minas manifestou a sua preocupação pela degradação das condições de emprego que vários empreiteiros aplicavam, designadamente a sociedade (B), sugerindo que de futuro fosse a sociedade (A) a executar os contratos sem recorrer à subcontratação. Na sequência destes acontecimentos, a sociedade (A) acabou por decidir não subcontratar (B) e realizar ela própria a nova empreitada. Consequentemente, voltou a contratar os seus antigos trabalhadores. Esta nova contratação era feita em condições de trabalho melhores do que as da sociedade (B), mas menos favoráveis do que as dadas aos trabalhadores pela sociedade (A) antes dos despedimentos. Como facilmente se poderá deduzir, a sociedade (A) invoca a ausência de autonomia real entre ela e a sociedade (B), cuja ligação deveria conduzir à sua qualificação como empresa única e, portanto, afastar a aplicabilidade da Directiva relativa à transmissão de estabelecimento. O TJCE, salientando a finalidade tuitiva em relação aos trabalhadores[58] (leitura teleológica que caracteriza as decisões deste órgão judicial), concluiu que a Directiva "pode aplicar-se a uma transferência entre sociedades de um mesmo grupo ainda que tenham os mesmos proprietários, a mesma direcção, instalações e que trabalhem na mesma obra". Afigura-se necessário apenas existir uma transferência de uma entidade económica entre as duas sociedades, reme-

---

[58] Embora, como salienta de forma crítica MOLINA NAVARRETE (*La regulación jurídico-laboral de los grupos de sociedades: problemas y solucione,* Editorial Comares, Granada, 2000, pp. 50-51), idêntica ou mais ampla protecção para os trabalhadores pudesse resultar da consideração do grupo como uma empresa unitária, solução que o Autor parece considerar mais adequada perante a matéria de facto deste acórdão.

tendo depois para o conceito de entidade económica presente em inúmeros acórdãos anteriores: "conjunto organizado de pessoas e elementos que permitem o exercício de uma actividade económica que prossegue um objectivo próprio", que conservou a sua identidade[59]. Como explana o advogado-geral Ruiz-Jarabo Colomer, a Directiva não afasta a sua aplicação nestes casos e se não há dúvidas de que estas sociedades "podem ser objecto de cessão contratual ou de fusão como todas as outras, não há qualquer razão para excluir os seus trabalhadores da protecção conferida pela directiva"[60].

Poder-se-ia pensar, precipitadamente, que a aplicação do art. 37.º a estas situações resolveria eventuais problemas que pudessem ser suscitados a nível de protecção laboral dos trabalhadores abrangidos[61]. Neste sentido, alguma doutrina italiana invoca a ampla garantia patrimonial de que goza o trabalhador por força da responsabilidade solidária imposta pelo art. 2112 do *Codice Civile*. Ora, mesmo atendendo ao facto de esta norma ser mais abrangente do que o nosso art. 37.º da LCT, na medida em que transmitente e transmissário são responsáveis solidariamente por todos os créditos dos trabalhadores existentes ao tempo da transmissão (e não apenas pelos vencidos nos últimos seis meses), certo é que o transmitente não pode ser responsabilizado pelos créditos ulteriores a este momento, nomeadamente no caso de compensações devidas na hipótese de um despedimento colectivo[62]. Com efeito, pode tratar-se de uma operação fictícia de alteração da titularidade da empresa, para vulnerabilizar

---

[59] Uma análise deste acórdão é levada a cabo por BEATRIZ GUITIÉRREZ-SOLAR CALVO, «Sucesión de empresa entre sociedades de un mismo grupo empresairal: primacia de la forma jurídica sobre la realidad económica. Comentario a la STJCE de 2 de diciembre de 1999, Asunto C-234/98, Allen y otros frente a Amalgamated Construction co. ltd.», *Actualidad Laboral,* n° 8, 2000, pp. 289 ss.

[60] Estas e outras considerações podem ser consultadas na *CJ,* 1999, pp. 8643 ss.

[61] Nesse sentido, ANTONIO FONTANA (*La successione dell'imprenditore nel rapporto di lavoro,* Giuffrè, Milão, 1970, p. 284 e «Questioni varie...», cit., p. 339).

[62] O mesmo sucede com a lei espanhola ao estabelecer uma responsabilidade solidária entre transmitente e transmissário durante três anos, mas apenas em relação aos créditos nascidos antes da transmissão – art. 44. do *Estatuto de los Trabajadores*. O n° 2 deste preceito responsabiliza excepcionalmente o transmitente, de forma solidária com o transmissário, pelas obrigações constituídas após a transmissão na hipótese de esta ser considerada "delito", nos termos previstos no Código Penal, designadamente no art. 311, ao impor aos trabalhadores condições laborais ou de segurança social que venham prejudicar, suprimir ou restringir os direitos reconhecidos por lei, convenção colectiva ou contrato individual, mediante engano ou abuso de situação de necessidade. Aditando o

direitos laborais[63]. Um exemplo de RUSSOMANO[64] demonstra os perigos que podem advir para os trabalhadores caso se ignore pura e simplesmente a circunstância de tal operação ter lugar entre empresas, *maxime* sociedades, do mesmo grupo: a sociedade-mãe X, pretendendo realizar um despedimento colectivo sem no entanto arcar com as respectivas compensações pecuniárias, realiza sem dificuldades de maior uma transmissão artificial para uma empresa "satélite" economicamente débil, que, passado pouco tempo, encerrará sem capital para pagar aos credores[65]. Na realidade, a norma contida no art. 37.º cuja ratio predominante consiste em garantir a estabilidade de emprego, assegurando a manutenção dos postos e condições de trabalho em caso de mudança de empresário[66], acaba por,

---

nº 2 deste preceito que o mesmo se aplica àqueles que, na hipótese de transmissão de empresas, com conhecimentos dos procedimentos descritos no número anterior, mantenham as referidas condições.

[63] *Vd.* MONEREO PÉREZ, «Aspectos laborales de los grupos de empresas», *REDT,* nº 21, 1985, p. 115; MOLINA NAVARRETE, *últ. op. cit.,* p. 45, nota 51, 57, 60; PILAR JUÁREZ PÉREZ, *op. cit.,* p. 182. Aliás, ALDO CESSARI (*L'interposizione fraudolenta nel diritto del lavoro,* Giuffrè, Milão, 1958, p. 102) já salientava a possibilidade de a constituição da "sociedade satélite" visar somente afastar a aplicação de disposições legais imperativas, recorrendo a um exemplo no qual a constituição de uma sociedade-filha tem por único objectivo evitar que se atinja um certo número de trabalhadores a partir do qual a lei impõe determinadas obrigações.

[64] MOZART VICTOR RUSSOMANO, *Comentários à CLT,* vol. I, Forense, Rio de Janeiro, p. 51, na 16.ª ed. desta obra, *apud* JÚLIO GOMES, «O conflito entre a jurisprudência nacional...», cit., p. 171.

[65] Situações de facto similares foram objecto de decisões judiciais em Espanha – MOLINA NAVARRETE, *La regulación...,* cit., p. 52, nota 60 e PÉREZ DE LOS COBOS ORIHUEL, «La "filialisation" de la empresa» *AL,* nº 28, 1999, p. 543".

[66] COUTINHO DE ABREU, «A empresa e o empregador...», cit., p. 301. Assim também, entre nós, BARROS MOURA, *Compilação de direito do trabalho – Sistematizada e anotada,* Almedina, Coimbra, p. 103; JORGE LEITE e COUTINHO DE ALMEIDA, *Colectânea de lais do trabalho,* Coimbra Editora, Coimbra, 1985, p. 80, anotação ao art. 37.º (ponto I); GARCIA PEREIRA, «Problemas laborais numa cessão de exploração», in *Temas Laborais II,* Vega, Lisboa, 1992, p. 67 e JÚLIO GOMES, «O conflito entre a jurisprudência nacional...», cit., p. 161. Nos mesmos termos, relativamente ao direito espanhol, PALOMEQUE LÓPEZ e ÁLVAREZ DE LA ROSA, *Derecho del trabajo,* 6.ª ed., Editorial Centro de Estudios Ramón Areces, Madrid, 1998, p. 911. No sentido de que "a estabilidade de emprego" é o objectivo incontestável, embora não o único, de uma norma semelhante no direito francês, MICHEL DESPAX, «L'entreprise en Droit du Travail», *Annales de la Faculté de Droit et des Sciences Économiques de Toulouse,* XIII, n.º 1, 1965, p. 135. Quanto à jurisprudência portuguesa *vd.*, a título exemplificativo, o Ac. do STJ, de 9/11/94 (*CJ,* 1994, III, pp. 287 e ss.), o qual salienta que o art. 37.º da LCT visa, "fundamentalmente, proteger os

paradoxalmente, permitir contornar as normas relativas à cessação do contrato de trabalho por causas objectivas, facilitando não só a perda de postos de trabalho, mas a obtenção deste resultado sem o pagamento das compensações devidas[67]. O princípio constitucional da proibição dos despedimentos sem justa causa e da segurança no emprego (art. 53.º) torna-se facilmente letra morta.

Assim, a presença desta configuração societária não deve ser ignorada na análise de um caso concreto. De facto, como salienta CAMPS RUIZ[68], devemos prestar uma especial atenção ao preenchimento dos requisitos de admissibilidade no que respeita à determinação da autonomia do complexo organizatório transmitido, atendendo às implicações sensíveis que podem daqui advir em questão da responsabilidade do empregador[69]. Trata-se de evitar a "criação de sociedades só aparentemente dotadas de autonomia empresarial que fazem de cessionárias de partes da empresa com o único fim de representarem um centro de imputação das relações de trabalho de que o cedente é titular"[70]. O fraccionamento da empresa

---

trabalhadores, garantindo-lhes o direito à segurança no emprego", embora depois chegue a conclusões em matéria da necessidade de anuência do trabalhador que não seriam as mais consentâneas com esta afirmação de princípio; com uma argumentação muito semelhante, o Ac. do STJ, de 24/05/95 (CJ, 1995, II, pp. 294 e ss.); também o Ac. da RP, de 9/12/97, processo n.º 9740980 (não publicado), afirma logo no sumário que "[o] disposto no art. 37.º do Regime Jurídico do Contrato Individual de Trabalho [se] destina, fundamentalmente, a proteger o trabalhador, garantindo o direito à estabilidade no emprego". Finalmente, afigura-se-nos importante destacar que a já mencionada Directiva 77/187/ /CEE (modificada pela Directiva 2001/23/CE) refere expressamente a necessidade de "adoptar disposições para proteger os trabalhadores em caso de mudança de empresário, especialmente, para assegurar a manutenção dos seus direitos".

[67] Em termos idênticos, afirma LIBERAL FERNANDES («Transmissão do estabelecimento e oposição do trabalhador à transferência do contrato: uma leitura do art. 37.º da LCT conforme ao direito comunitário», *Questões Laborais,* Ano V, 1999, p. 232) que «[n]ão é de excluir a hipótese de a mudança de empregador poder ser prejudicial para o trabalhador, caso em que a garantia do art. 37.º da LCT apresentaria efeitos contrários ou perversos».

[68] *La problemática...*, cit., p. 91.

[69] Daí, a razão de recurso frequente a figuras como a simulação e a fraude à lei por parte da jurisprudência e doutrina italianas, afirma ANTONIO FONTANA, «Questioni varie...», cit., p. 339. O mesmo sucede com a jurisprudência espanhola, como veremos.

[70] RAFFAELE FOGLIA *apud* JÚLIO GOMES, «A jurisprudência recente...», p. 518, nt. 79. No mesmo sentido, CAMPS RUIZ, *Régimen laboral de la transmisión de la empresa,* Tirant lo Blanch, Valência, p. 50.

do transmitente ou não se fundamenta em motivos de carácter técnico e organizatório, ou então estes assumem um carácter puramente secundário[71].

O risco subjacente à operação de transmissão de parte do estabelecimento para uma entidade que oferece diminutas garantias de solvabilidade, poderia ser reduzido, caso entre nós se reconhecesse aos trabalhadores um direito de oposição[72], tendo em conta a interpretação da Directiva realizada pelo TJCE nesta matéria[73]. Como explica JÚLIO GOMES[74], este

---

[71] CAMPS RUIZ, *Régimen laboral...*, cit., p. 50.

[72] Neste sentido, JÚLIO GOMES, «A jurisprudência recente...», p. 488, nt. 19 e pp. 517 ss.

[73] A questão de saber se o trabalhador tem um direito de oposição à transmissão do seu contrato de trabalho foi suscitada junto do TJCE pelo Tribunal de Trabalho de Hamburgo em relação ao caso *Katsikas* (Processo C-132/91) e pelo Tribunal de Trabalho de Bamberg nos casos *Uwe Skreb* e *Günther Schroll* (Processos C-138/91 e C-139/91, *CJ*, 1992, p. 6577), uma vez que, reconhecendo a jurisprudência alemã tal direito, pretendia-se saber da sua compatibilidade com a Directiva 77/187/CEE (em especial com art. 3.º, n.º 1) ou se deveria ser considerado um tratamento mais favorável permitido pelo art. 7.º deste diploma. O TJCE audaciosamente respondeu que uma tal obrigação de prosseguir a relação laboral com o transmissário poria em causa os direitos fundamentais do trabalhador, designadamente a sua liberdade de escolher a entidade para quem quer trabalhar, sendo portanto inadmissível uma interpretação da Directiva nesse sentido. Na hipótese de o trabalhador decidir livremente não prosseguir a relação de trabalho com o transmissário, caberá aos Estados-membros determinar o destino da relação laboral com o transmitente. O TJCE foi chamado, mais tarde, a pronunciar-se sobre este problema nos processos C-171/94 e C-172/94 (*Albert Merckx e Patrick Neuhuys/Ford Motors Company Belgium SA*), tendo concluído no mesmo sentido dos anteriores (*CJ*, 1996, p. I-1253), reiterando tal interpretação no âmbito do processo C-399/96 – *Europièces SA e Wilfred Sanders/Automotive Industries Holding Company SA* (*CJ*, 1998, p. I-6965). Assim, merece-nos inteiro apoio a afirmação de LIBERAL FERNANDES (*op. cit.*, p. 230) no sentido de que «[a]o legislador nacional está (...) vedado negar a faculdade oposição, cabendo-lhe tão só regular os efeitos do seu exercício».

Uma vez que o art. 37.º da LCT não aborda este problema, pensamos que deveria concluir-se pela existência de uma lacuna, cujo preenchimento não pode ignorar o direito comunitário, atento o primado do mesmo sobre o direito nacional – cf. LIBERAL FERNANDES, *op. cit.*, p. 238, nota 71 e p. 239. E não se diga que não existe qualquer imposição expressa da Directiva no sentido da consagração de tal direito aos trabalhadores, pois o TJCE tem afirmado que os tribunais dos Estados-membros devem interpretar as leis nacionais de acordo com as directivas e com *a interpretação das mesmas realizada pelo TJCE* (o mesmo deve valer em matéria de direito *praeter legem*). Para mais desenvolvimentos, veja-se o nosso *Da mobilidade...*, *cit.*, pp. 163 ss e bibliografia aí citada.

[74] «A jurisprudência recente...», cit., p. 519. Na esteira deste autor, FABRÍCIA DE ALMEIDA HENRIQUES, *op. cit.*, pp. 990-991, ao analisar a jurisprudência do TJCE, salienta

seria um meio que permitiria ao trabalhador controlar a conveniência da continuação da relação laboral com o transmissário, já que esta última nem sempre é a solução concretamente mais favorável para o prestador de trabalho[75].

Caso estejamos perante grupos de sociedades constituídos por contrato de subordinação ou por domínio total (arts. 493.º e 488.º do CSC) o problema encontra-se parcialmente resolvido (pelo menos no que respeita à garantia de pagamento dos créditos laborais), pois a sociedade directora ou dominante é responsável pela obrigações da subordinada/dominada (art. 501 CSC)[76].

---

que o trabalhador goza de um poder de oposição à transferência do seu contrato de trabalho, sem que o exercício deste direito possa ser encarado como uma rescisão unilateral do mesmo. A justificação de tal direito assenta, por um lado, na protecção dos direitos fundamentais do trabalhador, e, por outro, na necessidade de tutelar os interesses deste último nas hipóteses em que o empregador passa "de uma empresa forte e financeiramente sólida para uma empresa economicamente inconsistente, de solvabilidade duvidosa ou que adopte uma organização de trabalho ou uma política de gestão de pessoal totalmente inconsistentes". Todavia, a Autora não parece retirar desta jurisprudência as consequências necessárias a nível de direito interno, ignorando aparentemente o primado do direito comunitário sobre o direito nacional, uma vez que sob a epígrafe "análise crítica" afirma, de forma pouco consistente com as explanações ulteriores, a desnecessidade da anuência do trabalhador para que a respectiva relação laboral se transmita para o transmissário do estabelecimento (p. 983). Embora, algumas páginas adiante (pp. 993--994), retome a questão, referenciando posições doutrinais portuguesas, e pareça aderir à argumentação exposta por JÚLIO GOMES («O conflito entre a jurisprudência nacional...», cit., p. 170, 175-176 e 188, nt. 114), que reproduz, muito embora sem citar a fonte. Contudo, não surge delineada em termos claros a solução que propugna.

[75] No mesmo sentido, opinou LIBERAL FERNANDES, op. cit., pp. 228-229, dizendo que «mesmo que a oposição possa implicar um risco acrescido para o trabalhador de ser despedido por razões económicas, deve admitir-se, ainda assim, que é ele quem está em melhores condições de avaliar esse dano».

[76] Na hipótese de o anteprojecto do Código de trabalho entrar em vigor, esta solução será alargada ao grupo paritário e ainda às sociedades em relação de domínio, nos termos previstos nos arts. 481.º ss. CSC. Perante esta remissão restritiva para o CSC, ficam por abranger as sociedades em nome colectivo, em comandita simples, bem como as sociedades civis e ainda todas as empresas que não obedeçam a uma forma societária (empresas em nome individual, cooperativas, EIRL, agrupamento complementar de empresas, etc.). Esta limitação pode comprometer a "eficácia prática" da lei, uma vez que basta a empresa participante ou dominante do grupo empresarial não adoptar uma das formas legalmente exigidas, para este "escapar" aos imperativos legais (vd. ENGRÁCIA ANTUNES, op. cit., p. 232 ss.). Idêntica crítica se pode fazer relativamente à aplicação da restrição espacial prevista no CSC ao abranger apenas relações de coligação em que todas as

Com este raciocínio não pretendemos afirmar que a transmissão pode ou deve ser considerada fictícia apenas por ocorrer no âmbito de um grupo de sociedades, pois é inegável a possibilidade de existirem motivos legítimos justificadores desta medida[77]. Também não significa que devamos ignorar a circunstância de a constituição da sociedade formalmente empregadora ter a sua origem na transmissão parcial de uma sociedade unitária. Daí a necessidade de analisar atentamente os fenómenos de transmissão empresarial dentro dos grupos e adoptar as medidas adequadas para assegurar as garantias dos trabalhadores[78].

A doutrina e jurisprudência espanholas têm vindo a admitir a transmissão parcial do estabelecimento a uma sociedade-filha sempre que a mesma cumpra os requisitos legalmente exigidos, sendo certo que a valoração dos mesmos deverá ter em conta "a concreta estrutura organizativa e centro de actividade afectados e a finalidade da norma"[79]. Neste domínio, tem-se exigido uma mudança efectiva de titularidade empresarial (modificação da titularidade subjectiva), procurando alguns tribunais espanhóis ultrapassar a concepção de mera "titularidade formal", atribuindo relevância a uma "titularidade indirecta ou funcional" que pode perma-

---

sociedades intervenientes tenham sede em Portugal. Em termos similares, o art. 308.º do anteprojecto, ao restringir a responsabilidade das outras sociedades aos créditos vencidos há mais de seis meses, pode implicar a perda do efeito útil da norma em inúmeras situações, para além de poder suscitar várias dificuldades processuais (note-se, a título de exemplo, que a acção de impugnação de um despedimento colectivo tem de ser intentada no prazo de seis meses contados da data de cessação do contrato – art. 398.º, n.º 2, do anteprojecto).

[77] ANTONIO FONTANA («Questioni varie...», cit., p. 339) desenvolve esta ideia a partir de um comentário a um caso sujeito à apreciação dos tribunais italianos em que se procurava precisamente conter os custos de exercício. Em sentido idêntico, a maioria da jurisprudência do país vizinho admite estes comportamentos ao abrigo da liberdade económica xx, constitucionalmente consagrada – cf. CRISTÓBAL MOLINA NAVARRETE, La regulación..., cit., pp. 39-40 e nota 41.

[78] Assim, MOLINA NAVARRETE, últ. op. cit., pp. 43-44. Como refere, LAURENTINO-JAVIER DUEÑAS HERRERO, «El grupo de empresas y la sentencia de la sala Cuarta del Tribunal Supremo de 30 de junio de 1993», Relaciones Laborales, II; 1995, p. 567, o legislador e o juiz têm uma enorme desconfiança em relação aos grupos de empresas, pois "vêem neles a generalização de um fenómeno patológico de tentar iludir algo (fraude à lei): a responsabilidade jurídica". Esta afirmação vale obviamente no ordenamento jurídico espanhol, uma vez que entre nós, a jurisprudência tem praticamente ignorado os problemas gerados por esta forma de organização empresarial.

[79] Assim, MOLINA NAVARRETE, últ. op. cit., p. 40.

necer[80]. Assim, chegaram mesmo a afirmar que a transmissão de parte do estabelecimento era uma mera ficção, pois, apesar da diferente personalidade jurídica das sociedades, uma não passava na prática de um mero prolongamento da outra[81]. No mesmo sentido, afirma MONEREO PÉREZ[82] que a existência, em alguns casos, de uma "identidade económica absoluta" entre as empresas do grupo, obstaria ao preenchimento deste elemento pois inexistem de facto duas subjectividades diversas, embora acrescente depois a finalidade de vulnerabilizar direitos laborais. Um outro requisito consiste na continuidade da actividade realizada na unidade transmitida, a qual deve ser susceptível de exploração autónoma. Esta autonomia entendida inicialmente num sentido marcadamente técnico--organizativo e geográfico, vai sendo vista como uma autonomia funcional, ou seja, transmite-se uma actividade autónoma e diferenciada, susceptível de ser objecto de exploração independente, susceptibilidade que não tem de ser necessariamente actual, mas sim possível ou potencial, nem completa[83]. A sociedade-filha não deve traduzir uma mera descentra-

---

[80] MOLINA NAVARRETE, últ. op. cit., pp. 43-44. CONSUELA FERREIRO REGUEIRO, «Sobre la determinación de la responsabilidad, en el despido de un trabajador, de los grupos de empresas y de las empresas involucradas en una transmisión», in *Cuestiones Actuales sobre el despido disciplinario*, org. Javier Gárate Castro, p. 437, fala a este propósito em "alteração do núcleo subjectivo de imputação de responsabilidade".

[81] Esta decisão jurisprudencial é referida por CAMPS RUIZ, *La problemática..., cit.*, pp. 89 a 91 e *Régimen laboral..., cit.*, pp. 52 a 54 e, ainda, por MONEREO PÉREZ, «Aspectos laborales...», cit., p. 116. Destacamos, ainda, uma decisão do Tribunal Central de Trabalho de 1987 que recusou a existência de uma transmissão invocando a presença de um negócio simulado. O caso em litígio tinha a seguinte configuração: *a empresa "M.L., S.A." constitui uma outra sociedade, cujo objecto consiste apenas na realização de funções de manutenção na primeira empresa, funções estas que são executadas no mesmo local, com os mesmos instrumentos de trabalho, a sede é comum, os trabalhadores continuam a desempenhar as mesmas funções, etc.* Torna-se aqui bem patente o processo de "exteriorização de emprego" em que esta sociedade parece criar a sua própria empresa de prestação de serviços, sem qualquer alteração fáctica, a não ser o contornar da lei laboral mediante a invenção de um "novo empregador".

[82] JOSÉ LUIS MONEREO PÉREZ, «Aspectos laborales...», cit., pp. 115-116.

[83] MOLINA NAVARRETE, últ. op. cit., pp. 46-47; MONEREO PÉREZ, *La noción de empresa..., cit.*, pp. 91 ss; PÉREZ DE LOS COBOS ORIHUEL, *op. cit.*, pp. 541-542. Explicam JESÚS MARIA GALIANA MORENO e ANTONIO-VICENTE SEMPERE NAVARRO («Problemas laborais planteados por la escision de la filial española de un grupo de empresas multinacional», *Actualidad Laboral*, 1990, nº 40, p. 502) que as porções de património que se cindem têm de ser "unidades de produção dotadas de substantividade e viabilidade próprias", susceptíveis de exploração empresarial autónoma, admitindo que ainda aqui

lização técnico-organizativa, mas apresentar uma finalidade económica própria ainda que no âmbito da dependência de uma direcção económica unitária[84].

Parece evidente que estas operações têm sempre como limite os institutos do abuso do direito e da fraude à lei ao permitirem contornar normas laborais injuntivas ou tornar ineficazes direitos dos trabalhadores, o que tem especial relevância nas situações em que transmitente e transmissário já tinham um qualquer tipo de ligação[85]. Neste contexto, não ignorando as dificuldades probatórias de quem invoca a fraude à lei, a jurisprudência espanhola desenvolveu um conjunto de indícios utilizados para identificar a realidade do grupo para efeitos de responsabilização patrimonial do mesmo[86]. Deste modo, chega-se a um resultado que permite o alargamento a outras sociedades do grupo da responsabilidade empresarial, sem forçar o âmbito da norma relativa à transmissão do estabelecimento, quando a sua *fattispecie* parece estar preenchida, ao elevar o grau de exigência quanto ao preenchimento dos respectivos requisitos[87]. Trata-se do recurso a técnicas desconsiderantes da personalidade jurídica[88], figura que subjaz a várias decisões jurisprudenciais que negaram a aplicabilidade do regime da transmissão do estabelecimento. A jurisprudência espanhola parte, então, de um conjunto de indícios revelador do carácter artificial da "separação jurídica", ao demonstrar a "uti-

---

não haja transmissão na hipótese de fraude à lei por se pretender diminuir injustificadamente as garantias laborais dos trabalhadores.

[84] PILAR JUÁREZ PÉREZ, *op. cit.*, p. 181.

[85] Esta circunstância leva a doutrina do país vizinho a incluir como requisito negativo de admissibilidade destas operações a ausência de fraude à lei, sendo certo que a aplicabilidade desta figura nunca suscitaria dúvidas, somente dificuldades probatórias – Cf. CAMPS RUIZ, *Régimen laboral...*, *cit.*, p. 49; MOLINA NAVARRETE, *últ. op. cit.*, p. 52; CONSUELA FERREIRO REGUEIRO, *op. cit.*, pp. 437-438. A jurisprudência espanhola aceita, como regra, a legitimidade destas operações, alegando que uma descapitalização ou a menor solvência económica do transmissário, só por si, não é suficiente para conduzir à aplicação do instituto referido – CAMPS RUIZ, *La problemática...*, *cit.*, p. 88 e CONSUELA FERREIRO REGUEIRO, *op. cit.*, p. 439; JESÚS MARIA GALIANA MORENO e ANTONIO-VICENTE SEMPERE NAVARRO, «Problemas laborales...», cit, *Actualidad Laboral*, 1990, nº 41, p. 511.

[86] MOLINA NAVARRETE, *últ. op. cit.*, p. 52.

[87] Cf. CAMPS RUIZ, *Régimen laboral...*, *cit.*, pp. 55-56. Está em causa o recurso ao que este Autor (*La problemática...*, *cit.*, p. 91 e CAMPS RUIZ, «Tratamiento laboral...», cit., p. 411) designa por "jurisprudência de indícios".

[88] Veja-se, em termos gerais, as considerações tecidas por COUTINHO DE ABREU, *Curso de direito comercial*, vol. II, *Das sociedades*, Almedina, Coimbra, 2002, pp. 174 ss.

lização desviada do instituto jurídico da sociedade de responsabilidade limitada, com personalidade e património independente"[89]. Esses indícios são: a confusão patrimonial ou "caja única" (contínua "comunicação de créditos e bens" entre as empresas do grupo ou quando a prestação de ajuda económica entre as empresas se torna habitual); unidade contabilística (por exemplo, apenas uma das empresas paga os salários ou todas contribuem de modo conjunto através de quotas proporcionais); direcção unitária através do domínio por uma mesma entidade; identidade dos membros dos órgãos de administração ou direcção; utilização da prestação laboral de modo simultâneo, alternado ou sucessivo pelas empresas do grupo; identidade ou similitude da actividade realizada ou esta, embora diferente, vise a obtenção do mesmo fim; a mesma marca de identificação de produto; a mesma sede social; as mesmas instalações; utilização de um nome aglutinador das várias empresas do grupo para recepção de correspondência; actuação confusa perante terceiros que cria uma aparência externa de unidade empresarial[90]. Assim, como vimos *supra*, encontramos, neste país, numerosas decisões jurisprudenciais que mantêm a vinculação jurídico-laboral dos trabalhadores ao "transmitente". Os tribunais em causa chegaram a este resultado através da verificação de que por detrás de uma aparência de licitude da transmissão (modificação jurídico--formal de titularidade), não existe de facto uma mudança de titularidade subjectiva ou a referida autonomia do conjunto de elementos empresariais

---

[89] CAMPS RUIZ, «Tratamiento laboral de los grupos de sociedades», AL, n°s 34 e 35, Setembro de 1990, p. 411. De facto, como refere, DUEÑAS-HERRERO, *op. cit.*, p. 579, o "levantamento do véu da personalidade jurídica" encontra o seu campo de eleição no âmbito das sociedades comerciais, pois estas sociedades têm o privilégio da limitação da responsabilidade dos sócios ao valor das suas participações sociais, rompendo o princípio geral da responsabilidade patrimonial universal.

[90] Cf. CONSUELA FERREIRO REGUEIRO, «Sobre la determinación de la responsabilidad, en el despido de un trabajador, de los grupos de empresas y de las empresas involucradas en una transmisión», in *Cuestiones Actuales sobre el despido disciplinario,* org. Javier Gárate Castro, pp. 433 ss. Salienta a Autora, invocando decisões jurisprudenciais, que o trabalhador, sobre quem recai o ónus da prova, não tem de provar todos os indícios referidos no texto, pois evidentemente não dispõe de meios suficientes para aceder às informações internas. Assim, esses indícios podem inserir-se "na prova genérica apresentada pelo trabalhador de que existe uma configuração artificiosa ou não de empresas para iludir responsabilidades laborais", apresentando, por exemplo, o registo comercial que mostre a distribuição das participações sociais ou a composição do conselho de administração. *Vd.* também, PILAR JUÁREZ PÉREZ, *op. cit.,* p. 196; LAURENTINO-JAVIER DUEÑAS HERRERO, *op. cit.,* p. 570 e 574.

transmitidos, havendo fraude à lei por se contornar normas laborais imperativas, esvaziando direitos dos trabalhadores[91]. A ausência de uma real mudança subjectiva converte o fenómeno de transmissão de estabelecimento numa mera "transferência de responsabilidades de gestão empresariais a [outras sociedades]"[92]. Que critérios são utilizados pelos tribunais para identificar a falta da dita "mudança de titularidade subjectiva"ou de "continuidade da entidade objectiva"? Trata-se do recurso ao conjunto de indícios anteriormente sublinhados. Entre os principais, CONSUELA FERREIRO REGUEIRO[93] salienta as seguintes conjugações a partir de diferentes decisões jurisprudenciais: por um lado, a constituição de novas sociedades com o intuito de substituírem a transmitente, desempenhando a mesma actividade industrial desta última, nas mesmas instalações e com idêntico quadro directivo; por outro, a venda simulada de uma empresa, se o vendedor continua a deter o controlo sobre a mesma (designadamente, o capital não chega a entrar na sociedade); por fim, a conversão de uma empresa de responsabilidade ilimitada em várias formas societárias de responsabilidade limitada.

Entre nós, o Tribunal da Relação de Lisboa[94] recusou a aplicação do art. 37.º a um caso em que determinada sociedade, pertencente a um "grupo económico", cria uma outra, transferindo para esta um sector da sua actividade (fabrico de sacos), juntamente com o equipamento e materiais afectos à mesma (que constituía todo o património desta última). A nova sociedade continuou a laborar no mesmo local, cedido a título de comodato pela primeira sociedade, e limitava-se a gerir a sua produção e comercialização de sacos. Entendeu o Tribunal, numa decisão algo discutível face à matéria de facto dada como provada, que não se tratava de "uma autêntica 'unidade produtiva autónoma, com 'organização específica'", pelo que não existia qualquer transmissão parcial do estabelecimento susceptível de ser abrangida pelo art. 37.º, com a consequência de a entidade patronal dos trabalhadores da "fábrica de sacos" continuar a ser a empresa cedente. Embora os contornos da situação fossem pouco

---

[91] Estas decisões jurisprudenciais são referidas, designadamente, por CAMPS RUIZ, *La problemática...*, cit., pp. 89 a 91 e *Régimen laboral de la transmisión...*, cit., pp. 52 a 54; MONEREO PÉREZ, «Aspectos laborales...», cit., p. 116.

[92] Comentário jurisprudencial citado por CONSUELA FERREIRO REGUEIRO, *op. cit.*, p. 438.

[93] Cf. CONSUELA FERREIRO REGUEIRO, *op. cit.*, pp. 437-438.

[94] Ac. da RLx, de 9/09/98, *CJ,* 1998, III, pp. 167 e ss.

claros, nomeadamente atendendo à forte ligação entre as empresas envolvidas[95] e ao facto de as instalações terem sido cedidas a título de comodato, com evidente diminuição das garantias creditórias, a mera invocação do argumento da ausência de autonomia parece insatisfatória, sendo certo que não se faz qualquer referência a uma ideia de fraude, ao carácter artificial da separação jurídica ou a um prejuízo daí resultante para os direitos ou garantias dos trabalhadores. O tribunal entendeu provavelmente que o transmissário não era titular de uma verdadeira autonomia empresarial com possíveis consequências danosas para os trabalhadores abrangidos. Aliás, como salienta Luisa Corazza[96], de outro modo dificilmente se compreenderiam as motivações que levaram estes trabalhadores a "suportar o risco de um despedimento colectivo, contestando a aplicação da disciplina sobre a empresa ou estabelecimento".

Tal decisão é revogada pelo STJ, em aresto de 30/06/99[97], o qual considerou que a parte transmitida constituía uma unidade produtiva autónoma, sendo portanto um estabelecimento para efeitos do art. 37.º da LCT. O Tribunal deixou em aberto a possibilidade de recurso à figura abuso de direito, embora explicasse que os autores nada "trouxeram ao processo que pudesse levar a concluir que (...) os respectivos postos de trabalho fossem afectados". Todavia, se até este momento se compreende a decisão do STJ, este perde, a nosso ver, manifestamente razão quando afirma que os trabalhadores não têm o direito de se oporem à transmissão do respectivo contrato de trabalho, invocando que tal solução não resulta nem da Directiva 77/187/CE (revogada pela Directiva 2001/23/CE), nem da jurisprudência do TJCE. Para o efeito, cita o sumário do acórdão *Katsikas* supramencionado. Ora, se tivesse tido a preocupação de analisar de forma cuidada o conteúdo deste acórdão, assim como muitos outros proferidos pelo TJCE, em vez de se bastar com o sumário do mesmo, teria lido que «a directiva (...) *não pode ser interpretada* como obrigando o trabalhador a manter a relação de trabalho com o cessionário»[98], pois

---

[95] A nova sociedade (Sacocel) mantém como sócios a Portucel Industrial (sociedade transmitente) e a Sosapel, sendo certo que esta última é detida em 2/3 pela Portucel Industrial e em 13,3% pela Fapajal. As duas últimas sociedades mencionadas são, por sua vez, detidas pela sociedade-mãe Portucel SGPS em 100% e 96%, respectivamente.

[96] «Contractual integration, impresa e azienda», *Giornali di Diritto di Lavoro e di Relazioni Industriali,* 1999, p. 405.

[97] *Acórdãos Doutrinais do STA,* nº 458, pp. 297 ss.

[98] Sublinhado nosso.

«[u]ma tal obrigação poria em causa os direitos fundamentais do trabalhador, que deve ser livre de escolher a sua entidade patronal e não pode ser obrigado a trabalhar para uma entidade patronal que não escolheu livremente». De facto, como afirma JÚLIO GOMES[99], «[não] se pode configurar o direito do trabalho de tal modo que este negue a liberdade fundamental de contratar ou não contratar, convertendo o trabalhador (...) numa espécie de servo da gleba (neste caso servo do estabelecimento)». Nestes termos, a argumentação utilizada demonstra um significativo desconhecimento do direito comunitário e dos princípios que o regem, pois como referimos *supra,* os Estados-membros estão vinculados a interpretar as Directivas nos termos em que o TJCE o faz[100].

2.3 Da constituição de sociedades coligadas mediante a aquisição de participações sociais

A hipótese de integração de uma sociedade no grupo mediante a aquisição de participações sociais suficientes para atribuir, pelo menos, uma influência dominante àquela que as adquire assume cada vez maior relevância prática[101]. Com a aquisição da totalidade ou da maioria das participações sociais, o adquirente obtém "o controlo societário e, consequentemente, o poder de determinar a gestão da empresa social"[102]. Ora, é certo que o art. 37.º da LCT não parece contemplar estes casos[103], o que, para a doutrina claramente dominante, não é sequer imposto pela Directiva 2001/23/CE, pois nos termos do art. 1.º, n° 1, al. a), é pressuposto da mesma a transferência *para outra entidade patronal* e, de acordo

---

[99] «O conflito entre a jurisprudência nacional...», cit., p. 173.

[100] Para uma análise crítica desta decisão, veja-se o estudo de LIBERAL FERNANDES, *op. cit,* ao qual aderimos sem reservas.

[101] A maior parte das transmissões empresariais ocorre mediante a venda das participações sociais "da sociedade que conduz a empresa" – cf. SEVERINO NAPPI, *op. cit.,* pp. 260-261.

[102] COUTINHO DE ABREU, *Da empresarialidade...,* cit., p. 351.

[103] Neste sentido, confirma SEVERINO NAPPI, *op. cit.,* pp. 260 e 270, embora criticamente, a existência de um pressuposto rígido que a doutrina e jurisprudência italianas maioritárias têm exigido para a aplicação do art. 2112 do *Codice Civile* (com as alterações introduzidas pelo art. 47 da Lei 428/1990): a alteração da subjectividade jurídica do empregador tem de estar, pelo menos formalmente, em discussão. Quanto a este ponto, veja-se também LUCIANA GUAGLIANONE, «Cessione del pacchetto azionario di controllo e trasferimento d'azienda», *RTDPCivile,* 1993, p. 662.

com o art. 2.º, al. a), o cedente deve perder a qualidade de entidade patronal em relação à empresa ou estabelecimento. A aplicação da directiva pressupõe a existência de uma «mudança jurídica da pessoa do empresário»[104]. Na hipótese de aquisição de participações sociais de uma sociedade, o empregador não muda, continua a ser a sociedade transmitente. No entanto, a hipótese em análise aproxima-se bastante da fusão de sociedades, sendo certo que esta é abrangida quer pelo art. 37.º da LCT[105], quer pela Directiva n.º 2001/23/CE referente à manutenção dos direitos dos trabalhadores em caso de transmissão da empresa[106]. Considerando que as consequências laborais resultantes destes tipos de modificações societárias são similares, cumpriria repensar este fenómeno à luz das exigências fundamentais em matéria de tutela dos direitos dos trabalhadores[107]. Além de se adaptar mal ao objectivo comunitário anunciado de assegurar a protecção dos trabalhadores subordinados em todas as vicissitudes que configurem o efeito de uma transmissão empresarial, independentemente do meio técnico-jurídico utilizado para atingir tal finalidade[108].

---

[104] Cf. acórdão do TJCE de 2/12/99, processo C-234/98 supramencionado, que opõe C. Allen e outros a Amalgamated Construction Co. Ltd.

[105] Embora o legislador, sem justificação aparente, não tenha consagrado no art. 98.º do CSC, relativo ao projecto de fusão, qualquer norma semelhante ao preceito contido na al. p) do art. 119.º para o projecto de cisão, sendo certo que a remissão legal opera apenas no sentido de aplicar a esta última figura as normas regulamentadoras da fusão, com as necessárias adaptações (art. 120.º do CSC).

[106] Cf. art. 1.º, n.º 1, al. a). A Terceira Directiva n.º 78/855/CEE, do Conselho, de 9/10/78 (*JOCE*, n.º L 295, de 20/10/78), relativa à fusão das sociedades anónimas, consagra no seu art. 12.º uma remissão explícita para a Directiva referida no texto. No sentido da proximidade destas figuras, também LUCIANA GUAGLIANONE, *op. cit.*, pp. 667-668; ALONSO GARCIA, *apud* CAMPS RUIZ, *Régimen laboral..., cit.*, p. 57, nota 94. Com a mesma convicção, *vd.* as conclusões do advogado-geral W. Van Gerven no processo C-29/91 (*CJ*, 1992, p. I-3210).

[107] SEVERINO NAPPI, *op. cit.*, pp. 260, 269. No mesmo sentido, afirma PILAR JUARÉZ PÉREZ, *op. cit.*, p. 180, que "embora formalmente a empresa não mude de titularidade, numa perspectiva material produz-se uma mudança similar àquela que a transmissão de empresa supõe".

[108] SEVERINO NAPPI, *op. cit.*, pp. 262, 269, 274 e 275. Baseando-se, designadamente, na *ratio* do instituto claramente afirmada pelo legislador comunitário, o Autor defende a interpretação extensiva do conceito de transmissão de estabelecimento de forma a abranger "qualquer relação que implique, por qualquer título, a transmissão ou atribuição definitiva de um direito ao exercício da empresa". Assim, as expressões "cedente" e "cessionário", utilizadas pela Directiva para aqueles que respectivamente perdem e adquirem

Parece-nos duvidosa uma aplicação directa do art. 37.º da LCT à situação em análise, pois isso implicaria que o empregador passasse a ser, em exclusivo, a entidade controlante e não a sociedade dominada[109]. Aliás, este problema não escapa aos autores que defendem a aplicação directa de um preceito com conteúdo similar ao art. 37.º da LCT, designadamente, porque tal solução implicaria, em princípio, que a sociedade dominada ("transmitente") deixaria de ser responsável pelas dívidas nascidas após a transmissão – o que seria inaceitável[110]. Contudo, uma aplicação analógica poderia revestir-se de grande utilidade quer para efeitos de responsabilização solidária, quer para impor a obrigatoriedade de um processo de informação e consulta dos representantes dos trabalhadores afectados pela transmissão[111], tendo em conta que a constituição do agru-

---

a posição de empresário, deveriam ser entendidas como referindo-se àquele que exerce a actividade empresarial, podendo não ser o titular jurídico dos contratos de trabalho. A idêntico resultado chega o Autor ao realizar uma interpretação conforme à Constituição, atentos os valores constitucionais em conflito (pp. 275-276). Partilha o mesmo entendimento, LUCIANA GUAGLIANONE, *op. cit.,* pp. 664, 666, e 668, afirmando que a mudança de titularidade da empresa não é uma condição imprescindível para que se possa usufruir da protecção concedida pela Directiva; o único requisito que não se pode dispensar é a existência de uma unidade económica que mantém a sua identidade.

[109] Em sentido contrário, MARIA PEREZ ALONSO, «Algunas cuestiones laborales sobre los grupos de empresa», *Revista de Trabajo y Seguridad Social,* 1992, pp. 78 e ss., aplica directamente o art. 44 do ET às aquisições da totalidade ou da maioria do capital da sociedade, referindo vários arestos que seguem o mesmo raciocínio.

[110] Falamos especificamente de PEREZ ALONSO, *op. cit.,* p. 80, que contorna o problema mediante a afirmação da "coexistência de duas titularidades empresariais": uma real ("transmissário") e outra aparente ("transmitente"). Apoia-se para o efeito no art. 1, n.º 2, do ET, que se refere à "comunidade de bens" como empresário no domínio laboral.

[111] Trata-se da obrigação imposta pelo art. 6.º da Directiva antes citada, a qual não foi transposta ainda para o direito nacional, apesar de já ter terminado o prazo atribuído aos Estados-membros para a sua transposição (17 de Julho de 2001).

Veja-se o exemplo francês, presente no art. L. 432-1 do *Code du travail,* que alargou a obrigação de informação e consulta dos órgãos representativos dos trabalhadores também a estes casos, muito embora essa imposição não resultasse directamente da Directiva.

A relevância prática que este processo de informação e consulta dos trabalhadores assume quando ocorre uma transmissão das participações sociais conduziu a que, numa decisão jurisprudencial italiana (de primeira instância, de 10/01/92), o juiz lamentasse a omissão de tal procedimento numa hipótese em que o Banco Ambrosiano Veneto Sud S.p.A. tinha adquirido um conjunto de participações sociais ao City Bank S.A. Contudo, o juiz não aplicou a norma italiana que impõe um tal procedimento ao caso *sub judice,* invocando a circunstância de a letra da lei não o prever e o facto de uma interpretação

pamento dará, com toda a probabilidade, lugar a reestruturações que irão prejudicar postos de trabalho[112].

SEVERINO NAPPI[113] interroga-se mesmo sobre a possibilidade de identificar na *fattispecie* negocial "transmissão de participações sociais conducentes a uma situação de controlo" um negócio indirecto. Não havendo dúvidas acerca da legitimidade do recurso a este modelo negocial, enquanto expressão da autonomia privada e da livre iniciativa económica, também não podemos ignorar que existem direitos de outros sujeitos tutelados quer constitucionalmente, quer através de normas ordinárias imperativas (art. 37.º da LCT) que podem entrar em conflito com as primeiras. Salienta bem o Autor que este conflito não pode ser visto como uma fraude à lei, dada "a inegável licitude do negócio translativo de participações sociais em si mesmo considerado". Contudo, não pode deixar de produzir a consequência jurídica que se prende com a aplicação da disciplina laboral (nacional e comunitária) em matéria de transmissão de estabelecimento preterida pela realização do negócio indirecto e que visa precisamente controlar os efeitos desse negócio, por exemplo, ao nível das repercussões sobre a organização da actividade produtiva e sobre os postos de trabalho. De facto, identificou-se a vontade das partes, sendo certo que o adquirente das participações sociais pretende assegurar o direito de exercer, directa ou indirectamente, a actividade empresarial através da pessoa jurídica e essa actividade pode ser realizada mediante esse complexo organizado de bens. Ora, o elemento voluntarístico assume um carácter central na fase de qualificação do conteúdo e efeitos do negócio, traduz a essência do acordo na sua globalidade, e tem, portanto, de prevalecer sobre a invocação da inaplicabilidade do regime do art. 37.º baseada apenas na personalidade jurídica autónoma da sociedade[114].

---

actualista estar, na sua opinião, afastada por se tratar de um "*corpus* normativo recentíssimo" (Lei n. 428, de 29 de Dezembro de 1990, que introduziu alterações ao art. 2112. do *Codice Civile* com o intuito de transpor a Directiva 77/187/CEE) – cfr. SEVERINO NAPPI, *op. cit.*, p. 272.

[112] O facto de este fenómeno acarretar potencialmente significativas modificações nas relações laborais, com consequências idênticas às que se seguem a uma transmissão de estabelecimento "em sentido próprio", é salientada por SEVERINO NAPPI, *op. cit.*, pp. 258, 262 e 269.

[113] *Op. cit.*, pp. 273 ss.

[114] Estas e outras considerações são tecidas por SEVERINO NAPPI, *op. cit.*, pp. 272 ss. A importância da interpretação da vontade negocial na qualificação do negócio aquisitivo de participações sociais como uma mera compra e venda das mesmas ou antes

CAMPS RUIZ, embora reconheça a semelhança entre as duas situações, defende que, em princípio, esta equiparação não deve ter lugar, desde que a sociedade cujas acções são adquiridas mantenha a sua personalidade jurídica[115]. De facto, como ensina COUTINHO DE ABREU[116], "a venda de participações sociais não se identifica com a venda da empresa social"; enquanto na primeira hipótese o objecto da transacção são as participações sociais, mantendo-se a sociedade como titular da empresa, no segundo caso verifica-se uma mudança na titularidade da mesma, sendo esta alienada a outra sociedade. No entanto, a compra das participações sociais, nomeadamente quando está em causa a sua totalidade, tem em vista a aquisição da empresa; simplesmente, como o adquirente "[a] quer explorar em regime de responsabilidade limitada, é levado a querer por isso mesmo (...) a conservação da sociedade – resultado só atingível através da aquisição das respectivas posições sociais"[117]. A compra da totalidade ou maioria das participações sociais constitui um meio indirecto de transferir o próprio património social, uma parte do mesmo, ou assegurar o controlo e gestão da sociedade; de facto, o efeito que as partes pretendem obter é o mesmo que seria alcançado pelo trespasse[118].

---

como compra e venda da própria empresa social é salientada, entre nós, no âmbito do direito comercial, por FERRER CORREIA e ALMENO DE SÁ, «Oferta pública de venda de acções e compra e venda de empresas», *CJ*, 1993, IV, pp. 19-20.; CALVÃO DA SILVA, «A empresa como objecto de tráfico jurídico», in *Estudos de direito comercial (pareceres)*, Almedina, Coimbra, 1996, pp.177-179, e ainda, citando estes autores, pela RP, acórdão de 17/02/2000, *CJ*, 2000, I, pp. 220 ss.

[115] CAMPS RUIZ, *Régimen laboral...*, *cit.*, pp. 60-61 e nota 101.
[116] *Da empresarialidade...*, *cit.*, p. 345.
[117] FERRER CORREIA, *Sociedades fictícias e unipessoais,* Atlântida, Coimbra, 1948, pp. 303-304, *apud* COUTINHO DE ABREU, *Da empresarialidade...*, *cit.*, p. 345.
[118] SEVERINO NAPPI, *op. cit.,* pp. 261 e 264. Um dos argumentos invocados pelo Autor para fundamentar esta solução reside na análise da natureza jurídica do conceito de acção ou de quota: a escolha de uma opção reconstrutiva, com o fim de evidenciar os efeitos substanciais subsequentes à aquisição das participações sociais, poderá demonstrar que a circulação destas últimas implica uma modificação da subjectividade da empresa, sempre que se trate da maioria das participações sociais ou de uma percentagem apta a garantir o controlo da actividade da sociedade. Aliás, como explica o Autor, o valor de mercado da participação social acaba também, e sobretudo, por traduzir um valor ideal revelador de uma fracção do património global da sociedade, determinado com base em critérios económico-comerciais. Para mais desenvolvimentos, *vd.* pp. 263 ss. Note-se que, no acórdão da RP supracitado, o Tribunal salientou o facto de os adquirentes das participações sociais terem procedido a um estudo prévio da situação patrimonial da sociedade antes de realizarem o respectivo negócio. COUTINHO DE ABREU, *Curso de direito comercial...,*

Todavia, no âmbito específico do direito laboral nos grupos, salienta CAMPS RUIZ que no caso de se descortinar qualquer intenção defraudatória ou desleal poderá recorrer-se ao levantamento do véu da personalidade jurídica para determinação do empregador real[119]. Na realidade, o Autor verifica que, em relação à sociedade adquirente das participações sociais, a solução poderá ser encontrada no âmbito do alargamento da responsabilidade empresarial a sociedades do grupo que não ocupam formalmente a posição de empregador, desde que estejam preenchidos os pressupostos para o efeito. Neste caso, a resposta para uma eventual co-responsabilização não vai ser encontrada na transmissão das participações sociais, mas sim nas consequências que resultam de tal aquisição, a nível de imbricação entre as actividades, património e pessoal das sociedades[120].

Neste domínio, a jurisprudência espanhola divide-se: se, por um lado, encontramos decisões que concluíram pela aplicação do art. 44 do

---

cit., pp. 222-223, refere que o valor contabilístico e comercial das participações sociais tem em conta precisamente o valor do património social líquido.

SEVERINO NAPPI estabelece, todavia, limites a este entendimento ao excluir situações que, como por exemplo os sindicatos de voto ou outros acordos parassociais, possam constituir uma transmissão de estabelecimento. Neste caso, a natureza extra-social de tais convenções conduz ao seu afastamento das hipóteses anteriormente apresentadas, visto o seu carácter vinculativo estar limitado aos sócios subscritores (p. 265).

Outro argumento utilizado baseia-se na revisão crítica, por parte da mais recente doutrina comercialista, da concepção da personalidade jurídica das sociedades. Assim, em última análise, "se o conceito de pessoa jurídica se consubstancia numa síntese de normas que regulam a actividade económica dos membros de determinado grupo, daqui resulta que a modificação das pessoas físicas titulares das participações sociais de controlo, ou seja, dos sujeitos que materialmente usufruem, sendo destinatários, da disciplina privilegiada, incide sobre a titularidade da empresa". A transmissão das participações sociais não configura uma modificação relevante apenas de uma perspectiva interna à sociedade, visto que, ao implicar «uma substituição do sujeito que "dirige" a pessoa jurídica», origina o preenchimento da circunstância com base na qual opera o art. 2112 (correspondente no direito italiano ao nosso art. 37.º da LCT), ou seja, "a modificação do titular da empresa" (pp. 265 ss.).

[119] Este Autor, numa publicação anterior (*La problemática...*, *cit.*, p. 93), foi menos peremptório na afirmação desta regra, começando precisamente por defender que a decisão sobre a aplicabilidade do art. 44 do ET deveria ser tomada casuisticamente, atendendo nomeadamente à importância do pacote de participações transmitido e a uma possível simulação ou intenção defraudatória, pretendendo-se ocultar uma autêntica "transmissão de empresa" sob a aparência de uma mera aquisição de participações sociais. Parece-nos, no entanto, que, em última análise, chega aos mesmos resultados.

[120] Trata-se da jurisprudência de indícios referida *supra*.

ET à situação em que uma sociedade adquiriu a totalidade das participações sociais de outra, por outro, também deparamos com acórdãos em sentido oposto[121]. Certo é, todavia, que a maioria dos casos não se apresenta de forma tão clara, já que o controlo pode ser obtido sem a aquisição da totalidade ou mesmo da maioria das participações sociais (controlo minoritário)[122].

A aplicação analógica do art. 37.º da LCT a hipóteses de mera aquisição de participações sociais parece-nos admissível, nos mesmos termos em que tal equiparação é feita no direito societário para aplicação nomeadamente do regime do trespasse[123]. O problema maior surge na determinação do ponto a partir do qual é legítimo fazer tal equiparação, pois, como referimos, a aquisição da totalidade das participações está longe de ser a regra[124].

Uma resposta jurisprudencial a um problema similar pode ser encontrada no seio do ordenamento jurídico francês a propósito da cessão de jornal (L. 761-7 do *Code du travail*). Os tribunais entenderam que a aquisição por uma sociedade de um grupo ligado à impressa da última metade do capital social, quando já detinha a outra metade, constitui uma

---

[121] Sobre esta divergência jurisprudencial, cfr. GALIANA MORENO e SEMPERE NAVARRO, *op. cit.*, p. 515; MOLINA NAVARRETE, «La regulación..., cit., p. 55, nota 65; CAMPS RUIZ, *La problemática...*, *cit.*, p. 92 e *Régimen laboral..., cit.*, pp. 57 a 60.

Também na jurisprudência italiana encontramos, embora com carácter muito mais pontual, decisões que afirmam a prevalência da *fattispecie* analisada sobre o *nomen juris* atribuído pelas partes ao negócio, de modo a identificar a cessão de um conjunto de participações sociais com uma transmissão da empresa. Essencial é a determinação do resultado prático visado pelas partes do negócio e a disponibilidade efectiva dos bens que fazem parte do complexo empresarial– vd. SEVERINO NAPPI, *op. cit.*, p. 264, nota 28, p. 272.

[122] *Idem*, p. 92.

[123] Sobre esta questão na doutrina portuguesa ver, além dos autores e obras já mencionados, MENEZES CORDEIRO, «Anotação ao acórdão do Tribunal Arbitral de 31/03/93», *ROA*, Ano 55, 1995, I, pp. 177 e ss.; HENRIQUE MESQUITA, «Anotação ao acórdão do Tribunal Arbitral de 31/03/93», *RLJ*, nº 127, pp. 217 ss.; CALVÃO DA SILVA, «Compra e venda de empresas», *CJ*, Ano 18, 1993, II, pp. 10 e ss.. Admite tal equiparação o acórdão da RP, de 17/02/2000, *CJ*, 2000, I, pp. 220 ss

[124] COUTINHO DE ABREU (*Da empresarialidade..., cit.*, p. 351, nota 911) defende que tal equiparação deve ter lugar quando o adquirente "fique a dispor de maioria absoluta dos votos". PEREZ ALONSO, *op. cit.*, pp. 78, 79, 80, 82, contenta-se com a aquisição maioritária das participações sociais, atribuindo também relevância a outros elementos como a possibilidade de a sociedade adquirente exercer poderes de direcção ou a existência de terceiros prejudicados.

assunção de controlo equivalente a uma cessão do jornal. Admite-se, então, que o jornalista profissional possa deixar o seu empregador e invocar cláusula de consciência. Como explica BERNARD BOUBLI[125] «a mudança de empregador no sentido da cláusula de consciência resulta de uma simples alteração na detenção do capital e, em consequência, na detenção do poder económico».

Em termos similares, os tribunais italianos foram chamados a pronunciar-se sobre a possibilidade de trabalhadores dirigentes de uma empresa comercial ou industrial poderem rescindir o seu contrato de trabalho (com direito a indemnização) nos casos em que ocorreu uma transmissão de um número de participações sociais apto a atribuir ao adquirente o controlo societário. Tratava-se de interpretar uma norma da convenção colectiva aplicável que previa tal possibilidade de rescisão nas hipóteses de mudança da propriedade da empresa. A jurisprudência encontra-se dividida quanto à possibilidade de interpretação extensiva da norma da CCT, admitindo parte dela que o trabalhador pode rescindir nos termos referidos o seu contrato de trabalho, uma vez que atendendo à identidade dos efeitos substanciais resultantes de ambas as operações, a venda das participações sociais pode comprometer a relação fiduciária, em termos idênticos ao que sucederia com a alienação da empresa[126].

2.4 Relevância dos grupos empresariais no processo de informação e consulta dos representantes dos trabalhadores afectados por uma transmissão

Uma referência expressa ao fenómeno dos grupos de empresas surge na Directiva 2001/23/CE do Conselho, de 12/03/2001, relativamente às medidas de informação e consulta dos representantes dos trabalhadores[127]. Esclarece que tais obrigações se aplicam independentemente de a

---

[125] «La determination de l'employeur dans les groupes de sociétés», in *Les groupes de sociétés et le droit du travail,* Dir. Bernard Teyssié, Editions Panthéon Assas, Paris, 1999, p. 39.

[126] Esta jurisprudência é analisada por LUCIANA GUAGLIANONE, *op. cit.,* pp. 661 ss. e por SEVERINO NAPPI, *op. cit.,* p. 271.

[127] É discutível que o direito nacional satisfaça as condições impostas pela norma. De facto, como salientam MÁRIO PINTO, FURTADO MARTINS E NUNES DE CARVALHO, *op. cit.,* anotação ao art. 37.º, ponto II (n.º 10), p. 183, o direito de informação ainda poderá ser subsumido ao art. 18.º, n.º 1, al. a), da LComT, mas a obrigação de proceder a consultas

decisão de transferência ser tomada pela entidade patronal ou por uma empresa de controlo, aditando que deve ser ignorada qualquer justificação do não cumprimento dessas obrigações por parte do empregador com fundamento no facto de as informações necessárias não lhe terem sido fornecidas pela empresa de controlo (art. 7.º, n° 4).

---

com vista à obtenção de um acordo, no caso de serem tomadas medidas em relação aos trabalhadores, dificilmente poderá ser enquadrada nas leis laborais vigentes. Além do mais, em face do art. 7.º, n° 6 (modificação já introduzida no art. 6.º, n.° 6, da Directiva 98/50/CE do Conselho, de 29/06/98), passa a ser obrigatória, na ausência de representantes dos trabalhadores, não sendo a sua ausência imputável a estes últimos, a informação directa dos "trabalhadores interessados". No mesmo sentido, veja-se também, JÚLIO GOMES, «A jurisprudência recente...», p. 50 e FABRÍCIA DE ALMEIDA HENRIQUES, op. cit., p. 989.

Esta lacuna aparece parcialmente colmatada no anteprojecto do Código do trabalho ao consagrar, no art. 251.º, as obrigações de informação e consulta dos representantes dos trabalhadores; muito embora a Directiva continue a não se encontrar totalmente transposta, visto não se esclarecer que tais obrigações se aplicam independentemente de a decisão de transferência ser tomada pela entidade patronal ou por uma empresa de controlo, devendo ser ignorada qualquer justificação do incumprimento com fundamento no facto de as informações necessárias não lhe terem sido fornecidas pela dita empresa de controlo. Por outro lado, nada é dito quanto à solução a adoptar na ausência de representantes dos trabalhadores, não sendo a mesma imputável a estes últimos.

AS NOVAS AMEAÇAS
AO DIREITO DO TRABALHO

Pedro Ortins de Bettencourt

Universidade Lusíada – Lisboa

AS NOVAS AMEAÇAS
AO DIREITO DO TRABALHO

Pedro Ortins de Bettencourt
*Universidade Lusíada de Lisboa
e Advogado*

O tema deste painel parece assentar no pressuposto de que o Direito do Trabalho está ameaçado. As ameaças tipicamente identificadas são muitas e variadas:

Em primeiro lugar, saliente-se a mais do que deficiente técnica legislativa, proveniente de um legislador (ou de sucessivos legisladores) que aparenta estar desorientado e confuso, com diplomas e alterações que se vão sucedendo à velocidade típica de um mundo em constante mutação, sem qualquer preocupação com um todo coerente.

É difícil encontrar o melhor exemplo desta deficiente técnica, tantos são eles. No entanto, poderemos apontar, como um entre muitos, a novidade que foi a «republicação rectificativa» em sede de protecção da paternidade e maternidade.

> A Lei n.º 4/84, de 5 de Abril, ultimamente, tem sido alterada a um ritmo infra-anual. Entre as alterações efectuadas, salientam-se as operadas pela Lei n.º 142/99, de 31 de Agosto, que aproveitou a ocasião para renumerar e republicar o texto legal.
>
> Acontece que o legislador se «esqueceu» do artigo 25.º-A (contra-ordenações), aditado pela Lei n.º 118/99, de 11 de Agosto, mencionou disposições inexistentes e procedeu a uma inserção incorrecta de normas.
>
> O Decreto-Lei n.º 70/2000, de 4 de Maio, pretendendo corrigir estes erros, veio, novamente, renumerar e republicar a Lei n.º 4/84 e determinar que as correcções efectuadas produzissem efeitos à data da entrada em vigor da Lei n.º 142/99.

Este exemplo, pois está infelizmente longe de ser um caso sem exemplo, é demonstrativo da falta de cuidado de um legislador que se «esquece» do que legisla e da sua falta de visão estratégica. No entanto, devemos confessá-lo, estamos perante algo bem mais importante do que uma ameaça ao Direito do Trabalho.

A deficiente técnica legislativa infecta todo o Direito, como uma espécie de vírus que destroi e inquina todo um ordenamento, dando-nos uma imagem negativa de todos aqueles que se dedicam ao nobre acto de legislar.

Um segundo tipo de ameaças que podem ser apontadas ao Direito do Trabalho, e bem mais específicas deste ramo de Direito, assentam no facto de este ter sido **construído com base num sistema** de relações sociais e humanas **nascidas da revolução industrial**.

Aquele modelo longe de corresponder à generalidade das situações, tem em si implícita uma grande rigidez de soluções, pouco adaptadas às novas realidades e especialmente às profissões e actividades inerentes à sociedade da informação

A generalidade das relações laborais estão cada vez menos centradas no modelo da sociedade industrial. Um trabalhador é distinto de outro. A aplicação unitária das mesmas normas ao alto quadro técnico e ao trabalhador menos qualificado, não faz sentido, não sendo possível esconder as diversas realidades que lhes estão subjacentes.

As dificuldades resultantes de uma aplicação indiscriminada das mesmas normas juslaborais a profissões e situações tão desiguais são potenciadas por um mundo moderno, onde a velocidade da luz nos parece cada vez mais lenta.

A aplicação, ao longo de todo o século XX, das regras nascidas das preocupações sociais resultantes do século XIX, já há muito demonstrou a sua incapacidade para satisfazer as necessidades da sociedade do século XXI.

Como poderá um Direito do Trabalho construído a pensar na unidade industrial clássica, centrado no operariado fabril e com um historial demonstrativo da sua manifesta incapacidade para regular as situações juslaborais dos quadros superiores, responder ao surgimento dos *E-Workers*?

Nas novas profissões informáticas o local de trabalho perde relevância, a autoridade e direcção esbatem-se em formas de controle cada vez mais genéricas e marginais, e tornam cada vez mais difícil a identificação da subordinação jurídica.

Os novos desafios trazem consigo problemas estranhos, insusceptíveis de serem tratados com a virtualidade da actual regulamentação do trabalho no domicílio. Como aceitar estes novos desafios, quando muitos outros colocados há tanto tempo, ainda não encontraram soluções?

Em qualquer caso, importa não esquecermos que estas afirmações não podem esconder a outra face da realidade: **o universo das relações assentes no modelo da sociedade industrial continua a predominar**.

As novas realidades carecem de regimes que, atendendo às suas especificidades próprias, e dentro da medida em que estas o imponham, afastem o regime comum e apostem numa relativa desregulamentação. Mais importante para o Direito do Trabalho, do que aceitar estes novos desafios, é resolver as questões colocadas por um significativo conjunto de velhas realidades que, pela sua natureza, não são susceptíveis de ser tratadas pelas mesmas normas que se vão aplicando aos trabalhadores indiferenciados.

Por outro lado, não raras vezes se tem indiciaciado como uma das mais importantes ameaças ao Direito do Trabalho a **pulverização de regimes** resultantes do surgimento de normas especialmente adaptadas às especificidades de cada actividade. Esta pluralidade de regimes vai afectando progressivamente a susceptibilidade de existência de uma unidade dogmática neste ramo de direito, já de si tantas vezes prejudicada pelo crescimento do número e importância dos **contratos atípicos**

É certo que com estes regimes especiais a fragmentação do Direito do Trabalho será maior, mas ela não apenas permitirá a existência de um normativo especialmente adaptado às realidades, como mostrará não estarmos fechados numa redoma de princípios e regras rígidas. Assim, a fragmentação continua bem obrigado e recomenda-se, ou melhor considera-se como algo de desejável desde que seja feita de uma forma relativamente limitada que não ponha em causa a própria essência do Direito do Trabalho e permitam manter uma visão global unitária.

Quanto à proliferação de contratos atípicos, também esta, para além de constituir uma ocasional manifestação do génio de alguns empregadores menos escrupulosos, surge como uma forma de adaptação da realidade normativa às necessidades das empresas. Destes, o Direito do Trabalho deveria retirar importantes lições sobre os factores de rigidez da lei laboral e sobre a necessidade da sua mudança.

Nesta altura, devo confessar que o pressuposto de que o Direito do Trabalho está ameaçado me causa alguma apreensão, porquanto se analisarmos as possíveis consequências destas e doutras supostas ameaças constatamos que elas de facto não o são. Na realidade, na sua maioria, tratam-se de riscos inerentes à sua própria evolução.

Não é o Direito do Trabalho que se encontra ameaçado, mas a visão que dele temos.

Na natureza nada se cria, nada se perde, tudo se transforma. Da mesma forma, aqueles factores podem alterar o Direito do Trabalho transformando-o em algo de distinto do actual, podem mesmo implicar a sua perda de importância, mas, de facto, mais não são do que riscos inerentes à sua própria evolução: o Direito do Trabalho transformar-se-á, mas não desaparecerá. **Esta transformação do Direito do Trabalho é um facto, felizmente, inelutável.**

A mudança pode ser feita de forma mais ou menos pacífica, dependendo do esforço dos seus cultores para encontrarem (identificarem) as dificuldades, moldando-o em conformidade, evitando assim que ele se torne num sistema regulador de realidades anquilosadas.

Este processo de transformação tem múltiplas manifestações exteriores de que a proliferação de regimes especiais e o progressivo aumento de relações atípicas mais não são do que exemplos.

É fácil identificar a causa desta transformação: ela encontra-se na sua juventude.

Este ramo de Direito, nascido à sombra de seu pai (velho Direito Civil) procura encontrar o seu caminho e formar a sua personalidade (diga-se, de passagem, que no processo tem demonstrado ter algum *pêlo na venta*). Os princípios e regras próprios do Direito do Trabalho contam-se pelos dedos da mão.

É nesta falta de pontos assentes que se pode encontrar a riqueza científica que cada vez mais o caracteriza, potenciando divergências doutrinárias que um Direito menos jovem não permitiria com a mesma facilidade.

Se este lado positivo permite que possamos considerar o Direito do Trabalho como das áreas mais interessantes do Direito, também nos leva a apercebermo-nos de que o que é verdade hoje, pode não o ser amanhã.

A juventude deste ramo de Direito, torna-o instável, sendo ainda essa instabilidade incrementada pela sua grande repercussão social, tornando-o apetecível, aos detentores do poder político, até pelo peso dos votos que move. O Direito do Trabalho mexe com a vida das pessoas como poucas áreas do Direito o fazem.

Tendo negado a existência de verdadeiras novas ameaças ao Direito do Trabalho, admitindo apenas que estas afectam uma sua determinada formulação (no caso concreto, a que hoje conhecemos), tendo identificado aquela que considero como a causa primeira de tais mutações, resta-me esperar que a cegueira do legislador não provoque uma convulsão tão indesejável como involuntária. A maior ameaça para o Direito do Trabalho como o conhecemos hoje é esta.

O processo evolutivo deve fazer-se com naturalidade, sem os múltiplos prejuízos decorrentes de uma má técnica legislativa e de uma excessiva instrumentalização. No momento em que o seu processo evolutivo estabilizar (notem que não disse estagnar), será menos fácil mexer com ele como se faz hoje.

O legislador tem de deixar de encarar o Direito do Trabalho como um saco de batatas que se atira ora para a esquerda ora para a direita sem qualquer consideração por trabalhadores e/ou empregadores, e passar a atender à necessidade de considerar os interesses de ambas as partes numa relação que se procura equilibrada.

Esta prespectiva ameaça a visão de todos aqueles que continuam a ver este ramo de Direito como direccionado para a protecção do trabalhador, tradicionalmente visto como contraente mais fraco, mas essa não é mais do que uma visão do passado, incompatível com a construção do futuro numa sociedade cada vez mais globalizada.

DIA 31 DE JANEIRO DE 2002
14,30 horas

TEMA II

A BOA FÉ NO CONTRATO DE TRABALHO

Presidência
Desembargador Doutor Mário Mendes
Director do Centro de Estudos Judiciários

Prelectores
Prof. Dr. A. Monteiro Fernandes, do ISCTE
Prof. Doutor Júlio Gomes, da Universidade Católica
Prof.ª Dr.ª Maria Regina Redinha, da Faculdade de Direito
da Universidade do Porto
Prof. Doutor Pedro Romano Martinez, da Faculdade de Direito
da Universidade Clássica de Lisboa e da Universidade Católica

O PRINCÍPIO DA BOA FÉ NO DIREITO DE TRABALHO
– BREVE NOTA INTRODUTÓRIA

Mário Mendes
Juiz Desembargador
Director do Centro de Estudos Judiciários

O PRINCÍPIO DA BOA FÉ
NO DIREITO DE TRABALHO
– BREVE NOTA INTRODUTÓRIA

MÁRIO MENDES
Juiz Desembargador
Director do Centro de Estudos Judiciários

Socialmente interiorizado como elemento ético de conduta, desejavelmente presente na orientação de todo e qualquer comportamento humano, o conceito de boa-fé penetrou o mundo do direito por forma a elevar-se à categoria de princípio geral que, de forma simples, se pode traduzir na obrigação de adopção de um comportamento leal em toda a fase de constituição, desenvolvimento, modificação ou extinção das relações jurídicas.

Para além de constituir uma referência ética no campo das relações sociais, o princípio da boa-fé, no sentido objectivo, foi recebido nos ordenamentos jurídicos como, segundo Hernández Gil[1], "um modelo de conduta, que a consciência social considera como arquétipo, ao qual as pessoas deverão atender para merecerem protecção do direito".

Impondo uma obrigação de comportamento honesto, o princípio da boa-fé projecta-se nas duas vertentes fundamentais das relações jurídicas – a dos direitos e a das obrigações – determinando que a actuação dos intervenientes contratuais tenham, em todo o momento, presentes regras de lealdade, de informação e de cooperação que permitam uma perfeita e correcta celebração e execução da relação contratual.

---

[1] A Hemández Gil, La Posesión, Civitas, Madrid (pág. 173)

Como afirma o Prof. Menezes Cordeiro[2], "a boa-fé tem uma vocação geral, desempenhando, no Direito do Trabalho, um papel importante ... a sua dogmática tem sido elaborada na doutrina civil. A sua própria base jurídico positiva é civil: o fundamento da jurídico-positividade de boa-fé no Direito do Trabalho tem que ser procurado nos artigos 334.º e 767.º, 2 do Código Civil. Não há, pois, aqui, nenhuma linha dogmática laboral autónoma".

Assim é, efectivamente, mas, como igualmente salienta o Prof. Menezes Cordeiro "ao contrário do negócio jurídico, de elaboração essencialmente doutrinária e destinada a manusear fórmulas dogmáticas abstractas, o contrato assume alcance social de apreensão imediata. No Direito do trabalho, essa dimensão surge acrescida, dados os valores em jogo". É por força dessa dimensão social acrescida, e perante as mutações que se produzem na realidade social, que o princípio da boa-fé ganha especial importância e dimensão neste ramo do Direito e, sobretudo, na sua aplicação enquanto veículo para a realização da Justiça.

Assistimos a uma evolução social e económica, frequentemente ligada ao fenómeno imparável da globalização que determinou a diversificação e complexização da relação jurídica de emprego salientando-se, pelas suas consequências, a importância de fenómenos de concentração e deslocação de empresas, a acentuação da competitividade económica, a internacionalização da economia, o recurso às novas tecnologias e o enorme crescimento da oferta de mão de obra, consequente a fenómenos migratórios de difícil controlo ou, mesmo, incontroláveis.

Assistimos, ao mesmo tempo à emergência de novas ligações e interpenetrações entre normas jurídicas e normas sociais determinadas por razões que se prendem com as novas regras de concorrência e com a crise de emprego.

Novas normas económicas com interferência, directa ou indirecta, na relação entre empregador e assalariado criou novos e complexos espaços de conflito frequentemente não previstos ou regulados no ordenamento jurídico.

Neste quadro e perante uma evolução do direito do trabalho numa lógica que tende a ser mais de interpretação e regulação que de protecção reforça-se a necessidade de criterioso cumprimento e de apreciação, esta no exercício da actividade jurisdicional, dos deveres subjacentes ao

---

[2] Manual de Direito do Trabalho, Almedina, Lisboa – 1994 (pág. 101).

conceito normativo de boa-fé, atendendo-se ao inegável conteúdo social deste ramo do direito e à particular natureza e sensibilidade das relações jurídicas por ele reguladas.

Ao tratar da função da boa-fé enquanto critério integrador da regulação do negócio jurídico diz Dalia Rubio[3] que o recurso ao princípio da boa-fé "também nos permite corrigir e completar, isto é, adequar as normas já existentes a novas realidades e a desentranhar os critérios normativos que devem aplicar-se à factualidade nova ou renovada".

Ao analisar as projecções futuras do princípio da boa-fé e, fundamentalmente, daquelas que resultam das modificações das realidades e necessidades sociais, a mesma autora afirma que elas se manifestarão na integração do Direito como ordem reguladora da convivência significando a boa-fé, na sua correcta e justa aplicação, o atingir de uma maior eticidade e de uma adequação ordenadora, constante e permanente do Direito à realidade.

Antes de passar a palavra aos ilustres prelectores que constituem esta mesa a que tenho a honra de presidir e antes de receber, também eu, os seus aprofundados ensinamentos sobre esta matéria permitam-me que termine citando Cícero em "De Officiis":

"Não temos nós uma ideia justa e clara do que é verdadeiro direito e justiça; as novas leis não são mais que imagens e sombras. Mas oxalá as guardemos, porque são tiradas dos melhores exemplos da verdade e da natureza.

Que fórmula mais estimável esta: convém trabalhar bem e sem fraude, como é costume entre os bons"

... "mas quem são os bons e gue coisa é trabalhar bem e sem fraude são questões de muitas controvérsias".

Lisboa, 31 de Janeiro de 2002

---

[3] La buena Fe – el principio general en el derecho civil – Editorial Montecorvo – Madrid – 1984 (pág. 334).

REFLEXÕES ACERCA DA BOA FÉ NA EXECUÇÃO DO CONTRATO DE TRABALHO

António Monteiro Fernandes
Professor do I.S.C.T.E.

REFLEXÕES ACERCA DA BOA FÉ NA EXECUÇÃO DO CONTRATO DE TRABALHO

António Monteiro Fernandes
Professor do I.S.C.T.E.

I. É sabido que o tema da boa fé no contrato de trabalho está estreitamente relacionado com duas peculiaridades há muito apontadas às relações individuais de trabalho subordinado: uma significativa (embora variável) implicação da pessoa do trabalhador na execução do contrato, e o carácter tendencialmente duradouro das relações de trabalho. Esta correlação foi, de resto, recentemente evidenciada com grande clareza por Montoya Melgar[1]. As reflexões que se seguem são, inevitavelmente, em muitos pontos, baseadas nessa constatação.

Uma primeira observação que importa fazer acerca dos mencionados pressupostos da configuração da boa fé laboral é a de que neles interessa distinguir entre uma dimensão factual e uma dimensão jurídica.

É indiscutível que, encarada de vários ângulos de visão, a posição do trabalhador na execução do contrato de trabalho – sejam quais forem as dimensões da organização, a natureza da actividade e a duração do vínculo laboral — contende fortemente com elementos da sua personalidade.

De um certo ponto de vista, a prestação de trabalho consiste na aplicação de aptidões psicofísicas inseparáveis da pessoa, e a sua execução é modulada por factores psicológicos, de ordem volitiva e racional, que emergem daquilo que se pode designar por «fisiologia da personalidade»[2].

---

[1] *La buena fe en el Derecho del Trabajo*, Madrid (2001), ed. da Real Academia de Jurisprudencia y Legislación.

[2] É preciso que "o trabalhador dê algo de si próprio, da sua consciência profissional, para que o trabalho seja bem feito, pois o trabalho incorpora necessariamente

De outro ponto de vista, a execução de um contrato de trabalho envolve, como se tem dito, uma situação de heterodisponibilidade que se traduz num condicionamento da liberdade pessoal. A organização da vida pessoal e familiar é parametrizada por factores que dependem, no essencial, de decisões alheias. A vida, a integridade física, a saúde do trabalhador expõem-se a riscos gerados pela organização e pelo ambiente de trabalho, que ele, praticamente, não controla.

De um terceiro ângulo de observação, dir-se-á também que a invocada «pessoalidade» se manifesta no facto – é sempre de aspectos factuais que tratamos – da inserção do trabalhador numa teia de relações ou contactos pessoais, envolvendo outros trabalhadores, chefias e mesmo, eventualmente, o empregador, quando se trate de pequenas empresas.O teor dessas relações ou contactos não é, obviamente, indiferente para a qualidade da execução do contrato de trabalho. Implica, nomeadamente, a existência e a observância de regras de conduta[3] (formal ou informalmente estabelecidas) determinadas por dois tipos de necessidades, evidentemente interligados: a da salvaguarda de valores como a dignidade, a urbanidade e a correcção ética nas relações entre pessoas e a de pautar comportamentos pessoais por um certo padrão organizacional.

Quarta nota: ainda hoje, apesar da maior diversificação das situações verificáveis no mercado de trabalho, a esmagadora maioria das pessoas que exercem actividades por conta de outrem tem a subsistência pessoal, e a economia familiar, na dependência da remuneração recebida por efeito de um contrato de trabalho. A chamada "dependência económica", não sendo, em si mesma, um traço distintivo da relação de trabalho subordinado[4], enquanto paradigma assumido pela legislação laboral,

---

alguma coisa da pessoa do trabalhador" – A. SUPIOT, *Critique du droit du travail*, Paris (1994) p. 99. A este traço se associa, além do mais, a consideração do contrato de trabalho como negócio *intuitu personae* no tocante ao trabalhador. Acresce que a ligação á pessoa concreta do trabalhador só diz respeito à prestação do trabalho: os efeitos patrimoniais do contrato (créditos retributivos, nomeadamente) seguem lógica diferente, podendo, por exemplo, ser reclamados pelos sucessores do trabalhador – cfr., entre outros, o Ac. STJ 26/11/97, in *Col. Jur. STJ* 1997, t. 3°, p. 286.

[3] Cfr. J. GARCIA VIÑA, *La buena fe en el contrato de trabajo*, Madrid (2001) 46 ss. Aí se pondera: "Esta regra de conduta ou comportamento fundamenta-se numa ideia ética que obriga a comportar-se leal e honestamente com a outra parte, obrigando a exercer o direito subjectivo de acordo com a confiança depositada pela outra parte e com a sua finalidade objectiva ou económico-social".

[4] A jurisprudência evoluiu, a este respeito, de modo hesitante. Durante muito tempo, a chamada "subordinação económica" foi tida como elemento essencial e carac-

pode constituir, onde exista, um factor de dependência pessoal mais marcante do que a sujeição a ordens relativas ao modo de executar o trabalho[5].

Mas ainda há mais. O desenvolvimento das relações de trabalho é um domínio fundamental de realização pessoal e de desenvolvimento cultural e profissional[6]. A personalidade do trabalhador expõe-se, aí, às possibilidades do êxito e da frustração, da valorização e da estagnação, e mesmo – para usar termos em voga – da inclusão e da exclusão...

Estas facetas da posição típica do trabalhador subordinado – que, de vários ângulos, exprimem a sua significativa implicação pessoal nas relações de trabalho – são elementos descritivos de uma situação de facto. Não é a circunstância de tais facetas serem atendidas e correspondidas por soluções normativas, pertencentes ao domínio central do direito do trabalho, que pode levar-nos a desviar a vista daquilo que é a dimensão fáctica da pessoalidade da posição típica do trabalhador subordinado[7].

Porque, na verdade, a implicação pessoal comporta também uma fundamental dimensão jurídica – essa, justamente, sinalizadora da relevância da boa fé nas relações laborais, e da determinação das modulações que tal relevância pode legitimamente assumir[8].

---

terístico do paradigma laboral, mas apenas pela circunstância de com ela se aludir à onerosidade do contrato de trabalho. Esta equivalência, manifestamente imprópria, entre remuneração e subordinação económica, foi mantida durante décadas, nomeadamente nas decisões do STJ. Só a partir de finais dos anos oitenta do século passado começou a ser reconhecida a dependência económica como "elemento ambíguo" na diferenciação das relações de trabalho (ver, por exemplo, o Ac. STJ 26/9/90, in *Ac. Dout.* 348, p. 1622) e passou a declarar-se que a subordinação jurídica é o "único" elemento distintivo atendível. Nesse sentido, desenvolvidamente, o Ac. STJ 7/10/98, in *Col. Jur. STJ* 1998, t. 3, p. 251.

[5] O legislador do trabalho não é insensível a esse facto, como evidencia ao "equiparar" a trabalho juridicamente subordinado certas situações em que a carência de protecção deriva da dependência económica (art. 2º da LCT). No entanto, a centragem de todo o sistema das normas laborais no paradigma do trabalho subordinado não é, com isso, minimamente afectada: grande número de problemas aplicativos permanece em aberto.

[6] Estes elementos estão, de resto, presentes na concepção constitucional das relações de trabalho: vejam-se o art. 58º/2 c) e o artr. 59º/1 b) da CRP.

[7] A "pessoalidade" é pacificamente apresentada, na doutrina brasileira, como elemento essencial do paradigma laboral, ligando-se-lhe o facto de o contrato de trabalho ser celebrado *intuitu personae*, a exigência de personalidade individual do trabalhador e os corolários da implicação pessoal dele, em termos próximos dos que expomos no texto. Cfr., por exemplo, P. E. RIBEIRO DE VILHENA, *Relação de emprego*, São Paulo (1975) p. 170 s..

[8] Neste sentido, também, MONTOYA MELGAR, *La buena fe* cit., p. 25.

Essa dimensão jurídica revela-se, desde logo, em expressas indicações normativas respeitantes ao cumprimento do contrato por parte do trabalhador.

Recordemos, antes do mais, as referências legais à necessidade da «obediência» (isto é, da formação da vontade de acção em conformidade com directrizes alheias) [art. 20º/1-c) da LCT], e da realização do trabalho «com zelo e diligência» (ou seja, mediante a tensão de vontade adequada e dirigida à realização dos fins contratuais do empregador) [art. 20º/1-b)][9]. Trata-se de comandos que visam «mobilizar» a pessoa do trabalhador em sentido transcendente ao da mecânica execução de certos gestos profissionais[10].

Na mesma linha se situam as menções legais apontadas à conduta pessoal do trabalhador enquanto membro de um grupo, e relativas, por conseguinte, a requisitos de convivialidade impostos pela viabilidade e pela funcionalidade do mesmo grupo: «respeitar e tratar com urbanidade e lealdade» todos os membros da organização (empregador, superiores hierárquicos, companheiros de trabalho) e mesmo, simplesmente, «pessoas que estejam ou entrem em relações com a empresa» [art. 20º/1-a)]. Está-se, de novo, perante referenciais de comportamento pessoal que estão para além dos limites da mera execução de um tipo de actividade profissional.

---

[9] Com estes elementos se pode construir um "dever de colaboração" do trabalhador como expressão da boa fé (MONTOYA MELGAR, ob. cit., p. 62): o Estatuto espanhol, no seu art. 20/2, diz que "o trabalhador deve ao empresário a diligência e a colaboração no trabalho definidas pelas disposições legais, as convenções colectivas e as ordens ou instruções adoptadas por aquele no exercício regular das suas faculdades de direcção e, na sua falta, pelos usos e costumes". Esta formulação legal é suficientemente esclarecedora da diferença de perspectivas existente entre um tal "dever de colaboração" e o princípio da "mútua colaboração" enunciado no art. 18º da LCT portuguesa.

[10] Como se assinala em *Au-delà de l'emploi. Transformations du travail et devenir du droit du travail en Europe* (relator geral: A. SUPIOT), Paris (1999), p. 269 s., o mercado de trabalho não é um mercado no sentido usual: o contrato de trabalho não estabelece uma troca instantânea nem um ajustamento perfeito das preferências recíprocas dos contraentes; a sua execução (mormente no que toca à obrigação de trabalho) fica envolvida na "incerteza sobre a qualidade e a intensidade do trabalho". A medida da satisfação do interesse na execução do trabalho fica, em larga medida, dependente de sucessivos actos de vontade das partes (actos directivos e organizatórios do empregador, decisões de empenhamento e aplicação do trabalhador) cujas modulações podem ser muito variadas antes que chegue a haver suporte objectivo para a verificação de incumprimento contratual.

A implicação da pessoa do trabalhador reflecte-se também, de resto, em vinculações jurídicas do próprio empregador.

Também ele tem um dever de respeito pelo trabalhador [art. 19º/1-a)] que decerto extravasa as fronteiras da estrita cooperação creditória; e é sua obrigação «proporcionar-lhe boas condições de trabalho, tanto do ponto de vista físico como moral» [art. 19º/1-c)] – traço, este último, que bem evidencia preocupações de tutela da personalidade. Pode, ainda, apontar-se o facto de a lei configurar o poder disciplinar como um poder (também) funcionalizado à protecção de valores da personalidade: neste sentido parece dever interpretar-se a norma que obriga o empregador a aplicar sanções aos trabalhadores que «provoquem ou criem o risco de provocar a desmoralização dos companheiros, especialmente das mulheres e menores» (art. 40º/2).

Estamos, pois, em presença de duas constatações situadas em planos distintos: a de que, de facto, a posição do trabalhador nas relações de trabalho contende profundamente com a sua pessoa; e a de que, em direito, a implicação pessoal do trabalhador é expressamente reconhecida e tomada como fundamento de intervenções normativas explícitas. Desde já, também, será legítima uma terceira constatação: a de que essas intervenções normativas seguem duas vias divergentes – uma, dirigida ao comportamento pessoal do trabalhador, na medida em que ele é inseparável da conduta contratualmente devida; outra, apontada à protecção da sua personalidade, na medida em que ela fica exposta aos riscos e às oportunidades suscitadas pelo desenvolvimento das relações de trabalho.

Esta diferenciação de perspectivas é indispensável para que nos situemos correctamente perante o problema da determinação do alcance da boa fé laboral. Com alguma frequência se depara com um discurso em que as dimensões fáctica e jurídica da pessoalidade são confundidas, em que o ser e o dever ser se entrelaçam e misturam, num terreno dogmaticamente não consolidado – e porventura condenado á contingência – como aquele em que se situa o nosso tema.

II. O segundo pressuposto a atender e a reanalisar é, como se disse, o do carácter tendencialmente duradouro das relações de trabalho[11].

---

[11] A consideração da durabilidade das relações de trabalho na apreciação da boa fé pode, por exemplo, conduzir a que se aceite mais facilmente uma gradualização nas reacções às condutas infractoras, em sede disciplinar, tendo em vista a possibilidade de

A afirmação tradicional desta característica mergulha as suas raizes na diferenciação das relações de trabalho – em que está em causa uma prestação de actividade e, portanto, uma obrigação de cumprimento continuativo – face às relações contratuais que se esgotam em prestações instantâneas ou em actos delimitados e isolados[12].

Um outro ingrediente da convicção que se gerou acerca da «natural» durabilidade dos vínculos laborais consiste na ideia de que a prestação de trabalho se inscreve numa «organização» que, sejam quais forem a sua natureza, a sua complexidade e os seus fins, tende a assumir o significado de um referencial de «continuidade» ou de «permanência».

Um terceiro factor – aliás derivado do que se acaba de enunciar – relaciona-se com a visão tradicional do esquema dos interesses subjacentes ao contrato de trabalho. A estabilidade do vínculo, a durabilidade das relações contratuais teriam correspondência em interesses fundamentais de ambos os contraentes. No quadro de uma organização de meios dotada de permanência (a empresa, a fábrica, o estabelecimento comercial – realidades tidas em mente pelo legislador laboral), convém ao empregador «fidelizar» os trabalhadores, afeiçoar o uso das suas aptidões às concretas necessidades e ao específico modo de funcionamento da empresa, formá-los e aproveitar integralmente as capacidades assim desenvolvidas; e ao trabalhador interessa, na mesma perspectiva, a estabilidade do emprego e dos ganhos, uma perspectiva estruturada de desenvolvimento e de progressão profissionais, que só a pertença a essa organização pode facultar[13].

Se assim é – ou foi – no plano dos factos, é também sabido que os legisladores europeus da segunda metade do séc. XX erigiram em princípio fundamental da ordem jurídica do trabalho o da estabilidade ou segurança do emprego. Esse princípio adquiriu mesmo, nalguns países – como Portugal (art. 53º da CRP) –, foros de postulado constitucional.

---

correcção futura do padrão comportamental do trabalhador. Cfr., neste sentido, por exemplo, o Ac. STJ 14/12/89, in BMJ 392, p. 374.

[12] O reconhecimento desta característica conduz mesmo a que a "continuidade" seja afirmada, correntemente, na doutrina brasileira, como "elemento essencial" da relação de emprego. Cfr. F. ROSSAL DE ARAÚJO, *A boa-fé no contrato de emprego*, São Paulo (1996) p. 153 ss..

[13] Sobre estes interesses se pode fundar a chamada "cultura de empresa", com não desprezível relevância para a determinação da boa fé nas relações de trabalho. Vejam-se as interessantes observações, a este respeito, de MONTOYA MELGAR, *ob. cit.*, P. 27 SS..

É preciso, todavia, reconhecer que a consagração normativa do princípio da estabilidade do emprego – e, por consequência, a identificação do contrato de duração indeterminada como instrumento-regra de recrutamento de trabalhadores para as organizações – não decorreu da simples transposição do balanço de interesses presente na relação de trabalho típica para o plano do dever-ser: pesaram aí, necessariamente, considerações de política de emprego e porventura também desígnios de reconfiguração estrutural das relações de trabalho.

Se, por exemplo, a Constituição portuguesa de 1976 se permitiu assumir a mítica «garantia da segurança do emprego», foi porque, na visão do legislador constitucional, o emprego estava sob ameaça, num contexto de profunda perturbação das estruturas económicas e de considerável incerteza política. Além disso, tratava-se, singelamente, de «constitucionalizar» um regime – o da proibição do despedimento sem justa causa – que a lei ordinária, com o propósito manifesto de limitar a supremacia patronal, tinha adoptado algum tempo antes[14].

No mesmo ano de 1976, foi, como se sabe, publicado um diploma sobre a contratação a termo – o já esquecido Dec.-lei nº 781/76 – através do qual, do mesmo passo que se conferia (confessadamente) alguma funcionalidade aos vínculos precários para a regulação do mercado de trabalho, e se instituíam os primeiros dispositivos destinados a garantir a excepcionalidade do uso desse tipo de contratos. A partir daí, todas as alterações legislativas no tocante ao contrato de trabalho a termo – refiro-me às de 1989, 1996 e 2001 – surgiram, embora com cambiantes mais ou menos pronunciadas, como acentuações desse entendimento limitativo, isto é, da ideia de excepcionalidade e, implicitamente, do carácter socialmente indesejável de tais vínculos.

Ora o balanço da política legislativa de segurança do emprego não é, decerto, animador para quem persista em ver na lei um instrumento fundamental de concretização de desígnios políticos.

Há, pelo menos, um quarto de século, o contrato de trabalho a prazo é, de longe, o meio predominante de recrutamento utilizado pelas enti-

---

[14] Recordar-se-á que, no plano legislativo, a limitação do despedimento individual às situações de justa causa (exclusivamente disciplinar) surgiu poucos meses antes da CRP, com o DL 84/76, de 28 de Janeiro. Mantinha-se, entretanto, o despedimento colectivo sujeito a exigências menos severas.

dades empregadoras[15]. Um volume crescente de necessidades de trabalho vem sendo satisfeito pelo recurso a trabalho temporário e a serviços (autêntica ou falsamente) independentes[16]. A intrincada rede de protecção que circunda a faculdade de despedir dos empregadores mostra-se cada vez menos eficiente, face à crescente sofisticação dos modos por que surgem, se transformam, se fornecem de trabalho e desaparecem as empresas, e também ao recurso compreensivelmente generalizado à revogação de contratos por mútuo acordo monetarizado.

Tem-se, ao mesmo tempo, a percepção de que passou a existir uma importante «procura de emprego precário» e/ou «acessório», e de que, de um modo geral, se verifica uma rápida transformação das atitudes perante a vida profissional – caracterizada, por exemplo, por uma sensível minimização dos valores da estabilidade e da segurança – que não encontram resposta adequada na lei, nem sequer nas estruturas económicas que são interpeladas por tal evolução.

Isto significa, em suma, que a política legislativa de segurança do emprego, já hoje servida por instrumentos largamente disfuncionais (como é o caso da legislação sobre o contrato a termo), pode estar em vias de perder validade e exequibilidade, no confronto com as realidades do mundo do trabalho e da economia – essas cada vez mais marcadas pela instabilidade e pela imprevisibilidade. E, se é certo que o *status quo* legislativo permanece, no essencial, inalterado há mais de dez anos, a verdade é que as realidades do mundo do trabalho nos oferecem cada vez menos confirmação para o *cliché* das relações de trabalho duradouras «por definição» ou «por regra».

III. Relativamente àquilo que considerámos serem os fundamentais pressupostos da construção tradicional dos juízos de boa fé laboral – a forte implicação da pessoa do trabalhador nas relações de trabalho, o

---

[15] Não deve, porém, exagerar-se o alcance desta constatação de facto. Muitas admissões a termo destinaram-se, como é bem sabido, a preencher postos de trabalho estáveis: em 2002, de acordo com números oficiais, os trabalhadores com contratos de duração indeterminada rondavam os 80% da população empregada.

[16] No citado relatório *Au-delà de l'emploi* (p. 30 s.) regista-se a tendência, em alguns países europeus, no sentido da abertura de maiores espaços ao trabalho independente na qualificação das situações concretas, nomeadamente pela consagração jurisprudencial de presunções de não-subordinação (França) e pela maior aceitação da configuração explicitada pelos contraentes quanto à natureza da relação contratual (Espanha).

carácter tendencialmente duradouro dessas relações —, aonde nos conduziram as reflexões e constatações feitas até aqui?

Em primeiro lugar, à ideia de que permanece válida a consideração, de facto e de direito, do envolvimento pessoal do trabalhador, tanto para o efeito da <u>modulação do comportamento por ele contratualmente devido</u>, como para o da definição de <u>regras e princípios de protecção da sua personalidade</u>, assim posta em jogo pelo vínculo laboral.

De ponto de vista da sociologia do trabalho – e, portanto, no domínio fáctico – parece mesmo poder afirmar-se que a tendência vai no sentido de <u>uma acentuação dessa implicação pessoal</u> do trabalhador, e não o contrário.

A progressiva elevação dos níveis de instrução e qualificação profissional, as modernas formas de organização do trabalho apontadas à autonomia e à responsabilização, individuais e colectivas, dos trabalhadores, e complementadas, não raro, por sistemas de avaliação de mérito e por formas de remuneração variável em função dos resultados, são factores que tendem a aprofundar o envolvimento da pessoa do trabalhador na fisiologia das relações de trabalho.

A multiplicação das chamadas «funções de confiança» — isto é, das posições funcionais que assentam numa convicção do empregador relativamente ao comportamento futuro do trabalhador –é também expressão dessa tendência.

Por outro lado, o desenvolvimento da informatização das empresas assume, neste plano, um alcance bivalente: coloca nas mãos do empresário novos e eficientes meios de controlo, porventura instantâneo, das actividades de cada trabalhador, mas, em contrapartida, oferece a cada trabalhador instrumentos e processos sofisticados para interferir, de modo eficiente, e em sentido positivo ou negativo, na realização dos fins da empresa.

Dir-se-á pois que as exigências de boa fé nas relações de trabalho, na medida em que dependem do grau de implicação pessoal do trabalhador, tendem a adquirir relevância acrescida. <u>A sensibilidade do chamado «programa negocial» à conduta pessoal do trabalhador – e também, importa dizê-lo, do empregador ou das chefias que o representam – tende a ser cada vez maior</u>.

No que toca, porém, à durabilidade das relações de trabalho – ou, numa outra formulação, à <u>estabilidade</u> dos vínculos –, parece forçoso reconhecer que a tendência evolutiva é de sinal oposto.

As organizações de trabalho mostram-se cada vez menos aptas a garantir processos lineares e contínuos de qualificação e de solidificação de estatutos profissionais; a capacidade de adaptação a alterações conjunturais é requisito de sobrevivência das empresas. Ao mesmo tempo, como se disse, também do lado da procura de emprego de verificam mudanças mais ou menos subtis que apontam na mesma direcção.

De certo modo em contravapor, surgem concepções de gestão orientadas para o reforço da identificação do trabalhador com os fins da organização – como as que valorizam a «cultura de empresa», as que preconizam a «gestão por objectivos» e as que recomendam a melhoria da comunicação e a abertura de canais de participação[17]. Mas as cruas realidades da economia dirigem-se, inequivocamente, no sentido da fragilização dos vínculos laborais, da rarefacção dos estatutos e de um generalizado aumento das mobilidades.

Essa tendência está já, segundo creio, assimilada no mundo laboral, mesmo nos ambientes tradicionalmente mais estáveis e imunes ao inesperado. Incorporou-se no quadro de referências de quem gere empresas e de quem organiza as aplicações dos seus saberes profissionais.

Encontram-se, pois, neste plano, razões para que (em geral) hoje seja <u>menos valorizado, na apreciação da boa fé laboral, o factor durabilidade, estabilidade ou pertença à empresa.</u>

IV. Encaremos agora, sucintamente, as manifestações legais explícitas da boa fé no contrato de trabalho – fazendo-o, no entanto, com a consciência de que esta noção, a de boa fé, desempenha o seu papel fundamental justamente onde não há regra legal expressa[18].

De entre as referidas expressões legais, podemos distinguir dois grupos: os das que apelam, essencialmente, para a realização de <u>valores éticos inerentes à convivência</u> e cuja violação importará, essencialmente, um juízo de reprovação moral que se converte em censura jurídica. É o caso das obrigações de <u>respeito</u> impostas a ambos os contraentes [art. 19º-a), art. 20º/1-a)] e, sobretudo, da <u>lealdade</u> com que o trabalhador deve conduzir-se nas relações com «a entidade patronal, os superiores hierár-

---

[17] MONTOYA MELGAR, *ob. cit.*, p. 30 s..
[18] O papel supletório da boa fé remonta ao direito romano, tendo em conta o facto de nele não caber o reconhecimento de situações jurídicas subjectivas, mas apenas de concretos procedimentos formais destinados a efectivar o direito objectivo.

quicos, os companheiros de trabalho e as demais pessoas que estejam ou entrem em relações com a empresa» [art. 20º/1-a)].

Deparamos aqui com uma primeira referência à lealdade devida pelo trabalhador: nela se podem considerar abrangidos diversos comportamentos cujo traço comum é a revelação de um conteúdo psicológico conforme aos ditames da ética. A mentira, a desonestidade, as injúrias, as manobras enganosas, são alguns exemplos de violações da lealdade – e, portanto, da boa fé – considerada na acepção essencialmente ético-social que aqui está referenciada — uma acepção inespecífica visto que se estende, nos mesmos termos, a todos os domínios em que se podem verificar contactos interpessoais com implicações jurídicas[19].

Uma abundante jurisprudência, nomeadamente do Supremo, vem construindo, há mais de três décadas, deveres de «fidelidade» e de «honestidade» do trabalhador – e também, para além da lei mas de harmonia com a boa fé, do empregador — cujo incumprimento pode abalar irremediavelmente a «confiança» entre as partes e justificar a ruptura unilateral do contrato. Dado que se trata, essencialmente, de orientar a conduta por certos padrões morais, independentemente da ocorrência, da natureza e da medida de prejuizos consequentes, há muito se recusa, neste caso, uma apreciação gradualista da boa fé[20]: a lealdade (em sentido moral), a honestidade, ou estão ou não estão expressas no comportamento do trabalhador – trata-se (dizem os tribunais) de um «dever absoluto» que não admite gradações[21].

Devo dizer que a concepção de «lealdade» assim descrita – correspondente à primeira das duas acepções em que o termo é usado no art. 20º da LCT – me parece fundamentalmente plausível.

Esta jurisprudência só se torna vulnerável à crítica quando, apesar de sinalizar um critério de julgamento de natureza essencialmente ética, assume uma atitude axiomática no tocante às consequências objectivas do incumprimento do dever de lealdade, nesta acepção: numerosos acórdãos declaram, com efeito, que tal incumprimento, sejam quais forem as circunstâncias, «elimina a confiança que deve existir entre empregador e trabalhador», tornando, «só por si», impossível a subsistência da relação de trabalho.

---

[19] No mesmo sentido se diz que "o princípio da boa fé actuará como critério geral" nas relações contratuais. – J. GARCIA VIÑA, La buena fe en el contrato de trabajo cit., p. 47.
[20] Cfr., nomeadamente, os Acs. STJ 17/7/87 (Ac. Dout. 314, p. 284), 23/2/90 (Actual. Jur. t. 6º/1990, p. 17).

Uma tal asserção tem todo o fundamento, com certeza, se o contrato de trabalho tem por objecto o exercício de uma das chamadas «funções de confiança» — que, diga-se, estavam em causa em boa parte das decisões que acabamos de referir.

Igualmente parece fundada a afirmação de inviabilidade do prosseguimento das relações de trabalho, perante um comportamento desleal ou desonesto do trabalhador, quando este se encontra, na organização, em posição susceptível de lhe permitir, no futuro, afectar ou pôr em perigo interesses legítimos, patrimoniais ou não, do empregador – e mesmo nessa situação importará avaliar se se trata de conduta isolada ou reiterada, se houve ou não consequências nocivas para a empresa ou o empregador, e se uma sanção não expulsiva pode ter efeito preventivo especial em relação ao comportamento futuro do trabalhador.

Mas a afirmação do carácter «absoluto» deste dever, associada à declaração «automática» de inviabilidade do vínculo, parece querer dizer muito mais do que isso. Dela se tem, por exemplo, extraído corolários como o de, em qualquer caso, considerar irrelevante o «bom comportamento anterior» do trabalhador; ou o de se atribuir ao desvio de uma quantia insignificante, por um trabalhador de baixa qualificação, o mesmo efeito que ao «jogo de cheques» encoberto por um gerente bancário[22].

Sem discutir o carácter «absoluto» do dever de «lealdade», nos termos em que a jurisprudência o foi construindo sobre a alínea a) do nº 1 do art. 20º da LCT, é forçoso reconhecer que o que nos interessa, sob o ponto de vista jurídico, é sobretudo determinar o impacto que uma violação desse dever (em si mesma insusceptível de graduação) tem ou pode ter na continuidade de uma concreta relação de trabalho.

A natureza e a medida desse impacto, o grau de perturbação que ele envolve para o desenvolvimento da relação entre as partes, não são

---

[21] Neste sentido, e entre muitos outros, veja-se o Ac. STJ 23/2/90, in *Actual. Jur.* 6º/1990, p. 17.

[22] Vale a pena, nesta perspectiva, confrontar dois exemplos: MONTOYA MELGAR cita uma decisão judicial de 1944, pela qual foi declarado procedente o despedimento de um trabalhador por ter subtraído uma lâmpada, tendo em conta que a sua função consistia, justamente, em evitar esse tipo de ocorrências (*La buena fe* cit., p. 53); e, por outro lado, um Ac. Rel. Coimbra, de 2/6/87 (semelhante a muitas outras decisões de qualquer das instâncias) considerou possível preeencher justa causa de despedimento com o furto, por uma qualquer trabalhadora, de um objecto no valor de 200$00, dado que esse facto poderia "dar lugar a um clima de desconfiança" bastante para tornar impossível o prosseguimento das relações de trabalho (BMJ nº 368, p. 620).

decerto susceptíveis de valoração abstracta, não são determináveis *a priori* e de modo indiferenciado. Tratando-se de valorações desejavelmente objectivas, revestem-se, por conseguinte, de uma relatividade perante a qual, aparentemente, se tem mostrado pouco sensível a jurisprudência.

V. Como se disse, a lei contempla um «dever de lealdade» com outro conteúdo, embora sempre fundamentado na boa fé. O seu enunciado encontra-se na alínea d) do nº 1 do mesmo art. 20º: o trabalhador deve «guardar lealdade á entidade patronal, nomeadamente não negociando por conta própria ou alheia em concorrência com ela, nem divulgando informações referentes à sua organização, métodos de produção ou negócios».

Trata-se de um dever especificamente laboral, que não reveste um mero imperativo moral nem se esgota na relação de convívio entre o trabalhador e a sua chefia, os seus companheiros de trabalho ou os clientes da empresa. Ele contende, directamente, com o esquema de interesses em que assenta o contrato. Neste específico sentido, há quebra de lealdade quando um dos contraentes, que se obrigou a contribuir com a sua prestação para a realização do interesse do outro, age, em paralelo, de modo a frustrar, prejudicar ou pôr em risco esse interesse.

Que se trata de uma emanação da boa fé, não pode ser mais claro. Mas de uma "boa fé qualificada", como notou, há quase meio século, PEREZ BOTIJA[23]. Pois, na verdade, contribui para uma específica modelação (em termos positivos e abstensivos) do comportamento devido pelo trabalhador no âmbito da execução do contrato, isto é, na efectivação do programa negocial tendente à realização do «interesse contratual» do empregador.

O dever de não-concorrência e a obrigação de reserva ou sigilo visam impedir que o trabalhador, colocado, por força da prestação de trabalho, em condições que lhe permitiriam fragilizar a posição do empregador no mercado em que actua, oriente a sua conduta nesse sentido e, portanto, aniquile a própria razão de ser do seu contrato – que é a de contribuir, com o seu trabalho, para a realização do interesse do outro contraente[24]. Neste ponto se verifica, claramente, a articulação entre a

---

[23] Em *Humanismo en la relacion laboral*, cit. por MONTOYA MELGAR, *ob. cit.*, p. 48.

[24] O facto de não ser necessário o efectivo exercício concorrencial – bastando a existência do projecto e de diligências tendentes à sua concretização – nem a ocorrência de um dano real para o interesse do empregador (cfr., por exemplo, o Ac. STJ 5/3/92, in

lealdade e a diligência[25], na modulação do comportamento contratualmente devido pelo trabalhador.

Resulta daqui, também, que o dever de não-concorrência e a obrigação de reserva ou sigilo não são as únicas formas pelas quais se condensa juridicamente o dever de lealdade, na acepção da alínea d) do nº 1 do art. 20º da LCT. Não é, sequer, necessário invocar neste sentido o uso do advérbio «nomeadamente» nesse texto legal. A consideração da boa fé conduziria ao mesmo resultado: o dever de lealdade compreende, a esta luz, necessariamente, todos os comportamentos (activos ou passivos) que visem prejudicar o «interesse contratual» do empregador – com excepção, bem entendido, daqueles que se destinem a prosseguir interesses legítimos e relevantes do trabalhador, como poderá ser o caso da adesão a uma greve.

Essa compreensão do dever de lealdade está perfeitamente consolidada na jurisprudência: são numerosas as decisões em que se reitera o carácter exemplificativo da menção legal dos dois referidos deveres, e em que, por aplicação da boa fé, se declara genericamente a vinculação do trabalhador no sentido que há pouco se apontou[26]. São, também, conhecidas aplicações concretas, como as que dizem respeito á omissão de informações, às acções de descrédito da empresa, ao encobrimento de condutas ilícitas de outros trabalhadores e à omissão de actos susceptíveis de prevenir riscos para a empresa.

Mas deve sublinhar-se que os tribunais adoptam, neste plano, e bem, uma atitude gradualista que exclui, daclaradamente, o carácter «absoluto» de tais deveres de conduta. Na apreciação das situações concretas de incumprimento, não deixam, em regra, de ponderar os os factores culpa (nos seus vários matizes ou graus) e gravidade das consequências – sejam elas prejuizos imediatos e efectivos, ou simples perigos de que eles ocorram[27].

Ac. Dout. Nº 376, p. 465) não contradiz o que se afirma no texto. O que importa é, com efeito, a valoração negativa que a atitude e o comportamento do trabalhador merecem sob o ponto de vista das perspectivas futuras de adequação à realização do interesse contratual do empregador (destruição da "confiança", nesse sentido).

[25] Veja-se, sobre o ponto, J. GARCIA VIÑA, *ob. cit.*, p. 94 ss..

[26] Veja-se, entre muitos outros, o Ac. STJ 20/3/96, in *Ac. Dout.* Nº 416/417, p. 1069.

[27] Cfr. Acs. STJ 16/10/96 (*Ac. Dout.* nº 423, p. 396), 5/2/97 (*Col. Jur. STJ* 1997, t. 5º, p. 273) e 1/4/98 (*Ac. Dout.* nº 442, p. 1343) onde, expressamente, se exige dolo do trabalhador como elemento da violação da lealdade.

Se esta consideração não é universalmente introduzida na apreciação de tais incumprimentos, por partes dos tribunais, é porque, com certa frequência, e apesar da eloquente apresentação que deles faz o texto legal, são identificados (isto é, confundidos) os dois planos operatórios em que a lealdade – sob a comum inspiração da boa fé — actua no regime do contrato de trabalho.

VI. Como é evidente, a boa fé constitui também critério de valoração da conduta do <u>empregador</u> na execução do contrato.

Já se viu que ela lhe impõe — para além do enunciado literal dos deveres acessórios de conduta (art. 19º da LCT) – imperativos <u>ético--sociais</u> de lealdade e de honestidade, nas relações com os trabalhadores, em conformidade com a primeira formulação do dever de lealdade a que se fez referência. A lei sinaliza alguns dos domínios em tais imperativos actuam: a boa fé pode ser negada através do uso do poder disciplinar como arma contra reclamações legítimas do trabalhador (art. 32º da LCT), ou quando o exercício da autoridade patronal se traduz em «ofensas à integridade física, liberdade, honra ou dignidade do trabalhador» (art. 35º/1-f) do Dec.-lei nº 64-A/89)[28].

Partindo da segunda acepção do dever de lealdade, isto é, daquela que envolve a interdição de comportamentos prejudiciais do interesse contratual da outra parte, deparamos com uma importante condensação da boa fé laboral que é o <u>dever de ocupação efectiva</u>[29] – que tem, como se sabe, a particularidade de ser, entre nós, uma construção doutrinal[30] e

---

[28] À margem de previsão legal expressa, outras situações cobertas pela boa fé do empregador se podem configurar, sobretudo no domínio do exercício do poder disciplinar. Será o caso, analisado por MONTOYA MELGAR (*ob. cit.,* p. 78 s.), da aplicação súbita e inopinada de sanção disciplinar elevada perante comportamento até então continuadamnete tolerado pelo empregador. A atendibilidade da prática disciplinar da empresa na apreciação da escolha e e da graduação das sanções é, pois, uma exigência da boa fé.

[29] A contraposição da ocupação efectiva à diligência, sugerida por F. ROSSAL DE ARAÚJO (ob. cit., p. 256), descontadas mesmo as particularidades do direito brasileiro, não nos parece de sufragar.

[30] Sobre a matéria, mas com diversa fundamentação, podem ver-se J. BARROS MOURA, *Direito do trabalho – Notas de estudo,* na "Revista da Faculdade de Direito de Lisboa", 1980-1981, p. 642; A. NUNES DE CARVALHO, *Sobre o dever de ocupação efectiva do trabalhador,* na "Revista de Direito e Estudos Sociais",2ª série, 1991, nº 3-4, p. 261 ss.; J. LEITE, *Direito de exercício da actividade profissional no âmbito do contrato de trabalho,* na "Revista do Ministério Público", v. 47º, p. 9 ss.; P. FURTADO MARTINS, *Despedimento ilícito, reintegração na empresa e direito à ocupação efectiva,* em "Direito e Justiça"

jurisprudencial[31], hoje perfeitamente consolidada, embora sem explícita tradução legislativa[32].

A implicação da pessoa do trabalhador – e dos valores inerentes á tutela da personalidade – na relação de trabalho, tão importante para o tema da boa fé, é o pilar mais forte desta construção. Por outro lado, está-se, justamente, num domínio – como o da concorrência e o da revelação de matéria reservada – em que um dos contraentes pode, no decurso da relação de trabalho, agir intencionalmente no sentido de negar ou prejudicar, ainda que só em parte, os interesses que levaram a outra parte a contratar.

Os tribunais, em todas as instâncias, têm reconhecido a existência deste dever – ou do correlativo direito –, a sua filiação na boa fé e a sua qualidade de elemento da conduta contratualmente devida pelo empregador. Por outro lado, existe tendência jurisprudencial muito marcada no sentido de admitir que a não ocupação do trabalhador dê lugar a responsabilidade pelos eventuais danos patrimoniais e não patrimoniais[33] – isto é, ligados à tutela da personalidade e da profissionalidade.

Dir-se-á mesmo, fundadamente, que a assinalada acentuação da implicação pessoal do trabalhador, numa quantidade crescente de situações laborais, aponta para um reforço da consistência deste dever e do correlativo direito do trabalhador.

Mas é necessário atribuir o devido relevo àquilo que poderíamos designar por «boa fé na aplicação da boa fé». Este é um ponto importante,

---

(supl.), 1992, p. 173 ss.; B. LOBO XAVIER, *Curso de Direito do Trabalho*, 2ª ed., Lisboa (1993), p. 338 s.. Por nossa parte, temos sustentado também a existência deste dever do empregador desde 1987, isto é, desde a 6ª edição do nosso *Noções fundamentais de Direito do Trabalho*.

[31] O STJ reconhece a existência deste dever, atribuindo-lhe consequências, por vezes, muito severas, pelo menos desde meados da década de oitenta do século passado. Vejam-se, entre muitos outros, os Acs. STJ 12/7/85, in *Ac. Dout.* nº 287º, p. 1293; 23/4/87, in *Ac. Dout.* nº 308/309, p. 1216; 29/1/88, in *Ac. Dout.* nº 317º, p. 697, em que se fez interessante aplicação da sanção pecuniária compulsória ao caso de injustificada não-ocupação.

[32] Registe-se, no entanto, que o projecto do Código do Trabalho, em discussão à data em que ultimamos este texto, inclui já entre as garantias do trabalhador a proibição, dirigida ao empregador, de "obstar, injustificadamente, à prestação efectiva de trabalho" (art. 120º).

[33] Vejam-se, por exemplo, os Acs. STJ 22/9/93 (*Col. Jurisp. STJ* 1993, t. 3º, p. 269) e 3/3/99 (*Ac. Dout.* nº 455º, p. 1468).

sob o ponto de vista da segurança jurídica, dada a inexistência de consagração legal expressa do referido dever.

Geralmente, e bem, as decisões judiciais sobre o tema atendem à existência de «justificação» ou de «razões objectivas» para a não ocupação.

Nem sempre, porém, se mantém o mesmo sentido da medida na utilização de tal figura. A natureza dos valores em jogo – estreitamente ligados à realização pessoal e à salvaguarda das potencialidades profissionais – leva por vezes à atribuição de carácter «absoluto», ou quase, ao dever de ocupação. A circunstância de estar em causa a «realização pessoal», e de a inocupação ser «vexatória e atentatória da dignidade profissional», tem, não raro, conduzido as decisões a não valorarem com justeza situações objectivas perante as quais não seria, razoavelmente (ou, se quisermos, à luz da boa fé), exigível ao empregador que «fizesse trabalhar» o trabalhador.

Nesta linha, já se foi – por exemplo – ao ponto de considerar ilegítima a ordem de não trabalhar em certo dia, de se qualificar de «insuficiente» uma reestruturação da empresa para justificar a não atribuição de um cargo de chefia a um ex-dirigente para quem não sobrou nenhum, ou de se considerar, sem mais, o empregador obrigado a não deixar o trabalhador «improdutivo» ou «subaproveitado».

Da boa fé só deriva que o empregador não pode remeter o trabalhador à inactividade, tendo possibilidade objectiva de o ocupar em conformidade com o genéro de actividade contratado. É só neste modelo de conduta – o injustificado, arbitrário ou mesmo doloso impedimento de que o trabalhador exerça a actividade contratada – que se localiza a violação da boa fé. Neste mesmo sentido – e em suma — se dirá que o trabalhador tem o direito de ser efectivamente ocupado se existir, na organização, posto de trabalho disponível e compatível com a sua qualificação. O que, em todo o caso, não exclui que a inexistência de possibilidade de ocupação assuma a natureza de «facto impeditivo» desse direito, para o efeito da atribuição do ónus da prova ao empregador.

Mas, se não existir, objectivamente, possibilidade de ocupação, não se descortinará fundamento juridicamente atendível para que o empregador seja considerado em situação de incumprimento pelo facto de não atribuir trabalho a um trabalhador – ao qual, entretanto, continue a pagar a remuneração contratualmente devida. São inúmeras as situações em que um tal quadro de circunstâncias se pode apresentar – reestruturações, reduções temporárias de actividade, modificação tecnológica de postos de trabalho, para só citar alguns exemplos.

Não se ignora que estas e outras vicissitudes da vida das organizações de trabalho, hoje tão correntes, arrastam por vezes na sua esteira custos e penosidades pessoais e sociais incalculáveis. Mas a verdade é que estamos a definir o âmbito daquilo que pode considerar-se <u>exigível</u> por um contraente a outro, na execução de um contrato de trabalho – e, nesse âmbito, o dever de ocupação efectiva, como expressão da boa fé laboral, só pode configurar-se como uma vinculação objectivamente condicionada, o que corresponde, de resto, à postura da jurisprudência dominante.

DA RESCISÃO DO CONTRATO DE TRABALHO POR INICIATIVA DO TRABALHADOR

Júlio Gomes

Universidade Católica

DA RESCISÃO DO CONTRATO DE TRABALHO POR INICIATIVA DO TRABALHADOR

Júlio Gomes
Universidade Católica

1. Já se escreveu, a propósito do tema de que nos ocuparemos neste Congresso – a rescisão do contrato de trabalho por iniciativa do trabalhador – que a relativa escassez de estudos sobre o mesmo é uma pura questão de bom senso[1]. E, até certo ponto, a afirmação, ainda que provocatória, não deixa de justificar-se. Salvo honrosas excepções – entre as quais importa destacar, entre nós, o estudo monográfico devotado ao tema por JORGE LEITE[2] – o interesse da doutrina tem sido limitado, até em razão do momento histórico presente, "marcado por uma persistente crise económica com graves reflexos no mercado de trabalho"[3]. É, decerto, exacto que muitos trabalhadores confrontados com situações de incumprimento grave do seu contrato de trabalho optam por não o rescindir e se esforçam por defender o seu posto de trabalho, na esperança de que a situação venha eventualmente a melhorar. Acresce que a rescisão por iniciativa do trabalhador dá lugar a uma litigiosidade judicial muito mais reduzida que o despedimento e pode ser apresentada como uma expressão da liberdade do próprio trabalhador[4].

---

[1] Joëlle Dupuy, *La démission du salarié*, Recueil Dalloz Sirey, 1980, Chroniques, XXXVII, págs. 253 e segs., pág. 253.

[2] Referimo-nos à sua dissertação intitulada *"A extinção do contrato de trabalho por vontade do trabalhador"*, Coimbra, polic., 1990.

[3] Antonio Mundo, *Le Dimissioni per giusta causa dal rapporto di lavoro, studio per una teoria dell'interesse legittimo del prestatore alla conservazione del posto*, Cedam, Padova, 1990, pág. 2.

[4] Cfr. Joëlle Dupuy, *ob. cit.*, pág. 254. Como a autora destaca, a demissão, ruptura da iniciativa do trabalhador, é "apresentada como o sinal da sua liberdade, um sair de

Contudo, o estudo da rescisão do contrato por iniciativa do trabalhador reveste-se de grande interesse, mormente no plano teórico, já que se trata de uma matéria em que depressa se evidencia a diferente natureza dos interesses das partes que podem ver-se comprometidos na execução do contrato de trabalho, bem como a diferente e assimétrica posição que as mesmas partes ocupam na relação jurídico-laboral. Como veremos, as regras jurídicas que regem a rescisão do contrato por iniciativa do trabalhador devem responder a uma série de preocupações: garantir a liberdade de desvinculação do trabalhador, impedindo que este fique prisioneiro ou refém do contrato, mas, também, assegurar que a rescisão é um acto genuinamente livre do trabalhador e que corresponde à vontade real deste. Com efeito, existe o perigo de o trabalhador ter sido compelido a demitir--se, pelo que só na aparência é que a rescisão do contrato lhe é imputável[5]. Este perigo é, de resto, como se dirá adiante em maior detalhe, potenciado pela circunstância de subsistirem diferenças assinaláveis de regime entre as consequências de um despedimento e as de uma rescisão por iniciativa do trabalhador[6]. Por outro lado, a regulamentação da rescisão por iniciativa do trabalhador deve procurar acautelar, tanto quanto possível, interesses legítimos do empregador, ainda que este escopo não deva frustrar a liberdade pessoal de desvinculação e a exigência de que a vontade de desvinculação do trabalhador seja séria e bem formada.

A nossa atenção ao longo deste estudo vai incidir particularmente nas situações em que a rescisão do trabalhador tem como fundamento uma justa causa que consiste num comportamento culposo do empregador – situações designadas, por vezes, por alguma doutrina estrangeira, de "despedimento indirecto" e em que é vulgar conceber a demissão do trabalhador como uma figura simétrica do despedimento disciplinar com

---

cabeça erguida sem conhecer a vergonha do despedimento e os seus efeitos traumatizantes". No entanto, e ainda nas suas palavras, tal fórmula traduz a verdade de uma época ultrapassada: se o despedimento é sempre um trauma, a demissão não tem carácter nobre a não ser para uma minoria de trabalhadores posicionados no topo da hierarquia.

[5] Já em 1981 XAVIER BLANC-JOUVAN, *Initiative et imputabilité : un éclatement de la notion de licenciement*, Droit Social 1981, págs. 207 e segs., pág. 214, assinalava que a ruptura pode ser da iniciativa de uma das partes, mas revelar-se, no fim de contas, imputável à outra.

[6] Como refere ELISABETTA BRIDA, *Dimissioni del Lavoratore e Violenza Morale*, Il Diritto del Lavoro 1996, vol. LXX, págs. 222 e segs., pág. 222, existe um interesse difuso do empregador em obter a demissão do trabalhador para contornar as limitações legais ao poder de despedir.

justa causa. Será, precisamente, um dos principais escopos deste estudo procurar demonstrar que, na realidade, o despedimento disciplinar e a rescisão por parte do trabalhador com justa causa culposa são institutos jurídicos distintos, a que subjazem interesses e fundamentos diversos ou, pelo menos, só parcialmente coincidentes. Como já observou HERNANDEZ[7] "a pretensa existência de um tratamento idêntico (do empregador e do trabalhador) mesmo nos casos em que os interesses das partes em libertarem-se do vínculo são de natureza e intensidade diversa corresponde mais a um abstracto gosto arquitectónico de massas contrapostas e de correspondências geométricas, tão em voga nos séculos passados e agora abandonado pelos próprios arquitectos, do que a uma regra lógica ou a uma exigência fáctica que o ordenamento deva tutelar".

2. A primeira impressão que um confronto, mesmo que superficial, entre a cessação do contrato de trabalho por iniciativa do trabalhador e a cessação da iniciativa do empregador suscita, no nosso sistema, é a de que o trabalhador goza, em regra, no regime geral ou comum, de uma muito maior facilidade de desvinculação.

A liberdade do trabalhador rescindir o seu contrato de trabalho a todo o momento, sem necessidade de uma justa causa, representa o reconhecimento da dimensão pessoal da sua prestação. No passado, a livre rescisão voluntária encontrava o seu fundamento na proibição, em princípio, da perpetuidade dos vínculos contratuais: a igualdade formal das partes implicava a atribuição desse poder tanto ao empregador como ao trabalhador. O reconhecimento gradual de que tal igualdade, mesmo meramente formal, era uma pura ilusão que se prestava a camuflar uma relação marcada pela radical desigualdade de poder e a tutela paulatinamente introduzida da estabilidade do posto de trabalho, romperam com essa simetria. Importa, pois, hoje, nas palavras de JORGE LEITE "recentrar" a fundamentação da liberdade de rescisão pelo trabalhador, destacando "o imperativo de preservar a liberdade actual, a liberdade de cada momento da vida da relação, de romper o contrato se não for do seu interesse ou não for de sua vontade mantê-lo"[8]. A tutela do posto de trabalho surge, como refere RENATA ALTAVILLA[9], com a inderrogabilidade própria da norma laboral e apresenta-se como uma vantagem

---

[7] cit apud ANTONIO MUNDO, ob. cit., pág. 5, nota 6.
[8] JORGE LEITE, ob. cit., vol. I, pág. 65.

exclusiva para o trabalhador. Assim, enquanto este conserva a sua liberdade pessoal de rescindir o contrato de trabalho, mesmo sem motivo, o empregador só pode rescindi-lo invocando justa causa.

Importa, deste modo, ter presente que a liberdade de rescisão do contrato de trabalho pelo trabalhador é uma liberdade irrenunciável que garante a sua dignidade como pessoa, a sua autonomia, impedindo a sua redução ao estatuto de servo. Já no despedimento promovido pelo empregador o que está frequentemente em jogo não é tanto um interesse pessoal, mas antes um interesse organizatório[10].

Esta liberdade de rescindir o contrato de trabalho sem necessidade de justa causa, ou seja, a liberdade de o denunciar, é uma liberdade discricionária que se reporta a uma decisão exclusiva do trabalhador e sobre a qual ele não tem que dar explicações[11]. Admite-se, contudo, que esta liberdade possa estar sujeita ao limite geral do abuso de direito[12], embora se nos afigure que quanto à rescisão com aviso prévio, desde que este aviso prévio seja respeitado, as hipóteses de abuso são praticamente académicas.

---

[9] RENATA ALTAVILLA, *Le Dimissioni del Lavoratore*, Giuffrè, Milano, 1987, pág. 24. Como a autora destaca, ob. cit., pág. 30, é indefensável a ideia de uma equiparação formal das partes face à rescisão ad nutum do contrato de trabalho por tempo indeterminado. É apenas em relação ao trabalhador subordinado que o vínculo obrigacional implica uma compressão da liberdade contratual.

[10] RENATA ALTAVILLA, ob. cit., págs. 52-52. Cfr., também, BAUDOUIN PATERNOSTRE, *Le droit de la rupture du contrat de travail*, 1., *Modes, congé et préavis*, De Boeck Université, Bruxelas, 1990, pág. 71, observa que "deux libertés fondent respectivement le licenciement et la démission", a saber, no caso de despedimento a liberdade de iniciativa económica ("la liberté du commerce et de l'industrie") e a liberdade individual (ob. cit., pág. 73: "la liberté individuelle est le fondement du droit de démission").

[11] JOËLLE DUPUY, ob. cit., pág. 257, observa que "a autonomia discricionária da vontade implica a inexistência de um controlo judicial dos motivos que animam a decisão de romper o contrato". A autora invoca aqui o Direito Civil, considerando que nesta matéria a referência ao direito civil é favorável ao trabalhador: "La démission du salarié reste sous l'emprise des téchniques civilistes". A demissão caracteriza-se pela sua subjectividade e é a aplicação da técnica contratual clássica que se traduz no direito de renúncia unilateral dos contratos sinalagmáticos. Insere-se, pois, no direito dos contratos como um direito inspirado pela liberdade e pela autonomia privada.

[12] Segundo informa RENATA ALTAVILLA, ob. cit., pág. 27, nota 35, já NOVARA admitia rescisões abusivas por parte do trabalhador: assim uma rescisão por represália política face ao empregador.

3. O nosso ordenamento contempla dois tipos de rescisão por iniciativa do trabalhador. O trabalhador tem a liberdade de rescindir o seu contrato de trabalho, a todo o momento, sem necessidade de uma justa causa. Trata-se de uma possibilidade de denúncia *ad nutum* que só se compreende tendo em conta, como se referiu, que o que está em jogo é a liberdade pessoal do trabalhador que compromete a sua própria pessoa na execução da prestação de trabalho, ao que acresce a suspeita com que o próprio ordenamento jurídico-civil encara as vinculações perpétuas, que não são, em geral, consentidas. A exigência de aviso prévio não é sequer uma condição para a eficácia desta rescisão, mas apenas um requisito, posto por exigências elementares de boa fé, para a licitude do seu exercício[13]. Ao lado da rescisão sem justa causa, a lei laboral prevê a rescisão com justa causa, isto é, sem necessidade de aviso prévio. Também aqui importa distinguir dois núcleos distintos de situações: por um lado, perfilam-se situações em que se pode afirmar a culpa da entidade patronal; distintas destas são aquelas em que a justa causa invocada pelo trabalhador não corresponde a um qualquer comportamento culposo da sua entidade patronal, mas consiste antes ou no não pagamento sem culpa da retribuição a que o trabalhador tem direito, ou numa actuação lícita de tal entidade patronal que, no entanto, dificulta gravemente a realização da prestação de trabalho, tornando-a mais onerosa ou até em situações independentes de uma qualquer conduta do empregador e que podem, inclusive, considerar-se como pertencentes à esfera de risco do trabalhador.

4. Não existindo justa causa para rescindir o contrato, o trabalhador terá, no regime-regra, de dar um pré-aviso, o qual será de 30 ou 60 dias,

---

[13] Como refere FERNANDO PEREZ-ESPINOSA SANCHEZ, *El Preaviso en la Extincion del Contrato de Trabajo*, Editorial Montecorvo, Madrid, 1980, pág. 25, o pré-aviso surge como meio para evitar ou reduzir os danos que a ruptura brusca do contrato pode provocar na contraparte, permitindo ao trabalhador a busca de um novo emprego e ao empregador a substituição do trabalhador demissionário. Com o pré-aviso pretende-se estabelecer um ponto de equilíbrio ou combinar o exercício do direito de extinção *ad nutum* do contrato e os prejuízos que a ruptura abrupta poderia provocar à contraparte. Também IGNACIO ALBIOL MONTESINOS, *Dimisión del Trabajador*, *in* Comentarios a las leyes laborales, dirigidos por Efrén Borrajo Dacruz, El Estatuto de los Trabajadores, tomo IX, vol. 1º, Editorial Revista de Derecho Privado, págs. 163 e segs., pág. 167, observa que o aviso prévio "tem como finalidade evitar o vazio imediato que a extinção do contrato de trabalho poderia produzir na organização empresarial (...) aparece estreitamente ligado à boa fé contratual".

consoante a sua antiguidade seja igual ou inferior a dois anos ou superior a dois anos[14]. O legislador parece ter considerado que os trabalhadores mais antigos eram ou mais dificilmente substituíveis ou menos propensos a rescindir o contrato pelo que o empregador contaria menos com a sua rescisão, sendo que estas duas considerações não se excluem mutuamente. Nos termos do n.º 2 do art. 38.º da LCCT, "os instrumentos de regulamentação colectiva de trabalho e os contratos individuais de trabalho podem alargar o prazo de aviso prévio até 6 meses, relativamente a trabalhadores com funções de representação da entidade empregadora ou com funções directivas ou técnicas de elevada complexidade ou responsabilidade". Parece-nos que nada impede que o trabalhador dê, se assim o desejar, um aviso prévio com duração superior à legalmente exigida.

O incumprimento total ou parcial do prazo de aviso prévio não afecta a eficácia da rescisão do trabalhador, mas apenas a sua licitude, acarretando uma obrigação, por parte do trabalhador de "pagar à entidade empregadora uma indemnização de valor igual à remuneração de base correspondente ao período de aviso prévio em falta, sem prejuízo da responsabilidade civil pelos danos eventualmente causados em virtude da inobservância do prazo de aviso prévio ou emergentes da violação de obrigações assumidas nos termos do n.º 3 do artigo 36.º do Regime Jurídico do Contrato Individual de Trabalho, aprovado pelo Decreto-Lei n.º 49408 de 24 de Novembro de 1969" (art. 39.º da LCCT). O incumprimento total ou parcial do prazo de pré-aviso acarreta, pois, a obrigação do trabalhador indemnizar a entidade patronal, pagando uma indemnização igual ao valor da remuneração-base correspondente ao período de aviso prévio em falta. A lei admite que o empregador invoque e demonstre um prejuízo ou dano superior[15] [16], mas aí haverá que ter em linha de

---

[14] Existem outros regimes de que não cuidaremos aqui: assim, no contrato a termo o aviso prévio a dar pelo trabalhador é de 30 dias se o contrato tiver uma duração igual ou superior a 6 meses e 15 dias se tiver uma duração inferior (n.º 5 do art.º 52º do DL 64-A/89); quando o trabalhador se encontra no período de aviso prévio de um despedimento colectivo, de uma extinção dos postos de trabalho ou de um despedimento por inadaptação, pode rescindir o seu contrato de trabalho com a antecedência mínima de 3 dias úteis sem perda do direito à compensação (artigos 23.º, n.º 2 e 31.º do DL 64-A/89, art. 7º do DL 400/91). Na hipótese de comissão de serviço, quando é a entidade patronal que lhe põe termo, o trabalhador pode rescindir o contrato nos 30 dias seguintes à decisão do empregador, sem prejuízo da sua indemnização (art. 4.º, n.º 3, al. C) do DL 404/91).

[15] Cabe ao empregador a alegação e prova desses danos como se pode ler no Acórdão da Relação do Porto de 5 de Junho de 2000, Processo n.º 464/2000, in Grande Enciclopédia de Jurisprudência.

conta os princípios e as regras dessa responsabilidade[17], mormente em sede de causalidade[18] e de culpa do lesado.

5. Afigura-se-nos poder retirar-se do exposto várias ilações. Em primeiro lugar, seria nula porque contrária a um princípio de ordem pública, a cláusula pela qual o trabalhador, pura e simplesmente, renunciasse à possibilidade de rescindir o seu contrato de trabalho, sem justa causa[19] [20]. Por outro lado, as normas que introduzem excepções à livre cessação do contrato por iniciativa do trabalhador devem ser consideradas excepcionais. Mais ainda, devem também ter-se por contrárias a um princípio de ordem pública quaisquer cláusulas que na prática cerceiem significativamente esta liberdade de desvinculação, como sejam, em termos que adiante concretizaremos, as cláusulas penais.

Se o escopo do aviso prévio é o de permitir ao empregador adoptar em tempo útil as medidas necessárias para a substituição do trabalhador demissionário, parece-nos não existir qualquer obstáculo legal para que contem para efeitos de cumprimento do aviso prévio períodos como os de suspensão do contrato, licença, férias ou faltas justificadas. É possível contra-argumentar, alegando que a presença do trabalhador pode ser relevante por exemplo para colaborar no treino do seu substituto; importa, contudo, ter presente que a lei não exige, ao referir-se aos prazos do aviso

---

[16] Em França é necessário que a rescisão do trabalhador seja abusiva para que se possa invocar a responsabilidade civil; com efeito, o artigo L.122-13 do Code du Travail dispõe que "la résiliation d'un contrat de travail à durée indéterminée, à l'initiative du salarié, ouvre droit, si elle est abusive, à dommages intérêts". foi, assim, considerada abusiva a demissão de um manequim no próprio dia da apresentação da colecção à clientela (FRANÇOIS TAQUET, *La Rupture du Contrat de Travail*, Éditions EFE, Paris, 2002, pág. 154).

[17] Em matéria de contrato a termo o n.º 6 do art.º 52.º do DL 64-A/89 só prevê a indemnização pelo valor da remuneração de base correspondente ao período de aviso prévio em falta e não faz menção de responsabilidade civil.

[18] ANTÓNIO MONTEIRO FERNANDES, *Direito do Trabalho*, Almedina, Coimbra, 11.ª ed., 1999, págs. 588-589, destaca que "os danos a que a lei se refere são somente aqueles que decorrem imediatamente *da própria irregularidade do despedimento* (...) perturbações ou quebras no processo produtivo *directamente* causadas pela falha imprevista de um dos seus elementos fundamentais".

[19] Assim, por todos, BAUDOUIN PATERNOSTRE, ob. cit., pág. 73.

[20] Mas seriam igualmente nulas, como faz notar FRANÇOIS TAQUET, ob. cit., pág. 148, as cláusulas de um contrato de trabalho que especificassem que esta ou aquela atitude do trabalhador, em si mesmas equívocas, equivaleriam a uma demissão.

prévio, que se trate de dias de trabalho ou sequer de serviço efectivo. De acordo com a tese que defendemos o trabalhador poderá dar o aviso prévio mesmo quando se encontre, por exemplo, em situação de licença; em contrapartida, se o trabalhador adoece e o seu contrato se suspende depois de ter já comunicado a sua intenção de rescindir o contrato e dado o aviso prévio, a contagem deste não se suspende, do mesmo modo, aliás, que a suspensão do contrato também não interrompe o decurso do termo. Opinião oposta foi sustentada, por exemplo, por FERNANDO PEREZ--ESPINOSA SANCHEZ que invocou a circunstância de o período de aviso prévio servir também para dar tempo ao trabalhador para procurar um novo emprego[21]; trata-se, no entanto, de uma tese que esbarra em soluções do nosso próprio direito positivo, porquanto este permite que o empregador altere a marcação de férias e as marque para o período de aviso prévio.

Poderá o empregador unilateralmente prescindir do aviso prévio e pretender a cessação imediata do contrato? Há quem considere que o pré--aviso existe no exclusivo interesse do destinatário que pode, livremente, renunciar a ele. Contudo, deve entender-se, com ALTAVILLA, que "o

---

[21] Aut. e ob. cit., pág. 79: "Nada impede que a relação jurídica condenada à sua extinção pelo decurso do prazo de pré-aviso, possa ver-se alterada no seu desenvolvimento lógico, suspendendo-se o cômputo do prazo até ao momento em que desaparece a causa suspensiva. Se aceitamos que o pré-aviso condiciona a efectividade imediata do acto de extinção, a relação jurídica permanece submetida às normas comuns vigentes. É pois lícito admitir que a doença, o acidente de trabalho, a maternidade, o serviço militar podem suspender a contagem do período de pré-aviso". Em contrário, tem-se manifestado, como o próprio autor menciona, a doutrina francesa que tem sustentado que o prazo de pré-aviso não se suspende, já que um obstáculo momentâneo pode suspender a execução da obrigação, mas não prorroga um contrato para além do seu termo previsto. Para FERNANDO PEREZ-ESPINOSA SANCHEZ, este justificação seria errónea porquanto o pré-aviso não transforma o contrato de duração indeterminada num contrato a termo. Para este autor mediante o pré-aviso procura-se não tanto fixar um termo ao contrato de trabalho, como, e sobretudo, permitir ao trabalhador a procura de um novo emprego antes da extinção e ao empregador a substituição tempestiva do trabalhador. Esquecer esta função do pré-aviso e admitir que ele não se suspendesse em caso de doença, serviço militar ou gravidez seria impedir que o trabalhador pudesse encontrar um novo posto de trabalho. Contudo, este mesmo raciocínio leva-o a defender soluções claramente incompatíveis com o nosso direito vigente: assim, entende que não deveria ser possível marcar as férias do trabalhador para o período do pré-aviso, já que as férias visam proporcionar e garantir ao trabalhador um descanso real e tal escopo ver-se-ia comprometido pela necessidade de procurar um novo emprego – ora, como se sabe a nossa lei permite, precisamente, que o empregador altere a marcação das férias e impute no pré-aviso o período de férias.

trabalhador demissionário pode ter um interesse específico a desenvolver o trabalho durante o prazo de pré-aviso: assim, quando acordou com o novo empregador a data de início da sua prestação de modo a respeitar o pré-aviso devido ao precedente empregador"[22]. Com efeito, se o trabalhador, cumprindo o pré-aviso legalmente previsto, programou a sua vida em conformidade, parece-nos inaceitável pretender impor-lhe a ruptura imediata, eventualmente com o seu prejuízo. Além de que o contrato ainda não cessou, já que a declaração extintiva estava sujeita a um termo suspensivo, pelo que, achando-se o contrato em vigor, continua a valer a tutela do posto de trabalho.

Questão mais delicada, ainda que, porventura, com menor interesse prático, é a de saber se o empregador pode "dispensar" o pré-aviso, desta feita, pagando a retribuição correspondente, mas libertando o trabalhador do dever de comparecer e realizar a sua prestação durante o referido período. Ora, é evidente que o empregador pode ter relativamente pouco interesse nesta prestação, dado que nesta fase o trabalhador frequentemente estará pouco motivado e poderá assistir-se a uma deterioração sensível das relações pessoais. Alguns autores estão dispostos a admitir esta solução, desde que, obviamente, não se antecipe a data da cessação e se mantenha a retribuição do referido prazo de aviso prévio[23]; em sentido oposto, pode, todavia, dizer-se que tal solução não deve poder ser imposta unilateralmente ao trabalhador, já que também durante este período se mantém o dever de ocupação efectiva – o empregador pode apenas imputar neste período o gozo de férias ou, por acordo com o trabalhador,

---

[22] RENATA ALTAVILLA, *ob. cit.*, pág. 75. "O trabalhador conta (…) com a existência de pré-aviso; este entra nas suas expectativas, não podendo excluir-se que possa sofrer um prejuízo com o fim antecipado da relação, pelo que a norma que estabelece a obrigação de pré-aviso existe também para assegurar uma certeza do trabalhador". Deve, contudo, admitir-se que o trabalhador possa aceitar essa cessação antecipada. Também MIGUEL RODRÍGUEZ-PIÑERO Y BRAVO-FERRER/ MARIA FERNANDA FERNÁNDEZ LÓPEZ, *La Voluntad del Trabajador en la Extinción del Contrato de Trabajo*, La Ley-Actualidad, 1998, pág. 89, consideram que o pré-aviso opera também em favor do trabalhador.

[23] Segundo informa FRANÇOIS TAQUET, ob. cit., pág. 154, entende-se em França que o empregador tem a faculdade de dispensar unilateralmente o pré-aviso, muito embora tal dispensa tenha que ser expressa claramente e não o exonere do pagamento de todos os salários até ao fim do pré-aviso (artigo L. 122-8 do Code du Travail). Caso seja o trabalhador a solicitar tal dispensa, o empregador pode acordá-la, desaparecendo em tal hipótese a sua obrigação de efectuar o pagamento das retribuições correspondentes ao pré-aviso.

"dispensá-lo" da prestação de trabalho (recorde-se que são também justificadas as faltas autorizadas prévia ou posteriormente pelo empregador). Ainda que porventura excessivamente rigorosa, é esta a tese que leva às últimas consequências o princípio de que o período de pré-aviso é um período de execução do contrato em que se mantêm intactos os direitos e os deveres das partes.

6. A declaração de rescisão do contrato constitui uma declaração negocial receptícia[24], sujeita, nomeadamente, ao regime geral dos vícios da vontade. A vontade do trabalhador de rescindir o contrato deve ser uma vontade séria, inequívoca[25],e bem formada. Compreende-se, assim, que não valham como rescisão comportamentos e declarações do trabalhador que sejam ambíguos, tomados no calor de uma discussão[26], num estado de incapacidade acidental[27], ou quando o trabalhador foi vítima de um erro[28] ou agiu sob coacção. Em França, como em Itália, doutrina e jurisprudência têm-se manifestado no sentido de que a demissão não corresponde a uma vontade genuína e correctamente formada quando resulte de pressões do empregador, da manipulação por este de uma situação tensa. Relativamente a esta última hipótese, um bom exemplo é dado pelo circunstancialismo sobre o qual o Tribunal de Milão se pronun-

---

[24] JORGE LEITE, ob. cit., vol. I, pág. 71, observa, a propósito que "sem este elemento *notificativo* não se produz o efeito pretendido".

[25] Cfr, NATHALIE FERRÉ, *Démission, Rupture Négociée, Transaction*, Editions Liaisons, Rueil-Malmaison, 1997, pág. 15. Não é, por exemplo, inequívoca a atitude de um trabalhador que se limita a informar a sua entidade patronal de que está "à procura de um emprego mais perto de sua casa" (Cass. soc. 28 janvier 1981, referido por FERRÉ, ob. cit., pág. 15)

[26] Cfr. GUY LAUTIER, *Démission, Départ négocié, Licenciement, Retraite, Sanctions*, Maxima, Laurent du Mesnil Éditeur, 6ª ed., Paris, 2002, pág. 25: "lorsque les propos ou agissements du salarié sont dus à une émotion, un mouvement d'humeur, un énervement passager, un désarroi... que celui-ci regrette peu après, ils ne peuvent être interprétés comme la manifestation d'une volonté sérieuse et non équivoque de démissionner". Deste modo, a afirmação por um trabalhador de que se iria demitir (je vais donner ma démission) na sequência de uma altercação com o empregador não foi considerada como traduzindo uma vontade genuína de pôr fim ao contrato (*vide* FRANÇOIS TAQUET, ob. cit., pág. 150).

[27] Assim, por exemplo, no caso relatado por FERRÉ (ob. cit., pág. 17) em que um trabalhador se demitiu na sequência de um acidente de trabalho em que sofreu um traumatismo craniano

[28] Por exemplo, de erro sobre os seus direitos em matéria de subsídio de desemprego na hipótese de demissão (FERRÉ, ob. cit., págs. 17-18).

ciou em decisão de 14 de Fevereiro de 1990[29]: tendo o empregador descoberto em flagrante um furto praticado por uma trabalhadora chamou a polícia e persuadiu-a de que se se demitisse ela não seria presa. A trabalhadora demitiu-se para evitar a prisão imediata, sendo certo que a mesma prisão veio, de todo o modo, a ocorrer[30]. E também em França se considerou que não era atendível a demissão de um trabalhador feita à saída do estabelecimento (um hotel) quando foi surpreendido pela entidade patronal e por polícias com alguns produtos de charcutaria em seu poder[31]. Quanto à ameaça de despedimento ela é tratada como a ameaça do exercício de um direito, não constituindo, por isso, coacção[32]. É frequente na jurisprudência italiana entender-se que a ameaça de despedimento não será equivalente a uma coacção quando as infracções cometidas pelo trabalhador forem de molde a justificar a rescisão do empregador, isto é, representarem justa causa para um despedimento. Se não há justa causa para despedir já parece poder admitir-se a existência de coacção moral. Não falta, contudo, quem considere que existe um vício de vontade relevante na demissão, sempre que o trabalhador tenha sido intimidado, explorando-se um ambiente muito emocional ou um efeito de surpresa e impedindo-se que o trabalhador pudesse realizar uma ponderação serena da sua escolha[33].

[29] cit apud ELISABETTA BRIDA, ob. cit., pág. 228.

[30] Como destaca ELISABETTA BRIDA, ob. cit., pág. 228, quando os factos de que é acusado o trabalhador constituem crime é frequente que ao lado da ameaça de despedir se ameace também com o início de um procedimento criminal. É indiscutível que tal ameaça tem muito maior alcance e força desde logo pela estigmatização social que acompanha o próprio procedimento criminal. Também aqui haverá coacção pelo menos na hipótese de o empregador conhecer a inocência do trabalhador.

[31] Cass. soc. 12 janvier 1984, cit apud FERRÉ, ob. cit., págs. 22-23. FRANÇOIS TAQUET, ob. cit., pág. 151, refere uma demissão para tentar evitar um despedimento e considera que a mesma não é livre e não tem qualquer valor: « la démission pour échapper à un licenciement pour faute grave perd toute valeur. Ainsi, en est-il du salarié qui commet une faute et qui est contraint par l'employeur de donner sa démission (Cass. soc. 5 juin 1990, Farinha c/Da Silva dans l'hypothèse d'une démission donnée par un salarié à la suite d'une accusation de vol par l'employeur) ».

[32] Sobre o tema cfr. ANDREA STANCHI, *Dimissioni condizionate e vizio del consenso del lavoratore sottoposto a procedimento disciplinare*, Rivista Italiana di Diritto del Lavoro 2002, Parte II, págs. 600 e segs. A autora destaca, a propósito, que o normal exercício do poder disciplinar não constitui, em si mesmo, uma forma de pressão psíquica indevida (ob. cit., pág. 602).

[33] Nas palavras da cass. soc. 13 novembre 1986 (*cit apud* FERRÉ, ob. cit., pág. 22) "cette situation était intimidante et comportait un élément émotionnel de nature à mettre

Cabe ao trabalhador alegar e demonstrar que a sua declaração padeceu, por exemplo, de um vício da vontade[34].

Em princípio, a declaração de rescisão, uma vez conhecida da outra parte, só pode ser revogada[35] nos casos estritamente previstos na lei.

7. Uma das questões mais controversas na doutrina portuguesa relativamente à rescisão por iniciativa do trabalhador com aviso prévio é a que se reporta à necessidade ou desnecessidade de forma escrita. Um sector importante da doutrina considera, com efeito, que a rescisão por iniciativa do trabalhador pode ser verbal, sendo que a exigência de documento se referiria apenas ao aviso prévio. Neste sentido pronunciam-se, nomeadamente, PEDRO FURTADO MARTINS[36] e ALBINO MENDES BAPTISTA[37]. Aquele primeiro autor escreve, a propósito, que "a denúncia ou rescisão do contrato de trabalho não está sujeita a qualquer forma (...) a exigência de forma escrita reporta-se ao aviso prévio que deve acompanhar a declaração de vontade dirigida à cessação do contrato e não à declaração extintiva em si", acrescentando que "na verdade, tratam-se de duas coisas distintas", já que "a denúncia (ou rescisão na terminologia legal) consubstancia-se numa declaração de vontade que visa pôr fim ao contrato", enquanto "o aviso prévio representa um termo suspensivo que é aposto a essa declaração, por virtude do qual os efeitos desta são diferidos para momento posterior".

---

l'employé en position d'infériorité et ces conditions de précipitation n'avaient pas été l'expression sereine d'une libre volonté, les juges du fond ont ainsi caractérisée l'existence d'une violence morale génératrice d'un vice du consentement".

[34] FERRÉ, ob. cit., pág. 23, observa que, segundo a jurisprudência francesa"c'est au salarié auteur d'une lettre de démission de prouver qu'il a été soumis à des pressions et que son consentement a été vicié". Também para ELISABETTA BRIDA, ob. cit., pág. 223, é óbvio que o ónus da prova do vício da vontade incide sobre o trabalhador que requer a anulação da demissão, como seu facto constitutivo.

[35] Em França também se afirma que uma rescisão não pode ser revogada desde que a vontade do trabalhador fosse séria e expressa de maneira inequívoca: cfr, FRANÇOIS TAQUET, ob. cit., pág. 150 ("la rétractation ne sera possible que si la démission n'est pas claire").

[36] PEDRO FURTADO MARTINS, *Rescisão pelo Trabalhador. Comunicação Escrita.*, Revista de Direito e de Estudos Sociais 1993, págs. 343 e segs.

[37] ALBINO MENDES BAPTISTA, *Jurisprudência do Trabalho Anotada, relação individual de trabalho*, Quid Juris, 3ª ed., reimpressão, 2000, pág. 865, onde o autor adere à tese de PEDRO FURTADO MARTINS, segundo a qual "a declaração de denúncia não está sujeita a qualquer formalidade, nem sequer *ad probationem*".

Trata-se, contudo, de uma tese que não só nos parece desmentida pela letra da lei, como para a qual não vislumbramos fundamentação suficiente. O artigo 38.º, n.º 1 da LCCT dispõe que "o trabalhador pode rescindir o contrato, independentemente de justa causa, mediante comunicação escrita à entidade empregadora com a antecedência mínima de 30 ou 60 dias (...)". Parece-nos resultar daqui que a comunicação escrita é o meio, o instrumento através do qual – "mediante" o qual – se manifesta a vontade extintiva, acrescentando-se, simplesmente, que tal comunicação escrita (da rescisão) deve ter lugar com uma certa antecedência relativamente ao momento em que produzirá efeitos. E parece-nos evidente que a manifestação extintiva da vontade do trabalhador é bem mais importante, na economia da lei, do que o aviso prévio ao empregador, justificando-se por isso também que a exigência de forma escrita se refira mais ao que é essencial (a extinção do contrato) do que ao que é acessório (o aviso prévio). Sublinhe-se, de resto, que a doutrina estrangeira que se tem debruçado sobre o tema da rescisão do contrato por iniciativa do trabalhador tem amiúde lamentado que nos seus respectivos ordenamentos valha, na matéria, o princípio da liberdade de forma. E isto não só pela vantagens em matéria de prova, mas e sobretudo porque a exigência de forma escrita adverte o trabalhador para a necessidade de uma ponderação séria antes de proferir a referida declaração extintiva. Acresce que a exigência de forma escrita neste caso se harmoniza com idêntica exigência que a lei inequivocamente coloca quando a rescisão do trabalhador se funda em justa causa (artigo 34.º n.º 2 da LCCT) bem como quanto à hipótese de acordo de cessação contemplada no art. 8.º do mesmo diploma.

Questão diversa é a de saber que valor atribuir a uma declaração de rescisão puramente verbal por parte do trabalhador; quanto a nós, no sistema da lei, tal declaração pode relevar na medida em que se enquadre na hipótese de abandono. Queremos com isto dizer que o ordenamento parece distinguir entre, por um lado, uma declaração expressa escrita e o abandono que consiste numa rescisão por factos concludentes, rescisão que será normalmente tácita, mas que também bem pode consistir numa declaração verbal expressa, acompanhada de "factos que revelem com toda a probabilidade a intenção de não retomar o trabalho". Assim, uma declaração verbal do trabalhador do género "vou-me embora", "nunca mais cá ponho os pés" ou até mesmo "demito-me" não é suficiente para só por si fazer cessar o contrato – até porque pode ser proferida no calor de uma discussão e sem a real consciência do seu alcance – mas poderá produzir esse efeito se acompanhada da posterior ausência injustificada do trabalhador e porventura até de outros factos (por exemplo, o trabalhador despede-se dos colegas, esvazia o seu cacifo, retira da secretária fotografias dos seus familiares ou outros objectos pessoais). Em suma, o abandono consiste numa rescisão por factos concludentes que será normalmente, mas não necessariamente, uma rescisão tácita. Como aliás destacou ALONSO OLEA quando referiu que "o abandono pode ocorrer mediante uma declaração expressa seguida de uma conduta inequívoca ou só mediante esta (última) conduta"[38].

8. O ordenamento português prevê, por conseguinte, a rescisão tácita do contrato de trabalho: o abandono[39]. Também entre nós se pode afirmar que "a denominação descreve, mais do que uma particular natureza jurídica, o modo como se manifesta a vontade extintiva"[40]. O abandono consiste numa ausência qualificada do trabalhador, isto é, em faltas injustificadas acompanhadas de factos que "com toda a probabilidade revelem a intenção do trabalhador de não retomar o seu serviço". A intenção há-de revelar-se com toda a probabilidade, não sendo de modo algum suficiente uma mera verosimilhança[41], já que também aqui a vontade de demissão, ainda que tacitamente manifestada, deve ser séria e inequívoca. A vontade extintiva não pode considerar-se a regra mas antes a excepção e como tal deve ser interpretada restritivamente exigindo-se mais do que uma omissão[42]. Como destacou entre nós, por

---

[38] ALONSO OLEA, *Un Problema cada vez mas complejo: la Extinción del Contrato de Trabajo por Voluntad del Trabajador*, Boletim da Faculdade de Direito da Universidade de Coimbra, Vol. LXII, 1986, págs. 215 e segs., pág. 232.

[39] Sobre o abandono permitimo-nos remeter para o nosso estudo, em publicação, sobre "Doença e Contrato de Trabalho", nos Estudos em memória do Professor Raúl Ventura.

[40] MIGUEL RODRÍGUEZ-PIÑERO Y BRAVO-FERRER/ MARIA FERNANDA FERNÁNDEZ LÓPEZ, *La Voluntad del Trabajador en la Extinción del Contrato de Trabajo*, La Ley-Actualidad, 1998, págs. 54 e segs., pág. 72.

[41] MIGUEL RODRÍGUEZ-PIÑERO Y BRAVO-FERRER/ MARIA FERNANDA FERNÁNDEZ LÓPEZ, ob. cit., pág. 73: "uma conduta pode considera-se concludente quando é unívoca, quando mais do que a mera verosimilhança, há uma confiança segura na interpretação da vontade implícita em tal conduta".

[42] Já SMURAGLIA (*cit apud* MIGUEL RODRÍGUEZ-PIÑERO Y BRAVO-FERRER/ MARIA FERNANDA FERNÁNDEZ LÓPEZ, ob. cit., pág. 73) observou que para que o prolongado distanciamento da empresa signifique um abandono não basta a falta de justificação da conduta e que, "para evitar toda a confusão de conceitos é necessário distinguir entre a

exemplo, o Acórdão da Relação de Évora de 14 de Julho de 1998[43] o abandono é não apenas "uma qualificação jurídica que tem de resultar dos factos provados", mas inclusive uma qualificação jurídica a que não se deve proceder com ligeireza, havendo antes "necessidade de se proceder a uma muito apertada qualificação jurídica dos factos, para se não cair nas facilidades de uma analogia proibida" [44] dada a natureza excepcional do artigo 40.º do Decreto-Lei 64-A/89. Deste modo, e nas palavras da Relação de Évora[45], "a ausência ao serviço para constituir abandono do trabalho, tem de traduzir um incumprimento voluntário e injustificado do contrato de trabalho, com intenção de ruptura tácita deste".

A lei não prevê um prazo mínimo para o abandono[46], mas estabelece, apenas, uma presunção ilídivel de abandono, passados 15 dias úteis

---

conduta da qual se pode derivar uma clara intenção de demitir e a conduta que pode servir de fundamento para um despedimento disciplinar".

[43] in Colectânea de Jurisprudência 1998, IV, págs. 285 e segs. Tratou-se de um caso curiosíssimo em que o empregador de um motorista que tivera um acidente de onde tinham resultado danos graves, designadamente no veículo da empresa, e aparentemente por negligência do trabalhador, lhe disse para "ir para casa" e decidir entre uma de duas opções: ou pagava o prejuízo seu bolso ou rescindia ele próprio (o trabalhador) o contrato. O trabalhador foi efectivamente para casa e só regressou no fim do mês para receber a sua retribuição. O Tribunal entendeu que no caso vertente não havia um abandono, mas a declaração do empregador não correspondia tão-pouco a um despedimento: "a declaração em causa, só poderia ser entendida pelo declaratário normal, como contendo uma vontrade implícita de o apelado continuar ao serviço da apelante" e "o declaratário normal teria comparecido, no dia seguinte ou noutro muito próximo, negociando com a apelante uma forma de minorar a gravidade da situação criada para ambas as partes. Porque era óbvio que a entidade patronal o não queria despedir", mas também acalmar os ânimos das pessoas presentes. Insólito, parece-nos, é o argumento de que "tendo em consideração que se trata de uma empresa com razoável dimensão no ramo comercial e industrial que explora é legítima a presunção (art. 351.º do CC) de que os respectivos responsáveis sabem que, para aplicar a um trabalhador uma pena e, no caso, a mais grave de todas as penas disciplinares – o despedimento, com justa causa – há um processo disciplinar a seguir e que, até, em casos da gravidade do dos autos, há a possibilidade de suspender a prestação de trabalho, enquanto correm os termos do processo" .

[44] Ob. cit., pág. 286.
[45] Acórdão da Relação de Évora de 21 de Outubro de 1997, in Colectânea de Jurisprudência, 1997, IV, págs. 301 e segs., pág. 301.
[46] Assim também PEDRO FURTADO MARTINS, A Cessação do Contrato de Trabalho, Principia, Cascais 1999, pág. 174: "A lei não exige uma duração mínima de ausência para que possa existir abandono do trabalho". Assim, se após quatro dias de não comparência ao trabalho a entidade empregadora tem conhecimento que um trabalhador se ausentou

consecutivos de ausência sem notícias do trabalhador. Não basta ao trabalhador demonstrar que havia um motivo justificativo para as faltas para ilidir a referida presunção, antes se exigindo que o trabalhador invoque e demonstre que esteve impossibilitado de comunicar o motivo da sua ausência durante esse tempo[47]. E para poder invocar o abandono – que equivale, como se disse, a uma rescisão tácita por parte do trabalhador[48] – o empregador terá de enviar uma carta registada com aviso de recepção para a última morada conhecida do trabalhador.

Em todo o caso, o empregador não poderá invocar o abandono se souber que a ausência sem notícias do trabalhador não traduz qualquer intenção deste de rescindir o seu contrato, mas se deve, por exemplo a doença, tendo sido já decidido, inclusive, que não se deve permitir a invocação do abandono numa situação em que a entidade patronal por conhecer as perturbações mentais de que o trabalhador padecia, podia perfeitamente calcular o motivo do seu silêncio.

Embora a lei não o diga, estamos em crer que apenas a entidade patronal pode invocar o abandono. Suponha-se a seguinte hipótese, aliás muito próxima de uma situação real sobre a qual os Tribunais portugueses tiveram já de se pronunciar: um trabalhador faz a comunicação por escrito à entidade patronal da sua decisão de rescindir o contrato, pretensamente com o pré-aviso que deveria dar, no caso 60 dias. Contudo, volvidos 15 dias de trabalho, acaba por desaparecer. Terminado o prazo de aviso prévio, o empregador envia-lhe uma carta, informando-o de que

---

para um país estrangeiro após ter solicitado e obtido licença de residência e de trabalho nesse país pode invocar o abandono.

[47] Acórdão da Relação de Coimbra de 5 de Janeiro de 1995, in Colectânea de Jurisprudência 1995, I, págs. 66 e segs., pág. 67: "Para beneficiar da presunção legal de abandono do trabalho a entidade patronal tem de alegar e provar tão somente que o trabalhador faltou durante quinze dias úteis seguidos sem apresentar justificação (...) o trabalhador é admitido a provar que não teve qualquer intenção de não retomar o serviço. Para o efeito terá, contudo, de alegar e provar a ocorrência de motivo de força maior impeditivo da comunicação da ausência. Não basta, assim, que o trabalhador prove os factos determinantes da sua ausência para que se possa considerar ilidida a referida presunção legal. Necessário é que alegue e prove que no caso concreto agiu com a necessária diligência própria de uma pessoa normal medianamente prudente, avisada e cuidadosa e que só por razões que não lhe são imputáveis, foi impedido de cumprir o dever de comunicar o motivo da sua ausência".

[48] Já BERNARDO DA GAMA LOBO XAVIER, *Notas sobre o abandono do lugar nas relações de trabalho privadas*, RDES 1978, págs. 149 e segs., pág. 150, dizia que "o que se passa afinal é que ocorreu uma verdadeira declaração extintiva, ainda que tácita".

por não ter cumprido parcialmente o prazo de aviso prévio iria efectuar uma compensação entre as importâncias devidas ao trabalhador (a título, por exemplo, de subsídio de férias ou de Natal) e a remuneração-base correspondente ao período de aviso prévio em falta. O trabalhador responde afirmando que o que se verificou na realidade não foi uma rescisão com aviso prévio (parcialmente incumprido), mas antes um abandono que, todavia, o empregador está impedido de invocar por não ter efectuado a respectiva comunicação com carta registada para a última morada conhecida do trabalhador. Deverá considerar-se procedente esta argumentação? Na esteira de alguma jurisprudência, pensamos que não. A lei faculta ao empregador a possibilidade de invocar o abandono (e podê-lo-ia ter feito, segundo cremos, no caso vertente), mas não lhe impõe esse ónus: o empregador pode, se assim o desejar, invocar o abandono do trabalhador – o que será normalmente mais expedito e mais simples, sobretudo se já se beneficia da presunção de abandono por já terem passado 15 dias úteis consecutivos de faltas injustificadas, mas também não é destituído de riscos – como pode, por exemplo, despedir por faltas injustificadas ou, no caso em análise, deixar que a rescisão sujeita a termo suspensivo do trabalhador produza os seus efeitos na data devida. Acreditamos que tem, por isso, razão o Tribunal da Relação do Porto quando afirma que só a entidade empregadora pode invocar essa forma de cessação do contrato[49].

9. A liberdade de rescisão por iniciativa do trabalhador apresenta-se como uma liberdade irrenunciável e de ordem pública. Contudo, tal não significa que não possa sofrer compressões: é o que se passa, em homenagem ao investimento avultado realizado na formação profissional do trabalhador com as cláusulas de permanência reguladas no artigo 36.º da LCT[50], bem como em algumas relações especiais em que a personalidade e as condições profissionais do trabalhador desempenham um papel decisivo, como sucede com os desportistas profissionais em que o fim prematuro da prestação laboral "constitui, pela sua própria natureza, um incumprimento contratual por poder ser particularmente danoso para o empregador"[51].

---

[49] Acórdão da Relação do Porto de 5 de Junho de 2000, Processo n.º 464/2000, in Grande Enciclopédia de Jurisprudência.
[50] Sobre os pactos de permanência *vide* entre nós, por todos, JORGE LEITE, ob. cit., vol. I, págs. 90 e segs.
[51] MIGUEL RODRÍGUEZ-PIÑERO Y BRAVO-FERRER/ MARIA FERNANDA FERNÁNDEZ LÓPEZ, ob. cit., pág. 59.

O n.º 3 do artigo 36.º da LCT admite a licitude da cláusula – sem se referir à necessidade de escrito – pela qual o trabalhador se obriga a não se desvincular durante um determinado período de tempo não superior a três anos como compensação de despesas extraordinárias realizadas na sua preparação profissional. Embora a lei não lhe dê um nome, pensamos poder apelidá-la, à semelhança de doutrina nacional[52] e estrangeira, de cláusula de permanência. Através dela o trabalhador obriga-se a não denunciar o contrato, renunciando, pois, à "demissão livre", isto é, ao que a nossa lei chama de rescisão sem justa causa por iniciativa do trabalhador[53]. Fica intocada a possibilidade de rescindir o contrato com justa causa.

A cláusula deve ter-se por excepcional num sistema como o nosso baseado na liberdade de emprego e aparece como contrapartida de um investimento significativo e excepcional – "despesas extraordinárias" – realizado pelo empregador que custeia, por exemplo, um curso de formação profissional, um estágio no estrangeiro. É, portanto, imprescindível que o empregador tenha suportado um custo real e efectivo com a formação e que esta não tenha sido simplesmente realizada com fundos ou subsídios públicos[54]. A lei não prevê aqui uma compensação pecuniária para o trabalhador porque a cláusula representa, ela própria, a contrapartida de um investimento já realizado ou que terá de o ser sob pena de ineficácia do dever de permanência previsto na cláusula. Não nos repugna, por isso, aderir àquela doutrina espanhola que entende que o prazo limite deve contar-se a partir do fim do estágio ou acção de formação profissional custeados pelo empregador (sobretudo se estes tiverem lugar nas instalações de outrem) porque só com o fim do curso ou estágio é que o empregador poderá receber o "retorno" do seu investimento[55]. Mais uma vez, e à semelhança do que sucede com as cláusulas de não concorrência, parece-nos que a cláusula poderá ser inserida no contrato de tra-

---

[52] MÁRIO PINTO, PEDRO FURTADO MARTINS e ANTÓNIO NUNES DE CARVALHO, *Comentário às Leis do Trabalho*, cit., pág. 173.

[53] Cfr. FRANCISCO JAVIER GÓMEZ ABELLEIRA, *Pactos de no Concurrencia y de Permanencia (En torno a los artículos 5.d) y 21*, in El Estatuto de los Trabajadores, Veinte años después, Edición Especial del número 100 de Revista Española de Derecho del Trabajo, 2000, págs. 277 e segs., pág. 284.

[54] ROSA QUESADA SEGURA, *Comentário ao artigo 21*, in Comentario al Estatuto de los Trabajadores, dirigido por José Luis Monereo Pérez, Comares, Granada, 1998, pág. 330.

[55] FRANCISCO JAVIER GÓMEZ ABELLEIRA, ob. cit., pág. 285.

balho durante a sua execução e não apenas aquando da sua celebração[56], sendo até plausível que a sua aceitação pelo trabalhador surja como condição da realização das "despesas extraordinárias" a que a lei se refere.

Pode questionar-se, apesar do silêncio da lei a propósito, se a cláusula poderá ser inserida em qualquer contrato de trabalho e em qualquer fase deste. Assim, poder-se-á incluir uma cláusula de permanência de três anos num contrato a termo de um ano ou num contrato a termo incerto, limitando aqui já não a faculdade de o trabalhador rescindir o contrato sem aviso prévio, mas mesmo a possibilidade de invocar a caducidade, e criando-se, deste modo, um dever unilateral de renovação (na hipótese de contrato a termo de um ano)? A jurisprudência espanhola tem respondido afirmativamente[57]. Como o dever que resulta da cláusula de permanência é unilateral, só impende sobre o trabalhador, pode resultar também daqui uma assimetria de posições que conflitue com o paradigma de que a lei partiu ao regular certas situações: pense-se no período experimental ou na comissão de serviço.

Se o trabalhador violar a cláusula de permanência e se desvincular sem justa causa antes de esgotado o prazo a que se obrigou a permanecer na empresa ficará obrigado a indemnizar a entidade patronal, indemnização que acrescerá à que resulte de um eventual incumprimento do prazo de aviso prévio. A referência da lei à possibilidade de o trabalhador se desobrigar, restituindo "a soma das importâncias despendidas" reveste-se de interesse sob vários aspectos: em primeiro lugar, porque parece acarretar a redução de uma eventual cláusula penal[58] àquele montante; e, em segundo lugar, porque parece sugerir que o trabalhador terá de restituir a totalidade das importâncias mesmo que já tenha estado ao serviço do empregador durante uma parte substancial do prazo a que se vinculou, o que se nos afigura uma solução desproporcionada e infeliz[59]. Se o traba-

---

[56] Assim, expressamente, JORGE LEITE, ob. cit., vol. I, pág. 90: "a cláusula de permanência tanto pode ser contemporânea como posterior à conclusão do contrato".

[57] ROSA QUESADA SEGURA, ob. cit., pág. 330; a autora critica, aliás, a decisão do Tribunal Supremo de 18 de Outubro de 1996.

[58] Em matéria de cláusulas penais deve ter-se presente que tais cláusulas não devem pôr em risco o princípio de ordem pública que é constituído pela liberdade de desvinculação do trabalhador. Sobre o tema, cfr. DENIS MAZEAUD, *La notion de clause pénale*, LGDJ, Paris, 1992, págs. 121 e segs.

[59] Parece-nos, ainda, embora se deva reconhecer que a solução face aos dados legais positivos é duvidosa, que também entre nós deve valer doutrina idêntica à que o STS espanhol já teve ocasião de defender: se o trabalhador tiver permanecido ao serviço

lhador violar a cláusula deve entender-se que – desde que dê o aviso prévio legal de 30 ou 60 dias – o dano a ressarcir não abrangerá o lucro cessante, estando limitado antes ao dano emergente, isto é, ao custo da formação ministrada como resulta da possibilidade legalmente reconhecida de o trabalhador poder desvincular-se restituindo ao empregador as somas despendidas na sua formação profissional.

Parece-nos, ainda, embora se deva reconhecer que a solução face aos dados legais positivos é duvidosa, que também entre nós deve valer doutrina idêntica à que o STS espanhol já teve ocasião de defender: se o trabalhador tiver permanecido ao serviço do empregador depois de recebida a formação durante uma parte da duração prevista do pacto de permanência – duração que não pode entre nós exceder os três anos – permitindo que o empregador receba um "retorno" ainda que parcial da formação ministrada, tal circunstância deve ser tida em conta ao aferir-se a indemnização a que o empregador terá direito.

10. Quando a justa causa de rescisão por iniciativa do trabalhador consiste num comportamento culposo da entidade patronal há uma clara tentação de concebê-la de modo praticamente simétrico à justa causa de despedimento disciplinar promovido pelo empregador. Num caso e noutro exige-se um comportamento culposo da contraparte e um comportamento com consequências graves que tornem praticamente impossível a subsistência da relação. Parece-nos, também, que esta impossibilidade deve ser entendida como uma inexigibilidade à luz do princípio da boa fé. Existe, assim, um núcleo comum aos dois conceitos que torna compreensível a remissão legal. Contudo, a similitude existente e que, até certo ponto, se nos afigura inegável, não deve fazer-nos esquecer, na nossa opinião, que os dois conceitos não são absolutamente simétricos ou idênticos. Não o são, desde logo, pela técnica legislativa aparentemente adoptada já que enquanto no despedimento disciplinar com justa causa o legislador enuncia uma cláusula geral seguida de uma enumeração

---

do empregador depois de recebida a formação durante uma parte da duração prevista do pacto de permanência – duração que não pode entre nós exceder os três anos – permitindo que o empregador receba um "retorno" ainda que parcial da formação ministrada, tal circunstância deve ser tida em conta ao aferir-se a indemnização a que o empregador terá direito. JORGE LEITE, ob. cit., vol. I, pág. 91, considera, precisamente, que "a obrigação de restituir quando exista, deve ser reduzida proporcionalmente ao tempo de serviço posterior à conclusão da preparação profissional".

exemplificativa, na justa causa para rescisão imediata e com direito a indemnização por parte do trabalhador a técnica legislativa adoptada parece consistir antes numa enumeração taxativa[60]. No entanto, as diferenças podem ser bem mais profundas. É certo que em ambos os conceitos de justa causa está presente, como se disse, uma noção de inexigibilidade. Todavia, não resulta daqui que uma violação concreta dos direitos da contraparte tenha de atingir a mesma intensidade para se considerar inexigível a continuação da relação num caso e noutro.

Deve observar-se, em primeiro lugar, que o despedimento disciplinar é a última das sanções disciplinares existentes a que só se deve lançar mão quando não for exigível a aplicação de uma outra. O empregador dispõe, por conseguinte, de outros meios de autotutela, bem podendo suceder que no caso concreto baste uma sanção disciplinar "conservatória". Acresce que a natureza do despedimento como sanção disciplinar última resulta da tutela constitucionalmente garantida do posto de trabalho, como entre nós já LEAL AMADO[61] fez notar. Além disso, e em segundo lugar, ao decidir da justeza e da oportunidade de um despedimento têm-se em conta não apenas factores individuais – como o grau de culpa em concreto daquele trabalhador ou o seu passado disciplinar – mas também as consequências do comportamento do trabalhador na organização em que normalmente está inserido, a perturbação da "paz da empresa"

---

[60] ANTÓNIO MONTEIRO FERNANDES, ob. cit., pág. 585, fala de uma "enumeração aparentemente taxativa", ainda que critique a solução legal. Em sentido contrário, pronunciou-se PEDRO ROMANO MARTINEZ, *Direito do Trabalho*, Almedina, Coimbra, 2002, pág. 887, para quem o elenco legal do n.º1 do art. 35.º do DL 64-A/89 "não é redutor, podendo outras violações do contrato ou o desrespeito da lei consubstanciar justa causa de rescisão", ao contrário do disposto no n.º 2 em que o elenco seria taxativo (ob. cit., pág. 889) por estar em jogo uma justa causa objectiva.

[61] JOÃO LEAL AMADO, *Comentário ao Acordão do Tribunal da Relação de Coimbra de 2 de Maio de 1991*, in Revista do Ministério Público 1992, n.º 51, págs. 159 e segs. O autor observa – em termos que reputamos inteiramente exactos que "a tese segundo a qual a noção legal de justa causa de despedimento deve ser "exportada" para o domínio da rescisão do contrato pelo trabalhador parece-me (...) de rejeitar: a ideia de configurar a justa causa como uma categoria genérica, aplicável, nos mesmos termos, para trabalhador e entidade patronal (a chamada "concepção bilateral e recíproca" de justa causa) era de facto acolhida pela LCT, mas foi completamente aniquilada pela CRP; esta, acentuando a estabilidade do emprego no que toca ao despedimento e a liberdade de trabalho no que toca à rescisão, tornou nítido que **os valores e interesses em presença diferem profundamente**, consoante o contrato cesse por iniciativa de uma ou outra das partes" (o sublinhado é nosso).

e, inclusive, até certo ponto, considerações de igualdade ou proporcionalidade de tratamento[62]. E não se deve esquecer que, teoricamente, a justa causa para despedir pode até não consistir na violação culposa dos direitos da entidade patronal: na realidade, a lei admite que a justa causa possa consistir na lesão séria de interesses da economia nacional. Parece-nos, pois, que o poder disciplinar, ao contrário do que por vezes se afirma, não está funcionalizado à estrita defesa de interesses subjectivos do empregador, mas em alguma medida transcende tais interesses para ter também em conta o interesse da colectividade representada pelo estabelecimento ou até da comunidade. E isto sem pôr de parte que em certos casos o exercício do poder disciplinar apareça como um genuíno dever para o empregador.

A situação do trabalhador que rescinde o seu contrato de trabalho é, quanto a nós, marcadamente distinta. Em primeiro lugar, porque o trabalhador não dispõe, muitas das vezes, de outro mecanismo de autotutela. Atento o espaço residual e exíguo que a excepção de não cumprimento parece desempenhar no contrato de trabalho, e como o trabalhador não dispõe ao menos formalmente de outros mecanismos "sancionatórios" é possível que não lhe reste, frequentemente, grande alternativa entre conformar-se com um comportamento culposo e lesivo do empregador – correndo o risco de que a sua atitude de resignação ou tolerância seja confundida com uma aceitação tácita – ou rescindir o contrato.

11. A lei contempla a possibilidade de o trabalhador rescindir o seu contrato de trabalho com fundamento num facto culposo da entidade

---

[62] Também ALTAVILLA, ob. cit., pág. 35, defende a inexistência de simetria, mas com uma argumentação um pouco distinta desta: a justa causa para o despedimento pressupõe um incumprimento das obrigações contratuais que pela sua gravidade justifica a prevalência do interesse do empregador na extinção da relação de trabalho, apesar do interesse eventual do trabalhador na tutela da estabilidade do posto de trabalho. O interesse do trabalhador demissionário na cessação imediata da relação surge **sem que se ponha sequer a questão de confrontá-lo ou compará-lo com o interesse do empregador na continuação da relação**. Não haveria, pois, simetria com o conceito de justa causa em matéria de despedimento. ANTONIO MUNDO, ob. cit., pág. 49, n. 14, por seu turno, observa que "no que respeita ao incumprimento pelo empregador as graduações subjectivas e as diferentes intensidades possíveis do elemento psicológico mostram uma relevância menor que o que sucede nas diversas hipóteses de incumprimento pelo trabalhador, de resto sancionáveis através de uma variada gama de sanções disciplinares".

empregadora que torne também aqui inexigível a subsistência da relação laboral. Trata-se de situações apodadas comummente pela doutrina como "despedimento indirecto". E isto porque nestas situações de despedimento indirecto, ou provocado, o trabalhador é como que forçado a demitir-se pela violação culposa e grave dos seus direitos, de tal modo que não falta quem considere que só na aparência é que nesses casos o despedimento é imputável ao trabalhador[63]. O que é certo, quanto a nós, é que a ampliação da tutela do posto de trabalho e da protecção face ao despedimento implicou uma correlativa ampliação da noção de despedimento indirecto ou, como no direito anglo-saxónico se diz, do "constructive dismissal"[64]. E isto porque, de outro modo, o empregador teria interesse em violar de forma grosseira e reiterada direitos fundamentais do trabalhador, de modo a impeli-lo a uma rescisão que, formalmente, se apresentaria como uma rescisão da iniciativa do trabalhador. E daí a necessidade de prever, também nestes casos, o direito do trabalhador a uma indemnização quando a sua rescisão se funda numa violação culposa dos seus direitos e garantias. Neste aspecto, contudo, deve reconhecer-se que a lei portuguesa ficou aquém do que devia e que existe hoje um desfasamento dificilmente explicável entre as consequências de um despedimento ilícito e as de uma

---

[63] Sobre o tema, no direito alemão, cfr. ROLF BIRK, *Die provozierte Auflösung des Arbeitsverhältnisses*, Festschrift für Wolfgang Zöllner, Carl Heymanns Verlag K.G.,Köln, 1998, vol. II, págs. 687 e segs. Segundo este autor, o direito alemão praticamente não trata deste tema: o BGB regulamenta apenas, de modo marginal, no § 628 números 1 e 2, na resolução excepcional, algumas consequências tais como a indemnização e a pretensão salarial.

[64] Sobre esta figura cfr., por todos, GWYNETH PITT, *Employment Law*, Sweet & Maxwell, London, 2000, 4ª ed., págs. 239 e segs. São considerados como tal as situações em que "the employee terminates the contract... (with or without notice) in circumstances in which he is entitled to terminate it without notice by reason of the employer's conduct" (Employment Rights Act 1996, section 95(1)(c)). Os Tribunais ingleses começaram por considerar que tal só ocorreria perante um incumprimento grave do contrato ("fundamental breach of contract") pelo empregador, mas acabaram por adoptar uma perspectiva mais generosa segundo a qual a demissão de um trabalhador deve ser tratada como um despedimento sempre que fique a dever-se a uma conduta irrazoável do empregador que ponha em causa a confiança mútua entre as partes e torne impossível a subsistência do contrato. Assim, já se deu relevância a uma acusação infundada de furto contra um trabalhador com muitos anos de bons e leais serviços (*Robinson v. Crompton Parkinson*) ou à inércia do empregador que não tomou medidas após um trabalhador se ter queixado das condições de trabalho, mais precisamente do fumo de tabaco que era forçado a inalar como fumador passivo num espaço fechado (*Waltons & Morse v. Dorrington*).

demissão fundada num comportamento ilícito do empregador. Assim se uma entidade patronal despede sem justa causa – ou até sem o necessário procedimento – uma trabalhadora grávida, lactante ou puérpera terá de lhe pagar o dobro da indemnização normal, do mesmo modo que a indemnização será também paga em dobro se o despedimento for abusivo, ao passo que quando o trabalhador se demite, por mais grosseira e violenta que seja a violação dos seus direitos, parece existir apenas lugar à indemnização-regra de um mês de remuneração de base por cada ano de antiguidade ou fracção com um mínimo de três. Acresce que não há lugar ao "salário de tramitação" e, por conseguinte, o trabalhador não tem direito às retribuições que deixou de auferir desde o momento em que ele próprio rescindiu o contrato até à data da sentença. Em suma, e como fez notar MARCELLA NICOLINI[65], tem-se criado – como se vê, o fenómeno não é, de modo algum, restrito a Portugal – uma crescente disparidade de tratamento entre trabalhadores despedidos sem justa causa, ilicitamente, e trabalhadores que se demitem com justa causa como violação culposa dos seus direitos, disparidade em tudo prejudicial a estes últimos e que, na opinião desta autora, suscita até sérios problemas de constitucionalidade. Seria, por conseguinte, preferível que nestas situações o juiz pudesse – à semelhança do que ocorre em França – "requalificar" a demissão, tratando-a antes como um verdadeiro despedimento

12. A nossa lei estabelece um prazo relativamente apertado para que o trabalhador, ocorrendo justa causa, possa rescindir o contrato de trabalho: o trabalhador deve, efectivamente, rescindir o contrato por escrito com indicação sucinta dos factos no prazo de 15 dias a partir da data em que deles teve conhecimento. Trata-se, como é sabido, de um prazo bem mais curto do que aquele que o empregador dispõe para decidir se aplica ou não uma sanção disciplinar, porquanto o prazo de caducidade da infracção disciplinar é de 60 dias a contar do conhecimento da infracção pela entidade patronal ou superior hierárquico com competência disciplinar. Boa parte da doutrina que se ocupou do tema da demissão do trabalhador tem sublinhado que esta demissão apresenta uma estrutura e uma função diferentes relativamente ao despedimento porque o trabalhador sofre, normalmente, uma grande desvantagem com a cessação imediata da

---

[65] MARCELLA NICOLINI, *La Dimissioni per Giusta Causa*, Archivio Civile, 1997, págs. 3 e segs., pág. 5

relação de trabalho, mesmo quando esta se ficou a dever à sua iniciativa com a consequência lógica de que "o princípio da imediação deve encontrar uma aplicação menos rigorosa na hipótese de rescisão por iniciativa do trabalhador"[66]. Já a Pretura de Bologna decidiu, em sentença de 25 de Julho de 1987, que "no caso de demissão, o princípio da imediação deve ser entendido em sentido relativo e pode ser compatível com um intervalo de tempo necessário para valorar o comportamento do empregador que constitui a causa da demissão". Acresce que não apenas o trabalhador tem de ter tempo para aferir da gravidade relativa do incumprimento da entidade patronal[67] e para reflectir sobre as consequências para si da perda do posto de trabalho, como também, por vezes, este incumprimento é continuado ou, até, vai-se agravando gradual e paulatinamente. Bem pode suceder, efectivamente, que a entidade patronal cometa pequenos desvios contratuais que se vão depois agudizando ou, inclusive, tornando-se crónicos à medida que a relação laboral se vai prolongando. Pense-se numa entidade patronal que de maneira sistemática paga a retribuição com um pequeno atraso culposo: o empregador, sem nunca atingir o atraso dos 30 dias contemplado na lei dos salários em atraso, paga a retribuição sempre com 5-6 dias de atraso; isoladamente nenhum destes pequenos incumprimentos parecerá representar justa causa para a demissão do trabalhador.

Mais ainda, o trabalhador acha-se frequentemente entre a espada e a parede sob vários aspectos: se não rescinde o contrato de trabalho, expõe-se ao risco de, mais tarde, se entender que anuiu ou concordou, mesmo que tacitamente, com a mudança, mais ou menos gradual, das suas condições de trabalho[68]: do seu local de trabalho, das componentes da sua retribuição, etc. Se rescindir o contrato de trabalho imediatamente, invocando justa causa, expõe-se ao risco de o Tribunal vir a considerar que a situação não era, no fim de contas, intolerável, com a possível

---

[66] ALTAVILLA, ob. cit., pág. 78.

[67] Como refere ALBINO MENDES BAPTISTA, *Transferência do Local de Trabalho – Significado da Apresentação do Trabalhador no Novo Local*, Prontuário de Direito do Trabalho n.º 53, págs. 59 e segs., pág. 65: "os factos que justificam a rescisão precisam de avaliação por parte do trabalhador. Isso basta para que se exija não só um conhecimento, mas também uma valoração".

[68] Como observa NATALE MARIO LAROCCA, *Sulla Giusta Causa di Dimissioni*, Studi Parmensi, vol. XLIII, 1997, págs. 107 e segs., pág. 118, "o comportamento temporariamente tolerante do trabalhador não pode ser considerado preclusivo da possibilidade de utilizar a demissão".

consequência de se entender que a sua rescisão imediata carecia de justa causa, pelo que é o próprio trabalhador quem tem de indemnizar o empregador pelo incumprimento do aviso prévio. Em suma, o trabalhador não apenas tem que assumir a perda do posto de trabalho, por decisão sua, como também o risco de vir a ter que pagar uma indemnização ao empregador. Ao menos este último risco esbater-se-ia caso se facultasse ao trabalhador, mesmo tendo justa causa, rescindir com aviso prévio ou se existisse entre nós a possibilidade concedida pela lei espanhola de o trabalhador continuar a trabalhar enquanto propõe em tribunal uma acção de rescisão do contrato de trabalho com justa causa[69].

13. Importa, igualmente, ter em conta que a determinação ou a individualização do momento a partir do qual se deve contar o prazo dos 15 dias é agravada pela circunstância de que, por um lado, muitas das violações dos direitos e garantias dos trabalhadores têm uma natureza continuada e, por outro lado, só a sua vivência concreta permite ao trabalhador, por vezes, aperceber-se da real dimensão do prejuízo sofrido – até porque, como já se disse, certas violações podem ir-se intensificando gradualmente. Sirva de exemplo o caso entre nós decidido pelo Supremo Tribunal de Justiça no seu Acórdão de 23 de Maio de 2001[70]: tratou-se aí de um caso em que o empregador reduziu unilateralmente a retribuição – ao retirar o uso da viatura que estava, até, contratualmente previsto, viatura que podia ser utilizada também para a satisfação de necessidades pessoais do trabalhador[71] – e violou gravemente o dever de ocupação

---

[69] Sobre esta possibilidade de resolução do contrato por via judicial, cfr., por todos, ANA M.ª DE MIGUEL LORENZO, *La extinción causal del contrato de trabajo por voluntad del trabajador*, Civitas, Madrid, 1993, págs. 118 e segs. É evidente que a solução espanhola também comporta desvantagens, continuando o trabalhador ao serviço num momento em que já intentou a acção judicial e, por conseguinte, em que as relações interpessoais se deterioraram.

[70] In Colectânea de Jurisprudência, Acórdãos do Supremo Tribunal de Justiça, Ano IX, 2001, Tomo II, págs. 283 e segs.

[71] O Acórdão refere expressamente como fazendo parte da matéria expressamente provada que "foi objecto de expressa negociação entre as partes, satisfazendo a Ré as propostas contratuais do Autor, para que este ingressasse ao seu serviço, que a este fosse reconhecido o direito de utilizar o veículo da empresa" e isto "tanto quando se encontrava ao serviço da Ré, como também para uso exclusivamente pessoal do Autor, incluindo deslocações de casa para o emprego e vice-versa, e as feitas em fins-de-semana e férias" (pág. 283).

efectiva ao colocar "o Autor num gabinete onde ninguém mais se encontrava, instalado apenas com uma secretária, uma cadeira, um ficheiro e um armário fechado e sem telefone ou outro meio de comunicação"[72], tendo proibido o trabalhador de efectuar quaisquer contactos com os clientes e não lhe tendo dado tarefas para executar, já que "apenas uma vez [ordenou] ao Autor que procedesse à mera operação aritmética de soma de valores constantes do balancete contas/correntes de 30 de Novembro de 1997". A questão mais delicada face à gravidade dos comportamentos do empregador foi, precisamente, a de saber se já se tinha verificado o prazo de caducidade para que o trabalhador pudesse rescindir imediatamente e com direito a indemnização o seu contrato. Os dados de facto eram efectivamente complexos: por um lado, o trabalhador tinha recebido a 28 de Novembro de 1997 a carta que lhe ordenava que deixasse na empresa a viatura automóvel e que estabelecia que o trabalhador passaria a exercer as suas funções apenas nas instalações da empresa. Poucos dias depois a Ré colocou o Autor no gabinete já referido. O trabalhador foi para férias e esteve de férias de 12 de Dezembro de 1997 a 2 de Janeiro de 1998 e foi quando regressou de férias que rescindiu o seu contrato de trabalho. A decisão do tribunal, a de que o prazo de caducidade ainda não tinha decorrido, funda-se em dois motivos que no caso convergiam, mas que representam razões diferentes, embora complementares: por um lado, a violação dos direitos do trabalhador assumiam uma natureza continuada. Nestes casos e a não ser que o comportamento do trabalhador possa genuinamente ser compreendido como uma aceitação tácita, parece insólito admitir que o empregador possa persistir na violação, por exemplo, de direitos e garantias do trabalhador com o argumento de que este não reagiu num prazo de 15 dias. Como o tribunal refere "revestindo a natureza de retribuição é evidente que o seu não pagamento (concessão do uso do veículo) reveste natureza de ilícito continuado pelo que o seu conhecimento para efeitos de contagem do prazo de caducidade se renova permanentemente, enquanto a situação de incumprimento se mantiver" (e o mesmo se afirmou no Acórdão a respeito da violação do dever de ocupação efectiva). Tanto bastaria para que no caso não se pudesse considerar caducado o prazo de 15 dias, uma vez que a infracção continuada não tinha ainda cessado quando o trabalhador rescindiu o seu contrato. No entanto, o Tribunal desenvolveu uma outra

---

[72] Ob. cit., pág. 284.

linha de argumentação, que se nos afigura também ela inteiramente correcta: ínsita na justa causa da rescisão por iniciativa do trabalhador está também uma ideia de inexigibilidade de continuação da relação (ainda que, porventura, esta inexigibilidade não se deva aferir exactamente pelos mesmos critérios e com o mesmo rigor da inexigibilidade presente na justa causa para despedimento). No entanto, para que comece a contar o prazo para a rescisão do contrato é necessário que o trabalhador tenha já conhecimento de todos os factos[73] que lhe permitam ajuizar da seriedade, da dimensão da lesão dos seus direitos. Acresce ainda que, no período de férias, o trabalhador não tinha, como o Acórdão bem refere, contacto com a entidade patronal e "não saberia se as restrições impostas se mantinham ou se a mesma entidade patronal tinha modificado a sua actuação". Em suma, entendeu-se, muito correctamente na nossa opinião, que "o prazo de caducidade (...) impõe não só que se dê tempo suficiente para que o trabalhador possa, pela continuidade da violação, aperceber-se da impossibilidade de manutenção da relação laboral, como se considere que só releva para esse efeito o período de tempo em que o mesmo trabalhador possa aperceber-se da continuidade daquela mesma violação"[74].

Sublinhe-se, ainda, que a circunstância de ter já decorrido o prazo de caducidade quando o trabalhador rescinde o contrato não acarreta automaticamente a inexistência de uma justa causa para a rescisão imediata, mas apenas que o seu pedido de indemnização não pode proceder. Em suma, seria simplista e mecânico considerar que porque já decorreram os 15 dias deveria proceder automaticamente qualquer pedido reconvencional do empregador que viesse solicitar uma indemnização pelo incumprimento do aviso prévio. Como seria igualmente simplista supor que porque o trabalhador em vez de rescindir por escrito comunicou telefonicamente a sua decisão, a sua rescisão deveria ser tratada como se não tivesse justa causa, ainda que esta tivesse efectivamente

---

[73] Comparar com o Acórdão do Supremo Tribunal de Justiça de 2 de Outubro de 1996, transcrito e comentado por ALBINO MENDES BAPTISTA, *Jurisprudência do Trabalho Anotada*, cit., págs. 851 e segs., em cujo sumário se pode ler que "nas hipóteses assentes em situações de efeitos duradouros, susceptíveis de agravamento com o decurso do tempo, deve entender-se que o referido prazo de 15 dias se inicia, não no momento do conhecimento da mesma materialidade dos factos, mas, sim, quando no contexto da relação laboral assumem tal gravidade que a subsistência do contrato de trabalho se torna imediatamente impossível, no sentido de, a partir desse momento, não ser exigível ao trabalhador, perante os factos assim considerados, a manutenção do vínculo".

[74] Ob. cit., pág. 284.

existido[75]. Porventura ainda mais longe vai o Acórdão da Relação de Évora de 24 de Setembro de 2001[76] onde se pode ler que "como regra absoluta não deva ser reconhecido à parte patronal o direito à indemnização por falta de aviso prévio quando a rescisão se dá, pela forma legalmente exigida, com invocação pelo trabalhador de justa causa, que depois vem a improceder em juízo". Nesta perspectiva caberá à entidade patronal que pretenda ser indemnizada "demonstrar que os factos alegados pelo trabalhador não correspondiam à verdade"[77].

14. O atraso no pagamento pontual das retribuições constitui justa causa para a rescisão do trabalhador, podendo este, por conseguinte, no sistema do Decreto-Lei n.º 64-A/89, resolver o contrato com direito a indemnização se o atraso for culposo e sem direito a indemnização se tal atraso não se dever a culpa do empregador. Os tribunais hesitam, contudo, quanto ao alcance exacto a atribuir a esta justa causa.

O Acórdão da Relação de Coimbra de 1991[78] considerou que "para que se verifique a rescisão pelo trabalhador, com direito a indemnização, é necessário que exista justa causa, entendendo-se esta nos termos da justa causa para despedimento", acrescentando que, muito embora não se exija uma duração mínima de mora para que esta seja relevante, "a duração da mora não pode deixar de se considerar como relevante na apreciação da justa causa", sendo necessário para existir justa causa que a falta de pagamento da retribuição se prolongasse por um período mais ou menos longo, de molde a criar prejuízos sérios ao trabalhador e cabendo a este o ónus da prova dessa lesão séria. Para justificar semelhante entendimento, o Tribunal considerou que a via ordinária de desvinculação por iniciativa do trabalhador seria a rescisão com aviso prévio, pelo que a rescisão sem aviso prévio só seria possível ocorrendo "situações anormais e particularmente graves", de tal modo que não fosse exigível ao

---

[75] Cfr. o Acórdão da Relação de Coimbra de 10 de Maio de 2001, Processo n.º 3329/00, in Grande Enciclopédia de Jurisprudência, em que se afirma que tendo-se demonstrado os factos integradores de justa causa não pode a mesma ser declarada inexistente e proceder, por isso, o pedido reconvencional do empregador.
[76] Acórdão da Relação de Évora de 24 de Setembro de 2001, Processo n.º 1030/00, in Grande Enciclopédia de Jurisprudência.
[77] "Não bastará, por isso, para atribuição da indemnização, que o trabalhador não logre provar a veracidade daqueles mesmos factos".
[78] Transcrito e anotado por ALBINO MENDES BAPTISTA, ob. cit., págs. 824 e segs.

trabalhador que permanecesse ao serviço pelo período fixado para o aviso prévio. Nas palavras do Tribunal, entre os comportamentos integrantes de justa causa subjectiva contam-se a falta culposa de pagamento pontual da retribuição na forma devida e a lesão de interesses patrimoniais sérios, que permitem ao trabalhador a ruptura imediata com direito a indemnização. No entendimento do Tribunal, contudo, "não basta, porém, que o trabalhador não seja pago atempadamente, tornando-se ainda necessário que o não recebimento pontual da retribuição seja imputável, a título culposo, à entidade patronal e que, na situação concreta, não seja exigível ao trabalhador a manutenção do vínculo laboral"[79]. A necessária ligação entre o conceito de justa causa e a ideia de inexigibilidade levaria a que se tivesse que atender ao prejuízo sofrido pelo trabalhador, o qual só teria justa causa para rescindir o contrato de trabalho se tivesse sofrido lesão considerável nos seus interesses "mercê do atraso de pagamento da retribuição". Reconhecendo embora que o pagamento da retribuição constitui a obrigação principal do empregador e que a retribuição representa, em regra, "o meio de subsistência por excelência do trabalhador pelo que é natural que o incumprimento dessa obrigação possa acarretar graves prejuízos ao trabalhador", a Relação de Coimbra sustentou, no entanto, que as consequências do incumprimento devem variar em função da situação económica do trabalhador e de outras circunstâncias conexas, pelo que tais circunstâncias terão que ser individualmente apreciadas. O referido Acórdão em que o trabalhador invocara que o salário de Abril de 1990 não fora pago até 8 de Maio seguinte considerou mesmo ser "de ponderar que já tinha sofrido atrasos superiores, nos pagamentos das retribuições referentes aos meses de Janeiro e de Março de 1990, sem que haja reagido a tais atrasos".

De acordo com o art. 35.º do DL 64-A/89 constitui justa causa para rescisão do contrato de trabalho por iniciativa do trabalhador, tanto a "falta culposa do pagamento pontual da retribuição na forma devida" (al. a) do n.º 1) como a falta não culposa do pagamento pontual da mesma retribuição (al. c) do n.º 2 do art. 35.º). Em certo sentido quando se fala em justa causa para o trabalhador rescindir o contrato, está-se a pensar numa justificação, não tanto da extinção ou cessação propriamente dita (já que o trabalhador pode sempre denunciar o contrato desde que dê o pré-aviso), mas antes do seu carácter imediato: a justa causa, nos termos

---

[79] Ob. cit., pág. 826.

da lei, permite ao trabalhador fazer cessar imediatamente o contrato, tornando inexigível a continuação da relação durante o prazo de aviso prévio. A referência à culpa do empregador aparece, nesta hipótese de falta pontual de pagamento da retribuição como um mero pressuposto da obrigação de indemnizar por parte do empregador uma vez que a justa causa para rescindir imediatamente o contrato é dada antes pela falta de pagamento pontual da retribuição quer seja culposa, quer não. O trabalhador celebra o contrato de trabalho para receber a retribuição, o que significa que independentemente do prejuízo que o atraso na retribuição lhe possa ou não causar – e recorde-se que a dependência económica, no sentido de o trabalhador necessitar da retribuição para a sua sobrevivência não é um pressuposto da existência do contrato de trabalho, nada impedindo que o trabalhador subordinado seja um milionário que pretende tão-somente ocupar o seu tempo – a falta no pagamento desta traduz, em princípio, um incumprimento essencial do contrato que deve justificar tanto a sua recusa temporária em prosseguir o trabalho, invocando a excepção do não cumprimento, como a ruptura imediata que possibilitará ao trabalhador, designadamente, procurar um novo emprego. E não é, pois, por acaso que, quer haja, quer não haja culpa do empregador, existe aqui causa para cessação imediata do contrato – repare-se que o citado Acórdão da Relação de Coimbra nunca teve em conta que o atraso não culposo no pagamento da retribuição também é justa causa para rescisão do contrato, limitando-se a contrapor a falta culposa de pagamento pontual e a rescisão com aviso prévio. Refira-se, de resto, e a propósito, que quando a lei se reporta ao não pagamento pontual da retribuição não faz referência à seriedade dos interesses em jogo, como faz, por exemplo, na "lesão culposa de interesses patrimoniais sérios do trabalhador": é que qualquer incumprimento da retribuição se tem, em princípio, por sério na economia do contrato. Em suma, o não cumprimento (ou o cumprimento parcial ou defeituoso) da obrigação de retribuir torna, em regra, inexigível o cumprimento da obrigação de trabalhar. A leitura feita pelo Tribunal tornaria praticamente redundante a menção à falta culposa de pagamento pontual da retribuição já que esta sempre seria abrangida pela referência à lesão de interesses patrimoniais sérios.

Em princípio, portanto, e como já decidiu entre nós em um outro Acórdão a mencionada Relação de Coimbra, cessa o dever de trabalhar com o incumprimento da retribuição e "não seria compreensível obrigar o trabalhador a manter-se ao serviço nessa situação, mesmo que somente pelo período de aviso prévio, continuando obrigado a prestar o seu trabalho sem a devida contrapartida, podendo mesmo verificar-se a impossibilidade absoluta da entidade empregadora lhe pagar as retribuições futuras"[80]. E destaque-se que as situações previstas no n.º 2 do artigo 35.º dificilmente se deixam reconduzir ou enquadrar no mesmo conceito de justa causa que as previstas no n.º 1, porquanto não estão em jogo situações de incumprimento do contrato (por vezes, até, trata-se de circunstâncias que respeitam à pessoa do trabalhador)[81].

O ponto de partida na análise das situações em que se verifique a falta de pagamento pontual da retribuição deve, precisamente, na nossa opinião ser este: em princípio, o trabalhador deve poder romper imediatamente o contrato[82]. Contudo, o exercício deste direito que assiste ao trabalhador não pode deixar de ter em conta os ditames da boa fé e está sujeito aos limites gerais, designadamente ao que resulta do abuso de direito. Julgamos que, no caso concreto, poderá ter-se por abusiva a rescisão de um trabalhador baseada num atraso esporádico e breve de pagamento da retribuição quando tal atraso não causou qualquer prejuízo ou só um prejuízo de pequena monta ao trabalhador e a rescisão imediata é susceptível de provocar um prejuízo muito sério ao empregador. Em alternativa a esta análise e à invocação do abuso de direito, poderá relacionar-se a ideia de inexigibilidade com a perda de confiança do trabalhador na capacidade e/ou vontade do empregador para cumprir pontualmente o contrato e, muito particularmente, a sua obrigação principal, a de pagar a retribuição. Recorde-se que na execução do contrato de trabalho, o trabalhador trabalha primeiro e recebe depois: executa, pois, a sua prestação na expectativa de que a contraprestação lhe será paga pontualmente. Se o empregador sistematicamente se atrasar no pagamento essa confiança desvanece-se e o trabalhador deixa de poder programar adequadamente a sua vida: em suma, não se nos afigura exigível que continue a trabalhar, mesmo que só durante o período de pré-aviso, para

---

[80] Acórdão da Relação de Coimbra de 18 de Novembro de 1993, in Colectânea de Jurisprudência 1993, V, págs. 79 e segs., pág. 80.

[81] Acórdão da Relação de Coimbra de 18 de Novembro de 1993, cit., pág. 80: "(n)o nº2 do art. 35.º configuram-se como justa causa de rescisão do contrato pelo trabalhador situações que respeitam apenas à pessoa do trabalhador, inimputáveis à entidade empregadora, insusceptíveis de referência ao conceito geral de justa causa"

[82] "Sendo a retribuição do trabalhador o principal meio de subsistência com a qual satisfaz as suas necessidades mais prementes, compreende-se e aceita-se, perfeitamente, que perante a falta do seu pagamento o trabalhador possa rescindir imediatamente o contrato"

quem já repetidamente desrespeitou o contrato. Em contrapartida, um único atraso, sobretudo quando não se fique a dever a culpa ou, pelo menos, a culpa grave do empregador pode não ser suficiente para quebrar essa relação de confiança e tornar inexigível a continuação da relação. Em todo o caso, afigura-se-nos excessivo exigir, para que o trabalhador possa rescindir o contrato, que este tenha que provar a existência de um prejuízo sério decorrente do atraso no pagamento pontual da retribuição.

Uma outra questão é a de saber se o trabalhador não terá, por vezes, em homenagem à boa fé, de chamar a atenção da entidade patronal para o incumprimento, antes de rescindir o contrato. O Supremo Tribunal de Justiça já se pronunciou nesse sentido[83]. Imagine-se, por exemplo, que um trabalhador tem direito, pelo seu contrato de trabalho, ao valor de 100 litros de gasolina por mês. Este valor ou, melhor, a parte que excede as despesas normais do trabalhador, integra-se na sua retribuição. A partir de certa altura e sem que o trabalhador reaja, o empregador deixa de lhe pagar tal valor. Poderá o trabalhador, depois de anos de silêncio, rescindir o contrato de trabalho invocando esta falta de incumprimento ou deverá, primeiro, alertar o empregador para a necessidade de cumprir pontual e integralmente o contrato? ALBINO MENDES BAPTISTA já contestou, entre nós, a existência de um tal dever, referindo ser a jurisprudência que o consagra "uma jurisprudência que não tem paralelo, ao que sabemos, no despedimento promovido pela entidade patronal" e rematando que "tanto basta para manifestarmos a nossa oposição a tal doutrina"[84]. Compreendendo embora a posição assumida pelo autor, que tem, aliás, bons argumentos a seu favor – sempre se poderá dizer que, as mais das vezes, o empregador, quando não cumpre, sabe muito bem que não está a cumprir e o aviso torna-se desnecessário ao que acresce que o silêncio do trabalhador não equivale a um qualquer assentimento, mas tão-só a um "suportar" ou tolerar – hesitamos em acolhê-la: com efeito, a atitude do trabalhador pode converter a sua súbita decisão de romper o contrato numa surpresa para o empregador e ser, por isso mesmo, abusiva, representando algo de semelhante a um *venire contra factum proprium*.

---

[83] Acórdão de 20 de Fevereiro de 1991, in Boletim do Ministério de Justiça, n.º 404, págs. 309 e segs., em cujo sumário se pode ler que "(o) trabalhador deve avisar a entidade patronal de que está a cumprir mal as prestações a que se obrigou (...) concedendo-lhe a possibilidade de corrigir um comportamento menos esclarecido, antes de rescindir o contrato de trabalho com invocação de justa causa".

[84] ALBINO MENDES BAPTISTA, ob. cit., pág. 832.

15. Relativamente às outras situações previstas no nº 1 do art. 35.º que não a falta culposa de pagamento pontual da retribuição na forma devida a invocação do pensamento da inexigibilidade tem conduzido, por vezes, a uma interpretação que reputamos excessivamente rigorosa. Assim, já se entendeu que a não entrega pelo empregador das contribuições do trabalhador à Segurança Social, contribuições retidas na fonte por aquele, não representa justa causa para rescisão do contrato, uma vez que a falta de pagamento das contribuições não imputável ao trabalhador não obsta à concessão das prestações pela Segurança Social e não representa, por conseguinte, uma lesão de interesses patrimoniais sérios do trabalhador. Resta saber se este comportamento não deveria ser considerado como um comportamento desonesto por parte do empregador, susceptível de comprometer irremediavelmente a relação de confiança. Em contrapartida, a nossa jurisprudência tem afirmado que o incumprimento ou o cumprimento tardio do dever do empregador de inscrever o trabalhador no correspondente regime de Segurança Social pode justificar a rescisão imediata e com direito a indemnização pelo trabalhador por prejudicar os direitos deste em matéria de reforma. Como se pode ler no Acórdão do Tribunal da Relação de Lisboa de 15 de Dezembro de 1999[85], "o trabalho não se destina apenas a angariar meios de subsistência no presente, mas também a prevenir a subsistência futura, sendo a previdência social o instrumento fundamental desta protecção nas condições actuais de vida da generalidade dos trabalhadores dependentes".

Por outro lado, considerou-se que a aplicação de uma sanção disciplinar – na hipótese uma repreensão registada – sem que o trabalhador tivesse sequer sido ouvido não representava necessariamente uma sanção abusiva e não seria justa causa para proceder a uma rescisão imediata "por se tratar de uma sanção menor, de pouco significado e por ser diminuto o grau de lesão dos interesses do recorrido, não sendo susceptível, por isso, de tornar imediata e praticamente impossível a manutenção da relação laboral"[86]. Ao decidir assim o Tribunal esqueceu, quanto a nós, que mesmo não sendo abusiva a aplicação de uma sanção sem audiência prévia representa uma violação de direitos e garantias legais do trabalhador e que o significado de tal sanção não se pode apreender

---

[85] Acórdão da Relação de Lisboa de 15 de Dezembro de 1999, Processo nº 4949, in Grande Enciclopédia de Jurisprudência.
[86] Acórdão da Relação do Porto de 26 de Janeiro de 2000, Processo nº 1285/99, in Grande Enciclopédia de Jurisprudência"

apenas pela referência ao carácter menor da sanção: no caso concreto, a aplicação de uma sanção sem audiência prévia do trabalhador pode traduzir um acentuado desrespeito pela sua dignidade, justificando a imediata cessação do contrato.

Também alterações funcionais não permitidas pela nossa ordem jurídica – por exemplo, uma ordem de passar a exercer funções que representam um tratamento manifestamente vexatório – podem representar uma justa causa para rescisão imediata e com direito a indemnização por parte do trabalhador.

16. É controverso na doutrina italiana até que ponto a justa causa para a rescisão do trabalhador deve consistir estritamente num comportamento do empregador que se concretize num incumprimento do contrato. Para alguns autores tal fundamento constitutivo de justa causa pode encontrar-se quer em factos extrínsecos, quer em factos intrínsecos à relação. Na jurisprudência italiana já se entendeu que pode ser justa causa de demissão não apenas o incumprimento de obrigações contratuais em sentido estrito, mas também qualquer comportamento do empregador que, sem violar directamente o contrato, é susceptível de criar no trabalhador um estado de revolta ou de desânimo que não consente a prossecução de relação de trabalho: assim quando, por exemplo, o empregador ameaça com sanções disciplinares o trabalhador que se recusa a comercializar um produto farmacêutico ainda não aprovado pelas instâncias estaduais competentes. Recorde-se, também, a decisão da Cassazione de 24 de Julho de 1968 que considerou justificada a demissão de uma secretária de um advogado a quem foi declarada uma doença mental grave[87].

---

[87] GIUSEPPE PERA, *Sull'evoluzione della giusta causa nel rapporto di lavoro subordinato*, Il Foro Italiano 1968, págs. 2733 e segs. O autor comenta favoravelmente a decisão que considerou haver justa causa para a rescisão por parte de uma trabalhadora quando se diagnosticou uma doença psíquica grave da sua entidade patronal. A doutrina italiana acha-se dividida a este propósito: por um lado, não falta quem, como ALTAVILLA, considere que enquanto o incumprimento das obrigações contratuais é necessário para que o empregador possa despedir, o trabalhador deve poder demitir-se independentemente da verificação de um facto que respeite, de algum modo, às obrigações que nascem do contrato de trabalho e, "em particular sempre que a prossecução da relação seja intolerável para o trabalhador, tendo em conta a sua personalidade, a natureza da relação de trabalho e o ambiente em que o trabalho se desenvolve" (ALTAVILLA, ob. cit., pág. 39). Daí a impossibilidade de tipificação dos motivos que legitimam a demissão imediata e que podem ser muito variados. Contudo, não falta quem sustente (A. MUNDO) que só devem

E refira-se, ainda, uma decisão mais antiga da Corte di Appello de L'Aquila de 20 de Novembro de 1957 que considerou haver justa causa para a demissão do trabalhador quando um parente deste foi agredido e humilhado pelo empregador[88].

Também entre nós é fácil conceber situações em que a letra da lei se afigura muito apertada: suponha-se, por exemplo, que um trabalhador descobre que o seu empregador, pessoa física, violou ou tentou violar a filha daquele. Será aqui exigível um qualquer pré-aviso para a rescisão do trabalhador? Ou poderá, antes, invocar-se a caducidade, interpretando a impossibilidade como inexigibilidade?

17. O nº 2 do art. 35.º refere como justa causa de rescisão do contrato pelo trabalhador – agora sem direito a indemnização – além da falta não culposa de pagamento pontual da retribuição, "a necessidade de cumprimento de obrigações legais incompatíveis com a continuação ao serviço" e "a alteração substancial e duradoura das condições de trabalho no exercício legítimo de poderes da entidade empregadora". Trata-se, aqui, de situações em que não há culpa do empregador e, em rigor, não há sequer incumprimento do contrato. Quanto à alteração substancial e duradoura não falta quem aproxime a situação de uma excessiva onerosidade superveniente. Com efeito, a lei exige que não se trate de uma modificação passageira das condições de trabalho e que essa modificação seja importante. Na jurisprudência espanhola já se decidiu, face a uma formulação semelhante – "modificaciones sustanciales de las condiciones de trabajo" – que uma modificação é substancial quando é de natureza a alterar a transformar os aspectos fundamentais da relação laboral, afectando condições que o legislador considerou fundamentais nessa mesma relação[89]. A modificação aparece nesta sede como resultado de um com-

---

considerar-se relevantes como justa causa de demissão actos de incumprimento contratual do empregador que violam directamente a relação obrigacional em razão da gravidade do dano e não pelo seu grau de incidência sobre um improvável elemento fiduciário. Existe assim uma marcada divergência de opiniões.

[88] Para ANTONIO MUNDO (ob. cit., pág. 34) quando está em jogo a rescisão pelo trabalhador, tem muito menor relevância o elemento fiduciário e tendencialmente expulsam-se do seu âmbito os eventos externos à relação contratual. O autor considera por isso aberrante a referida decisão da Corte d'Appello de l'Aquila que considerou que havia justa causa de demissão no atentado ao pudor tornado público realizado por um parente do empregador sobre a filha menor do trabalhador.

[89] Assim o STS em decisão de 3 de Dezembro de 1987, segundo informa JOSÉ M. MORALES ORTEGA, *Perjuicio del trabajador y modificaciones sustanciales: los medios de*

portamento lícito do empregador, mas com repercussões significativas na esfera do trabalhador[90]. Embora alguns autores considerem que o carácter substancial ou não substancial da alteração se deve ajuizar independentemente da existência de prejuizos para o trabalhador, parece-nos mais realista a posição que tem em conta as repercussões da alteração na vida social e profissional deste. Assim, a doutrina espanhola considerou substanciais todas aquelas mudanças que impedem o trabalhador de cumprir as suas obrigações familiares, que o impossibilitam de manter uma situação lícita de pluriemprego e que lhe retiram ou perturbam boa parte do seu tempo de descanso. Como hipóteses frequentes de modificações substanciais, embora lícitas, de condições de trabalho podem mencionar-se alterações introduzidas unilateralmente no horário de trabalho ou na organização dos turnos pelo empregador. Entre nós, em contrapartida, o exercício do *ius variandi* dentro dos limites legais não consubstancia uma justa causa de rescisão pelo trabalhador, não tanto por ser temporário, como por não poder importar, por definição, modificação substancial da posição do trabalhador.

Por outro lado, as modificações substanciais susceptíveis de representarem justa causa de rescisão pelo trabalhador – e, portanto, de consentirem a rescisão imediata do contrato por banda deste – devem-lhe ter sido impostas, sem o seu acordo, no exercício legítimo de poderes do empregador. Suscita-se aqui, é claro, a questão delicada e quase omnipresente, de saber até que ponto é que o acatamento de uma modificação que, em rigor, traduz apenas uma atitude de mera tolerância por parte do trabalhador, quando não de resignação, não é confundido com o acordo tácito por parte deste.

18. Escrevendo em 1980 JOËLLE DUPUY observava que "o desinteresse legislativo a respeito da demissão não é, nem mais nem menos, do que a vontade de consolidar e eternizar as soluções antigas (...) a ausência de renovação dos textos parece contradizer a pretensão de ver na demissão uma questão jurídica de actualidade"[91]. Entre nós, o Projecto de Código continua a omitir o passo que, a nosso ver, se impõe: parificar,

---

reacción, Revista Española de Derecho ddel Trabajo (Civitas) 2001, nº 105, págs. 415 e segs., pág. 416.

[90] JOSE MORALES ORTEGA, ob. cit., pág. 418: "con repercusiones significativas en el espacio vital del trabajador".

[91] Aut. e ob. cit., pág. 253.

nas suas consequências, mormente indemnizatórias, as situações em que o trabalhador é despedido sem justa causa e aqueloutras em que é compelido a rescindir ele próprio o seu contrato de trabalho por um comportamento culposo do empregador que torna inexigível a continuação da relação. Escopo, no fim de contas, tão simples de obter: bastaria para tanto reconhecer ao juiz, como sucede em França[92], a faculdade de "requalificar" uma demissão forçada e de dar-lhe o nome que corresponde à realidade por detrás da aparência: o de um despedimento.

---

[92] Cfr., por todos, JEAN-CLAUDE JAVILLIER, *Droit du Travail*, 7ª ed., LGDJ, Paris, 1999, pág. 321 : « la démission du salarié qui résulte d'une faute de l'employeur, qui a été « provoquée » par ce dernier, doit être requalifiée en un licenciement ».

ASSÉDIO MORAL OU *MOBBING* NO TRABALHO
(Sumário)

Maria Regina Redinha
Assistente da FDUP

ASSÉDIO MORAL OU *MOBBING* NO TRABALHO
(Sumário)

Maria Regina Redinha
Assistente da FDUP

Depois dos contributos da medicina, psicologia e sociologia, o Direito, particularmente o Direito do Trabalho, identificou e tomou consciência do fenómeno do *mobbing*, como foi inicialmente designado, ou do assédio moral, como é, entre nós, denominado preferencialmente.

Trata-se, não obstante, de uma realidade não exclusiva do ambiente de trabalho, antes é detectável em qualquer agrupamento humano, e tão antiga quanto a existência de uma sociedade organizada. Hoje, porém, a configuração da relação laboral fomenta o aparecimento de comportamentos qualificáveis como assediantes, fruto, nomeadamente, da competitividade e da precariedade dos vínculos contratuais.

O desenvolvimento recente do fenómeno levou à sua teorização a partir dos anos oitenta e, actualmente, é reconhecido como uma prática de perseguição metódica e prolongada, dirigida a um trabalhador normalmente com a finalidade de o excluir da colectividade de trabalho. É, no fundo, uma prática agressiva e violenta que, pelo seu carácter reiterado e sistemático, desencadeia no indivíduo vitimizado patologias e distúrbios de natureza psíquica, psicossomática e social, sendo frequente o aparecimento de depressões, stresse pós-traumático, etc.

Nos estudos interdisciplinares são identificadas diversas motivações dos agentes perseguidores, bem como as variegadas estratégias persecutórias destinadas a isolar ou vexar o trabalhador.

Na literatura são isoladas várias modalidades de assédio atendendo à posição relativa do molestador e da vítima. Assim, o assédio pode ser vertical descendente, se o comportamento persecutório provier de um superior hierárquico, vertical ascendente, se, inversamente, visar alguém numa posição hierárquica superior, ou horizontal, quando é dirigido a co-trabalhadores.

Numa perspectiva jurídica, o *mobbing* só agora começa a convocar a atenção como fenómeno compreensivo. Até aqui o ordenamento jurídico-laboral era apenas solicitado a responder, isoladamente, a cada uma das acções agressivas que compõem a conduta assediante, como, por exemplo, à violação do direito à ocupação efectiva. Todavia, o assédio moral caracteriza-se pela sucessão de actos persecutórios que, em si mesmos, são muitas vezes insignificantes e dissimulados. Assim sendo, a noção operativa de assédio moral no trabalho deve levar em consideração as consequências da soma das actividades molestadoras.

Simplesmente, os efeitos do assédio sobre a vítima podem resultar de outras etiologias, pelo que importa distinguir negativamente o assédio de outras disfunções da relação laboral, nomeadamente do stresse profissional, da conflitualidade difusa no local de trabalho, da discriminação *qua tale* ou do assédio sexual.

Neste quadro, a resposta jurídica ao problema não pode deixar de ser, ela própria, também compreensiva. Actualmente não existe legislação específica ou norma especialmente votada a sancionar o *mobbing*[1] e mesmo no plano comparado só a Suécia adoptou, em 1994, uma lei com tal propósito.

A ausência de instrumento positivo não deixa, contudo, desarmado o ordenamento jurídico-laboral. Com efeito, o princípio da boa fé desempenha neste domínio um papel crucial, ao impor a observância às partes a observância de deveres acessórios ou laterais da prestação principal. Devendo o contrato de trabalho, como qualquer outro, ser executado com correcção e lealdade, sem procedimentos que atinjam a integridade física e psíquica do trabalhador.

Entre os deveres laterais do empregador susceptíveis de aqui serem chamados à liça encontram-se, *v. g.*, o direito constitucional à organização do trabalho em condições socialmente dignificantes e propícias à realização pessoal — art. 59º, n.º 1, als. *b*) e *c*) —, bem como a

---

[1] No entanto, na VIII Legislatura foi apresentado, sem ulterior desenvolvimento, um projecto de lei na Assembleia da República — Projecto 252/VIII —, visando a "protecção laboral contra o terrorismo psicológico ou assédio moral".

obrigação de o empregador proporcionar boas condições de trabalho, tanto do ponto de vista físico como moral — art. 19º, al. *c*), LCT.

O assédio atinge os direitos de personalidade do trabalhador, pelo que prefigurará sempre uma violação de direito absoluto de outrem, originando a responsabilidade por factos ilícitos do(s) agente(s), nos termos gerais do art. 483º, n.º 1, do Código Civil. A dificuldade, porém, não reside tanto na imputação da responsabilidade quanto na prova da conduta ilícita, uma vez que o assédio se pode dissolver num contínuo de actos aparentemente anódinos. Além disso, em hipóteses de *mobbing* horizontal o empregador pode ainda ser chamado a responder objectivamente, de acordo com o art. 500º do Código Civil, pela conduta lesiva dos seus subordinados.

No contexto supranacional, o *mobbing* tem sido objecto de preocupação na OIT e na UE, tendo o Parlamento Europeu aprovado recentemente uma Resolução[2] na qual exorta os Estados-membros "na perspectiva do combate ao assédio moral e sexual a analisarem e, eventualmente, ampliarem a sua legislação vigente na matéria, bem como a examinarem e qualificarem de forma unificada a definição de assédio moral".

Particular referência merece a desprotecção relativa em que se encontram os trabalhadores da Administração Pública, sector no qual ocorrem com maior frequência situações de assédio moral, pela estreiteza e obsolescência dos mecanismos de reacção do contencioso administrativo para efectivação da responsabilidade extracontratual do Estado.

Por último, nas opções de política legislativa que se abrem nesta área, tem sido debatida a conveniência de criminalizar a conduta assediante. Contudo, esta solução tem contra si a escassa eficácia preventiva e repressiva devido, sobretudo, às maiores exigências probatórias do processo penal.

---

[2] Resolução A5-0283/2001, J.O., C 77E, de 28/3/2002, p. 138 ss.

DIA 31 DE JANEIRO DE 2002
16,45 horas

TEMA III

TEMPOS DE TRABALHO
E DE NÃO TRABALHO

Presidência
Dr. Inácio Mota da Silva
Inspector-Geral do Trabalho

Prelectores
Prof. Dr. Albino Baptista, da Universidade Lusíada de Lisboa
Dr. João Correia, Advogado
Prof. Doutor Manuel Carlos Palomeque, Catedrático da Faculdade de Direito
da Universidade de Salamanca e Director de Departamento
Prof. Dr. Pedro Furtado Martins, da Universidade Católica e Advogado

TEMPOS DE TRABALHO E DE NÃO TRABALHO

Albino Mendes Baptista

Universidade Lusíada – Lisboa

TEMPOS DE TRABALHO E DE NÃO TRABALHO[1]

ALBINO MENDES BAPTISTA
Universidade Lusíada de Lisboa

Em primeiro lugar, gostaria de agradecer aos promotores deste Congresso, e em particular ao Prof. Doutor António José Moreira, o convite que me foi dirigido para participar neste evento, felicitando-os por esta louvável e importante iniciativa.

I

Como é sabido o Direito do Trabalho esteve ligado desde a sua génese ao tempo de trabalho.

Por outro lado, à medida que o trabalhador vem sendo crescentemente visto, mesmo, e sobretudo, no interior da empresa, como cidadão, mais se vai acentuando a necessidade de definir o tempo de descanso.

Finalmente, porque a redução do tempo de trabalho tem implicações nos custos de produção, é vital para as empresas a definição das fronteiras do trabalho e do descanso.

---

[1] Corresponde à Intervenção feita no V Congresso Nacional de Direito do Trabalho, que teve lugar em Lisboa, nos dias 31 de Janeiro e 1 de Fevereiro de 2002.

Por uma questão de fidelidade ao que se passou neste Congresso, o presente texto reproduz, sem qualquer alteração, essa intervenção (sem, todavia, eliminar as notas de rodapé que serviram de apoio a essa intervenção). Por isso, tem as naturais limitações de tempo e de lugar.

Daí que o autor tenha retomado o tema **no texto "Tempo de Trabalho Efectivo, Tempos de Pausa e Tempo de "Terceiro Tipo",** *Revista de Direito e Estudos Sociais*, **Janeiro-Junho – 2002, para o qual se remete para efeitos de um enquadramento mais completo e desenvolvido da matéria.**

Neste contexto, numa matéria pouco dada a consensos, estaremos todos de acordo na afirmação de que o tempo de trabalho constitui, porventura, o tema mais sensível da política laboral.

II

Foi-me proposto participar na sessão subordinada ao tema "Tempos de Trabalho e de Não Trabalho". Trata-se de um tema amplo, pelo que importa desde já delimitar o âmbito da presente intervenção. Assim, procurarei fazer uma aproximação ao conceito de "trabalho efectivo", tentando contribuir para a compreensão do regime jurídico das "pausas", e do tempo que não é de trabalho nem de descanso.

Como se sabe, nos termos do n.º 3 do art.º 1.º da Lei n.º 21/96, de 23 de Julho, as reduções do período normal de trabalho semanal **definem períodos de trabalho efectivo, com exclusão de todas as interrupções de actividade** que impliquem:

– a paragem do posto de trabalho **ou**
– a substituição do trabalhador.

Assim, as "pausas" são, em princípio, expressamente excluídas do "período de trabalho efectivo".

A letra da lei *parece* de grande clareza.

Mas, como se sabe, têm sido inúmeras as dúvidas que o preceito tem suscitado.

Entretanto, a Lei n.º 73/98, de 10 de Novembro, que transpôs para a ordem jurídica interna a Directiva n.º 93/104/CEE do Conselho, de 23/11/93[2][3], relativa a determinados aspectos da organização do tempo de trabalho, atirou *achas para a fogueira* do conceito de trabalho efectivo.

Assim, nos termos do art.º 2.º daquela lei, para efeitos da sua aplicação, entende-se por tempo de trabalho "qualquer período durante o

---

[2] JOCE, n.º L-307 de 13/12/93.

[3] Esta Directiva foi adoptada, com a abstenção do Reino Unido, sob o impulso da Carta Comunitária dos Direitos Fundamentais dos Trabalhadores de 9 de Dezembro de 1989. Vd. os art.ºs 7.º e 8.º da Carta, relativos à duração do trabalho e aos descansos.

A base jurídica foi o art.º 118.º A do Tratado CE (correspondente ao actual art.º 137.º).

A Directiva 2000/34/CE do Parlamento Europeu e do Conselho, de 22 de Junho de 2000, alterou a Directiva 93/104/CE, a fim de abranger os sectores e actividades excluídos dessa directiva.

qual o trabalhador está a trabalhar ou se encontra à disposição da entidade empregadora e no exercício da sua actividade ou das suas funções".

Este diploma legal **aditou** àquele acto comunitário cinco tipo de situações que são consideradas tempo de trabalho, nalgumas das quais **o trabalhador não está a trabalhar e/ou à disposição do empregador**.

III

Conhecidos os diplomas legais em confronto, importa fazer um esforço de compatibilização entre eles.

Em primeiro lugar, atente-se no respectivo objecto e âmbito de aplicação. Enquanto no primeiro se procede à redução do tempo de trabalho e à regulamentação da adaptabilidade, no mesmo momento em que se alteram expressamente normas pré-existentes (como o art.º 22.º da LCT, e os arts. 10.º e 12.º da LDT), o segundo estabelece prescrições mínimas de segurança e de saúde em matéria de organização do tempo de trabalho.

Por isso, o âmbito de aplicação dos diplomas não é o mesmo.

Poder-se-ia alegar que a Lei n.º 73/98 é interpretativa[4] relativamente à Lei n.º 21/96, mas julga-se que sem razão.

Como ensina J. OLIVEIRA ASCENSÃO, "Para termos uma interpretação autêntica é também necessário que a nova lei tenha por fim interpretar a lei antiga. Não basta pois que em relação a um ponto duvidoso surja uma lei posterior que consagre uma das interpretações possíveis para que se possa dizer que há interpretação autêntica: tal lei pode ser inovadora."[5]

Para o mesmo autor, o carácter interpretativo[6], ainda que a fonte expressamente nada determine, "pode resultar ainda do texto, quando for flagrante a tácita referência da nova fonte a uma situação normativa duvidosa preexistente", mas a lei nunca se presume interpretativa[7].

---

[4] Como se sabe, a lei interpretativa é a que procede a uma interpretação autêntica. Por sua vez, a interpretação autêntica é uma interpretação normativa.

[5] J. OLIVEIRA ASCENSÃO, *O Direito. Introdução e Teoria Geral*, 11.ª ed., Coimbra, 2001, p. 551.

Sobre as leis interpretativas, vd., ainda, e entre outros, J. BAPTISTA MACHADO, *Sobre a aplicação no tempo do novo Código Civil*, Coimbra, 1968, pp. 285 e ss.

[6] A situação mais comum será existir declaração expressa nesse sentido ou resultar do preâmbulo do diploma.

[7] J. OLIVEIRA ASCENSÃO, *O Direito. Introdução e Teoria Geral*, 11.ª ed., cit., pp. 551-552.

Ora, a Lei n.º 73/98 não se declara expressamente interpretativa. Atendendo ao disposto no seu art.º 2.º que determina expressamente que as definições que comporta são "para efeitos da aplicação da presente lei", não se afigura tarefa fácil sustentar, do ponto de vista jurídico, a natureza interpretativa da nova lei.

Aliás, a interpretação do Ministério do Trabalho e da Solidariedade, valendo é certo o que vale, depõe no sentido do carácter não interpretativo da nova lei.

Por outro lado, em lado nenhum na Lei n.º 73/98 se alude ao conceito de "trabalho efectivo". Este diploma ignora de todo este conceito, o que numa lei interpretativa seria dificilmente compreensível.

Curiosamente, o Provedor de Justiça que havia recomendado ao Governo a interpretação autêntica da Lei n.º 21/96[8], vem agora, aludindo ao não acatamento dessa recomendação, sugerir que o Ministério do Trabalho proceda ao esclarecimento das dúvidas relativamente à articulação dos conceitos de tempo de trabalho e de tempo de trabalho efectivo[9].

Ou seja, já se reclama a interpretação de uma lei que muitos qualificam de interpretativa.

Atendendo a que a Lei n.º 73/98 contém normas relativas à duração de trabalho semanal e aos intervalos de descanso (arts.º 3.º e 4.º), não se ignora que a articulação destes diplomas gera uma lastimável confusão no que concerne ao regime da duração do trabalho, mas este é outro problema.

Outra hipótese que poderia ser equacionada era considerar a existência de derrogação tácita, por incompatibilidade da nova lei com a norma precedente, mas atendendo a que as duas leis regulam realidades diversas, nos termos expostos, esta argumentação também não deve proceder, pelo que a Lei 73/98 não prejudica no ponto em análise a Lei n.º 21/96. Até porque este diploma não alude apenas ao "trabalho efectivo", mas também a uma outra realidade que tem sido ignorada neste debate, a saber, a exclusão expressa do conceito de trabalho efectivo que nela se faz de todas as interrupções que impliquem a paragem do posto de trabalho ou a substituição do trabalhador. Ora qualquer pretensão de ver na Lei n.º 73/98 uma lei interpretativa na definição do "trabalho efectivo" esbarraria ainda com a necessária ligação, na economia da Lei

---

[8] Recomendação n.º 4/B/97, de 24 de Fevereiro.
[9] Recomendação n.º 50/A/99, de 31 de Maio.

n.º 21/96, entre este conceito e os *conceitos* de "paragem do posto de trabalho" e de "substituição do trabalhador".

IV

Aqui chegados, importa determinar que interrupções de actividade devem ser computadas como tempo de trabalho efectivo.

É sabido que o conceito de trabalho efectivo, ao contrário do que sucede noutros ordenamentos jurídicos, não tem entre nós tradição legal, doutrinária ou jurisprudencial, pelo que a sua introdução normativa exige um esforço do intérprete para tentar receber esse conceito como conceito jurídico.

Não se pense, todavia, que a noção é desconhecida do Direito do Trabalho[10]. Como diria PHILIPPE WAQUET, o trabalho efectivo é uma noção tão velha como o direito do trabalho[11].

Por outro lado, pelo menos desde a Convenção n.º 30 da OIT, de 28 de Agosto de 1930, sobre a duração do trabalho[12], em cujo art.º 2.º se diz que o tempo de trabalho é "o tempo durante o qual o pessoal está à disposição do empregador", o conceito de trabalho efectivo é um conceito-referência.

De igual modo, no direito comparado, mesmo quando o conceito recebeu recentemente cobertura legal[13], podemos verificar que se trata desde há muito de um conceito operativo.

Em França, a duração do trabalho é o trabalho efectivo com exclusão do tempo necessário ao equipamento[14] e das chamadas pausas para a "bucha"[15], bem como dos períodos de inactividade, o que não obsta a que esses tempos, havendo acordo nesse sentido, sejam remunerados[16].

---

[10] O conceito de trabalho efectivo é, por exemplo, utilizado por A. MONTEIRO FERNANDES, em 1984 no seu estudo "Sobre o regime do descanso intercalar", *Temas Laborais*, Coimbra, 1984, pp. 69 e ss.

[11] "En marge de la loi Aubry: travail effectif et vie personelle du salarié", *Droit Social*, 1998, n.º 12, p. 963.

[12] Não ratificada por Portugal.

[13] Como sucedeu em França.

[14] "Habillage".

[15] "Casse-croûte".

[16] Artigo L. 212-4 do Código do Trabalho.

Na Alemanha, por tempo de trabalho "entendem-se as horas do início ao fim do trabalho, sem tomar em consideração os períodos de descanso"[17].

Também a lei espanhola alude ao "trabalho efectivo"[18].

Entre nós a primeira definição de "tempo de trabalho" surge-nos com a Lei n.º 73/98.

A definição constante deste diploma legal é rigorosamente a mesma que consta da Directiva comunitária.

E a questão que se discute é se estamos perante requisitos cumulativos, que neste contexto seriam três:
– período durante o qual o trabalhador está a trabalhar
– se encontra à disposição da entidade empregadora
– e no exercício da sua actividade ou das suas funções.

Não se pense que a questão é despropositada, pois o Tribunal de Justiça das Comunidades Europeias no importante acórdão SIMAP, de 3 de Outubro de 2000[19], ainda que contra as conclusões do advogado-geral, chegou justamente à conclusão de que esses requisitos são cumulativos[20].

Acrescente-se que também os Estados-Membros que intervieram neste processo, bem como a própria Comissão Europeia, pugnaram pela natureza cumulativa daquelas exigências.

A falta de partículas disjuntivas no texto do artigo parece levar a considerar que os três critérios enunciados são cumulativos, ou seja de que por tempo de trabalho se deve entender o período durante o qual o trabalhador está presente no posto de trabalho, está à disposição da entidade patronal e exerce efectivamente as suas actividades e funções.

Sem prejuízo de entendermos que o texto comunitário contém uma "redacção defeituosa"[21], que, de resto passou para o acto de transposição de direito interno, se acaso aderíssemos a esta tese, não se compreenderia a articulação entre as expressões "disposição" e "exercício (efectivo) da

---

[17] Artigo 2.º, n.º 1, da Lei do Tempo de Trabalho (*Arbeitszeitgesetz*), de 6 de Junho de 1994.

[18] Art.º 34.º do Estatuto dos Trabalhadores.

[19] Proc. 303/98, Colec. I-7963.

[20] FRÉDÉRIC BARON considera que a posição do TJCE é ambígua e suscita numerosas interrogações ("La notion de temps de travail en droit communautaire", *Droit Social*, 2001, n.º 12, p. 1097).

[21] FRÉDÉRIC BARON, "La notion de temps de travail en droit communautaire", cit., p. 1102.

sua actividade", na medida em que se tratam de expressões logicamente antagónicas[22].

Por outro lado, ter-se-ia de excluir do tempo de trabalho todos os períodos durante os quais o trabalhador exerce a sua actividade sem estar presente no posto de trabalho ou todas as horas durante as quais o trabalhador está no posto de trabalho e não exerce a sua actividade, mas está disponível para o fazer.

Parece-nos que a razão está do lado do advogado-geral ANTÓNIO SAGGIO, devendo entender-se que os pressupostos do tempo de trabalho a que alude a Directiva não são cumulativos, sob pena, aliás, de dificilmente se conjugar a ideia de disponibilidade com a de exercício (efectivo) da actividade.

V

Em nossa opinião, o conceito de trabalho efectivo deve ser construído tendo por base as ideias de disponibilidade e de presença física na empresa, sem prejuízo de uma abordagem específica para as profissões de exercício itinerante e do trabalho realizado pelo trabalhador na sua residência.

Assim, se o trabalhador não exerce a sua actividade, mas está disponível para o fazer, esse tempo deve ser computado como tempo de trabalho. Todavia, nem toda a disponibilidade deve ser computada como tempo de trabalho, pois há trabalhadores que no seu domicílio ou noutro local têm de estar prontos para acudir a um chamamento patronal e, não obstante, só os tempos de efectiva interpelação da empresa devem ser computados como tempo de trabalho efectivo.

É, por isso, determinante saber se o trabalhador mantém a sua disponibilidade para o trabalho.

É que se o trabalhador está à disposição da entidade patronal não se pode dizer que está em descanso.

Nestes termos, o período durante o qual está à disposição do empregador deve fazer parte do tempo de trabalho, pois nesses períodos o trabalhador não pode ocupar livremente o seu tempo, nem levar uma vida familiar normal.

---

[22] Muito menos se compreenderiam, quando contrapostos, os n.º 1 e 2 do art.º 2.º da Lei n.º 73/98.

Só esta ideia de disponibilidade justifica que, mesmo quando o trabalhador não está efectivamente ocupado, porque a empresa não tem funções para lhe atribuir, se compute o tempo de inactividade como tempo de trabalho efectivo.

Como resulta do que antes foi dito, para o trabalhador que, não estando presente fisicamente na empresa, está em regime de localização, a abordagem é diferente. Neste caso, a obrigação é eventual e descontínua e o trabalhador pode, ainda que de forma limitada, gerir o seu próprio tempo[23]. Efectivamente, há uma diferença acentuada entre o trabalhador que permanece fisicamente no local de trabalho, devendo estar disponível para trabalhar, e o trabalhador que, fora do local de trabalho, está obrigado a manter-se acessível e de estar disponível para eventuais intervenções. Neste último caso, o trabalhador pode, embora limitadamente, gerir o seu tempo, dedicando-se aos seus próprios interesses e à família, bem como ao descanso. Mas, o tempo durante o qual o trabalhador está em regime de localização e não exerce qualquer actividade laboral não deve ser considerado como tempo de descanso. É a abertura ao que JEAN-EMANNUELE RAY qualifica de "tempo de terceiro tipo"[24], conceito que tem implicações fundamentais na definição do "tempo de descanso" e na construção de um direito ao repouso.

VI

O artigo L. 212-4 bis do Código de Trabalho francês[25], define o período de "astreinte" como o período durante o qual o trabalhador, sem estar à disposição permanente e imediata do empregador, tem a obrigação de permanecer no seu domicilio ou na proximidade a fim de estar em condições de intervir para efectuar um trabalho ao serviço da empresa, situação em que a duração desta intervenção é considerada como tempo de trabalho efectivo.

Estes "períodos intermédios" não têm tido qualquer receptividade entre nós, embora bem o mereçam.

---

[23] Assim o advogado-geral ANTONIO SAGGIO, nas suas conclusões no já citado Proc. 303/98.

[24] "Les astreintes, un temps du troisième type", *Droit Social*, 1999, pp. 250 e ss.

[25] A prática das "astreintes", legalizada pela lei quinquenal n.º 93-1313 de 20 de Dezembro de 1993, precedeu a elaboração de uma definição legal pela Lei Aubry II (Lei n.º 2000-37), de 19 de Janeiro de 2000.

Deve dizer-se que aquela definição se encontra ultrapassada, atendendo aos actuais meios de comunicação. A "astreinte" não exige mais que o trabalhador permaneça no seu domicílio pronto para atender o telefone, pois actualmente está ligado ao seu empregador por uma "**subordinação virtual**"[26]. JEAN-EMANNUELE RAY pergunta mesmo se, depois do espectacular desenvolvimento dos telefones portáteis bem como da *Internet*, o conjunto da sociedade não vai estar em breve em "astreinte", porque deve permanecer à disposição de eventuais chamadas, dizendo que da tele-subordinação se passou à tele-disponibilidade[27].

Os tempos de "astreintes" não são nem tempos de trabalho efectivo nem tempos de repouso. É que o trabalhador não é inteiramente dono do seu tempo e da sua pessoa[28], pelo que importa preservar a duração mínima de repouso diário de 11 horas consecutivas.

Julga-se que o direito francês pode, igualmente nesta matéria, dar--nos importantes indicações, pois dizer-se que, como faz a nossa lei, que o período de descanso "é qualquer período que não seja tempo de trabalho", constitui uma formulação excessivamente simples, que pouco diz.

Quer a Directiva comunitária quer o diploma de direito interno ignoram o surgimento de um **tempo de terceiro tipo,** como o qualificou JEAN-EMANNUELE RAY[29].

Ora, o direito fundamental ao repouso tem de ser pensado por referência quer ao trabalho efectivo, quer a este tempo de terceiro tipo.

VIII

Chegados aqui, e aceitando que os conceitos de tempo de trabalho e de tempo efectivo de trabalho, embora diferentes, têm uma larga faixa de sobreposição, importa definir que tipo de pausas devem ser computadas como trabalho efectivo.

---

[26] JEAN-EMMANUEL RAY, "Le droit du travail à l'épreuve du télétravail. Une nécessaire adaptation", *Droit Social*, 1996, n.º 4, p. 351.
[27] "Les astreintes, un temps du trosiéme type", *cit.*, p. 250.
[28] PHILIPPE WAQUET, "En marge de la loi Aubry: travail effectif et vie personalle du salarié", *cit.*, p. 963.
[29] Vd. PHILIPPE WAQUET, "Le temps de repos", *Droit Social*, 2000, n.º 3, p. 288, e, em particular, JEAN-EMMANUEL RAY, "Les astreintes, un temps du troisième type", *cit.*, pp. 250 e ss.

1.º Assim são computados como trabalho efectivo as interrupções de trabalho, ditadas por razões técnicas ou por razões económicas – art.º 2.º, n.º 2, alínea c), da Lei n.º 73/98, porque nestas situações o trabalhador continua disponível para o trabalho.

2.º Devem ser também computadas como trabalho efectivo as interrupções ou pausas nos períodos de trabalho impostas por necessidade de regulamentação específica de segurança, higiene e saúde no trabalho – art.º 2.º, n.º 2, alínea e), da Lei n.º 73/98.

3.º As interrupções **ocasionais** no período de trabalho diário, quer as inerentes à satisfação de necessidades pessoais inadiáveis do trabalhador, quer as resultantes de tolerância ou concessão da entidade empregadora – art.º 2.º, n.º 2, alínea b), da Lei n.º 73/98, devem igualmente ser consideradas trabalho efectivo, desde que não haja paragem do posto de trabalho ou substituição do trabalhador.

4.º São ainda consideradas trabalho efectivo as interrupções de trabalho como tal consideradas nas convenções colectivas – art.º 2.º, n.º 2, alínea a), da Lei n.º 73/98.

5.º Quanto aos intervalos para refeição, e por força do disposto no art.º 45.º, n.º 1, da LCT, o princípio é não integrarem o conceito de trabalho efectivo.

Como escreve F. LIBERAL FERNANDES, o intervalo de descanso deve ser considerado um período de inactividade, "durante o qual o trabalhador não se encontra à disposição do empregador. Aliás, o direito a esse período de repouso tem implícito a faculdade de o trabalhador abandonar o posto e/ou o local de trabalho." [30] [31]

---

[30] *Comentário às Leis da Duração do Trabalho e do Trabalho Suplementar*, Coimbra, 1995, 60, que escreve ainda: "Muito embora o legislador não tenha tomado posição expressa relativamente aos interesses a proteger, são vários os objectivos relacionados com o intervalo de descanso. Por um lado, pretende-se assegurar que o trabalhador disponha de um período de tempo que lhe possibilite tomar uma refeição e, desse modo, recuperar do esforço dispendido. Por outro lado, tem-se em vista garantir que o trabalhador readquira, durante determinado período de tempo, uma certa auto-disponibilidade e, dessa forma, interrompa a situação de dependência em que se encontra durante o trabalho."

[31] Também, para J. DOMINGUES DAMAS, "o tempo correspondente aos intervalos de descanso não é considerado como tempo de trabalho para efeitos da determinação do período normal de trabalho." ("A redução da duração do trabalho e a adaptação dos horários na Lei n.º 21/96", *Questões Laborais*, n.º 9-10, 1997, p. 103).

No mesmo sentido, ainda, MÁRIO PINTO, P. FURTADO MARTINS e A. NUNES DE CARVALHO, *Comentário às Leis do Trabalho*, Lisboa, 1994, p. 208.

De resto, como resulta do n.º 1 do art.º 2.º do Decreto-Lei n.º 421/83, de 2 de Dezembro, considera-se trabalho suplementar todo aquele que é prestado fora do horário de trabalho. Por isso o trabalho prestado durante o intervalo de descanso deve ser, na generalidade das situações, qualificado como suplementar.

Saliente-se que durante os intervalos para refeição os trabalhadores podem abandonar o espaço físico da empresa, o que é relevante quanto à existência de auto-disponibilidade[32].

Obviamente que os chamados "almoços de negócio" devem ser considerados tempo de trabalho efectivo[33].

A excepção, com as inerentes consequências em matéria de ónus da prova, será, por isso, a situação em que o trabalhador tem de permanecer no espaço habitual de trabalho ou próximo dele, à disposição da entidade empregadora, para poder ser chamado a prestar trabalho normal em caso de necessidade, como se diz no art.º 2.º, n.º 2, alínea *d)*, da Lei n.º 73/98, contexto em que esse tempo é computado como trabalho efectivo.

X

Mas já dificilmente poderão ser consideradas trabalho efectivo as interrupções de trabalho resultantes de usos e costumes reiterados das empresas, a que se refere o art.º 2.º, n.º 2, alínea *a)*, da Lei n.º 73/98.

Deve dizer-se que na referência aos "usos e costumes reiterados das empresas" não só se mistura uso com costume, como se emprega a expressão pleonástica "reiterados", o que numa matéria de particular melindre como esta não credibiliza o legislador, nomeadamente em termos do correcto enquadramento da sua vontade.

Não há qualquer razão de ordem jurídica que imponha que a entidade patronal conceda as chamadas pausas para a "bucha", ou que uma vez concedidas as tenha de manter.

---

[32] Também a lei francesa, que opera com o conceito de "trabalho efectivo", exclui expressamente os períodos de refeição (e de "buchas") do trabalho efectivo.

[33] Aqui, como diria PHILIPPE WAQUET, a gastronomia está ligada estreitamente a uma missão da empresa ("En marge de la loi Aubry: travail effectif et vie personelle du salarié", *cit.*, p. 965).

Julga-se mesmo que, em obediência ao comando ínsito no n.º 2 do art.º 9.º do Código Civil, a letra da Lei 21/96 não consente nem permite outra interpretação[34].

Não subscrevemos, por isso, a tese daqueles que sustentam que essas pausas são um direito adquirido, e que a interpretação contrária seria de duvidosa constitucionalidade, violando o princípio constitucional da proibição do retrocesso em matéria de direitos fundamentais[35].

Julgamos ser muito discutível falar em retrocesso em matéria de direitos fundamentais perante um cenário de conquista como foi a redução do período normal de trabalho para 40 horas.

Por outro lado, não se demonstram os pressupostos do direito adquirido, contrapondo-o à existência de uma situação de tolerância patronal[36].

É que uma liberalidade por mais tempo que perdure no tempo não cria direitos[37].

Nestes termos, importa aferir se o trabalhador nessas pausas gere ou não o seu tempo, ou seja se a situação é de autodisponibilidade ou heterodisponibilidade, por referência às interrupções de actividade que impliquem a paragem do posto de trabalho ou a substituição do trabalhador.

Assim, não deverão ser computados como trabalho efectivo os intervalos de descanso e as "pausas" em que não ocorre prestação de trabalho e em que o trabalhador se encontra numa situação de autodisponibilidade, não estando sujeito ao poder de direcção do empregador.

Contrariamente, as interrupções em que existe uma suspensão na execução material das tarefas atribuídas, mas em que o trabalhador se

---

[34] Como se determina no n.º 2 do art.º 9.º do Código Civil, não pode, porém, ser considerado pelo intérprete o pensamento legislativo que não tenha na letra da lei um mínimo de correspondência verbal, ainda que imperfeitamente expresso.

[35] J. NUNES ABRANTES, "A redução do período normal de trabalho. A Lei n.º 21/96 em questão", *Questões Laborais*, n.º 9-10, 1997, p. 84.

[36] O Tribunal da Relação de Coimbra, em aresto tomado em 22.4.93. (BTE, 2.ª Série, n.º 10-11-12/95, 1142), considerou como simples tolerância, mera liberalidade, a autorização de saída em 5 minutos dos trabalhadores antes de completarem o horário de trabalho diário, ainda que resultasse do uso da empresa, não constituindo um direito adquirido, podendo a entidade patronal e qualquer altura retirá-la.

[37] A propósito desta afirmação, o Prof. Doutor Júlio Gomes deu-me a honra, no período de debate, de me interpelar. Resolvi, por isso, em estudo posterior, subordinado ao título **"Tempo de Trabalho Efectivo, Tempos de Pausa e Tempo de "Terceiro Tipo"**, referido na nota 1, proceder a uma análise mais completa, e porventura mais fundamentada, da matéria, com a (necessária) alusão à relevância juslaboral dos usos. Remete-se, por isso, e de novo, para este estudo.

mantém numa situação de heterodisponibilidade para acorrer a qualquer emergência no seu posto de trabalho, já deverão ser consideradas como tempo de trabalho efectivo[38].

X

O tratamento jurisprudencial da matéria do tempo de trabalho efectivo não tem sido o mais feliz, uma vez que se tem feito uma abordagem naturalística do tempo de trabalho, quando o importante é analisar o tempo de trabalho em sentido jurídico.

Por exemplo, no acórdão do Supremo Tribunal de Justiça, de 3 de Março de 1998[39], confunde-se período normal de trabalho e horário de trabalho[40], procedendo-se à rejeição liminar dos intervalos para descanso, tomada de refeições ou qualquer outra finalidade, como constituindo tempo de trabalho efectivo.

E num outro do Supremo Tribunal de Justiça, de 17.3.97.[41], afirma-se: "Não se concebem períodos de trabalho "faz de conta" ou de trabalho virtual" – sob pena de se admitir a reivindicação de trabalho extraordinário com origem nessa "realidade virtual", puramente imaginária, do descanso poder valer como prestação de trabalho. Trata-se de uma concepção juridicamente mórbida, susceptível de afectar a saúde laboral das empresas que a praticassem – com inconvenientes evidentes capazes de afectar essas empresas e, por tabela, os respectivos trabalhadores. Seria a derrocada da disciplina jurídico-laboral, criando um terreno fértil aos maiores e disparatados abusos."

Além de não apreciarmos os termos utilizados nesta decisão[42], e ao contrário do que aí se diz, há "períodos de trabalho virtual" e existem tempos de terceiro tipo que nem são de descanso nem de trabalho efectivo[43].

---

[38] Assim, também, J. DOMINGUES DAMAS, "A redução da duração do trabalho e a adaptação dos horários na Lei n.º 21/96", cit., p. 103.

[39] CJ, acs. do STJ, 1998, I, 273. O acórdão encontra-se (também) publicado e comentado em ALBINO MENDES BAPTISTA, *Jurisprudência do Trabalho Anotada*, 3.ª ed.-reimpressão, Lisboa, 2000, pp. 363 e ss.

[40] JORGE LEITE, "Trabalho é trabalho, descanso é descanso" ou o modo de ser do direito", *Questões laborais*, n.º 12, 1998, pp. 205 e ss.

[41] BMJ, 465, 1997, 400.

[42] Vd., também, JORGE LEITE, "Trabalho é trabalho, descanso é descanso" ou o modo de ser do direito", cit, p. 220.

[43] Não se contesta o acerto da decisão na parte em que face à invocação dos trabalhadores de que os 30 minutos de intervalo diário que foram considerado durante 14

XII

Em conclusão se, por exemplo, os trabalhadores beneficiam de duas pausas diárias de 10 ou 15 minutos cada, e aproveitam esse tempo para tomar o pequeno almoço ou o lanche não se pode dizer que essas pausas sejam estabelecidas no exclusivo interesse patronal.

Se durante esses períodos os trabalhadores podem sair da empresa, aproveitando esse tempo para, por exemplo, se deslocarem ao multibanco, ou para fazerem um telefonema, não se pode também dizer que realizem trabalho efectivo.

Somos em todo o caso sensíveis à consideração de que nas pequenas pausas há um forte indício de disponibilidade.

Já se aceita que contem como trabalho efectivo aquelas pausas em que os trabalhadores estão disponíveis para ser chamados a todo o momento para trabalhar.

Por outro lado, se as pausas não constarem dos mapas de horários de trabalho, a nossa convicção é a de que se deve presumir que o trabalhador está disponível para prestar trabalho (presunção de trabalho efectivo), cabendo à empresa provar que, não obstante, o trabalhador gere de forma relativamente livre aquele tempo.

Nada tem a ver com esta matéria as notícias que vão sendo dadas de empresas que, numa postura retrógrada e fora de tempo, condicionam as idas dos trabalhadores às casas de banho.

Ir à casa de banho, tomar um medicamento, atender um telefonema urgente, etc., são actos que relevam da intimidade da vida privada.

Os abusos, a existirem, dificilmente assumem a forma colectiva. Portanto, o que tem de se combater são esses abusos e não a imposição de regras colectivas que violam grosseiramente direitos fundamentais.

Importa, por outro lado, ter presente que uma empresa não cumpre a redução do período normal de trabalho se entrega *dossiers* ao trabalhador que o vão ocupar fora da empresa para além das 40 horas semanais.

---

anos consecutivos tempo de serviço efectivo, constituindo assim um direito adquirido que não podia ser unilateralmente retirado pela entidade patronal, se entendeu que tal regalia constitui uma liberalidade desta, e que por mais tempo que ela perdure não cria direitos. Diz-se na decisão sob anotação que a entidade patronal "podia, durante anos, dispensar o trabalhador de qualquer serviço e, apesar disso, pagar-lhe o vencimento. Nesse caso, certamente ninguém sustentaria que o trabalhador tinha adquirido o direito de ganhar sem trabalhar."

Finalmente, importa demonstrar outra sensibilidade para a existência crescente de trabalhadores que sentem novos constrangimentos provocados por eficazes meios de comunicação, que vão prescindindo da sua presença física na empresa, e que tornam a sua vida privada muito condicionada. Nestes casos, o empregador prolonga a sua presença para além do espaço físico da empresa e só numa abordagem muito superficial se poderá dizer que a matéria não releva para efeitos de duração do trabalho efectivo.

Muito obrigado pela vossa atenção.

LA PROTECCIÓN JURÍDICA DE LA SEGURIDAD Y SALUD EN EL TRABAJO EN EL DERECHO ESPAÑOL

Manuel Carlos Palomeque

Catedrático de Derecho del Trabajo
(Universidad de Salamanca, España)

LA PROTECCIÓN JURÍDICA DE LA SEGURIDAD Y SALUD EN EL TRABAJO EN EL DERECHO ESPAÑOL

MANUEL CARLOS PALOMEQUE
Catedrático de Derecho del Trabajo
(Universidad de Salamanca, España)

SUMARIO: 1. La articulación jurídica de la protección frente a los riesgos derivados del trabajo: un balance técnico. 2. El derecho de los trabajadores a una protección eficaz en materia de seguridad y salud en el trabajo. 3. El deber del empresario de protección de los trabajadores frente a los riesgos laborales. 4. La responsabilidad del empresario por incumplimiento de sus obligaciones en la materia.

1. La articulación jurídica de la protección frente a los riesgos derivados del trabajo: un balance técnico

La *articulación jurídica* de la protección de los trabajadores frente a los riesgos derivados del trabajo, mediante la adopción de las medidas de prevención, de protección y de reparación que sean necesarias para garantizar finalmente la integridad física y la salud de quienes se encuentran expuestos a la agresión de las sustancias, de los aparatos y las máquinas y de las fuentes de energía que manipulan con ocasión de la prestación de su trabajo, se ha edificado institucionalmente a partir de la formulación de una *triple construcción jurídica* de carácter básico:

1. La elaboración técnica, declaración y regulación [de las condiciones de su ejercicio] del *derecho subjetivo* de los trabajadores a una protección eficaz en materia de seguridad y salud en el trabajo.

2. La *determinación del contenido* del derecho a la protección eficaz.
3. La construcción del *deber del empresario de protección* de los trabajadores frente a los riesgos laborales.

Veamos acto seguido, con algún detenimiento, este desarrollo institucional.

1. El derecho de los trabajadores a una protección eficaz en materia de seguridad y salud en el trabajo

El *derecho de los trabajadores*, en la prestación de sus servicios, a «su integridad física y a una adecuada política de seguridad e higiene» [art. 4.2 d) Ley del Estatuto de los Trabajadores, Texto Refundido aprobado por RD Legislativo 1/1995, de 24 de marzo, LET en lo sucesivo], a «una protección eficaz en materia de seguridad e higiene» (art. 19.1 LET), o, en fin, a «una protección eficaz en materia de seguridad y salud en el trabajo» (art. 14.1 Ley 31/1995, de 8 de noviembre, de Prevención de Riesgos Laborales, LPRL en adelante) no es, ciertamente, sino la pieza central del compromiso constitucional impuesto a los poderes públicos en esta materia, que «velarán por la seguridad e higiene en el trabajo» (art. 40.2 Constitución Española, CE). Se trata, a fin de cuentas, de uno de los «principios rectores de la política social y económica», cuyo reconocimiento, respeto y protección «informarán la legislación positiva, la práctica judicial y la actuación de los poderes públicos», pudiendo únicamente ser alegados ante la jurisdicción ordinaria «de acuerdo con lo que dispongan las leyes que los desarrollen» (art. 53.3 CE). Otra cosa es constitucionalmente, por cierto, el derecho fundamental de todos [lógicamente también de los trabajadores en la prestación de su actividad profesional] a «la vida y a la integridad física y moral» (art. 15 CE).

El derecho de los trabajadores a la integridad física de su persona en la realización de su trabajo tiene asegurado de este modo un contenido *dinámico* y *progresivo*, en el que habrá de revertir el resultado de la acción continuada, de investigación y de regulación normativa, asumida constitucionalmente por los poderes públicos conforme al principio rector mencionado. Por lo que, lejos de tratarse de un mero pronunciamiento programático carente de virtualidad normativa en sí mismo y a pesar de que su tutela jurisdiccional quede deferida al momento de la promulgación de las leyes que lo desarrollen de acuerdo con sus propios términos, es preciso tener en cuenta que los principios rectores de la política social y económica (arts. 39 a 52 CE, el art. 40 entre ellos naturalmente) disponen del valor normativo general predicable a toda la Constitución en su conjunto, que «es una norma jurídica, la norma suprema de nuestro ordenamiento, y en cuanto tal, tanto los ciudadanos como todos los poderes públicos [..] están sujetos a ella» (Tribunal Constitucional, sentencias 16/1982 y 80/1982, abriendo una reiterada jurisprudencia constitucional posterior).

En cuanto normas dirigidas también al legislador [«informarán la legislación positiva»], los principios rectores y, en particular, el de «velar por la seguridad e higiene en el trabajo» (art. 40.2 CE), son preceptivos y vinculan bajo un doble perfil o aspecto: 1) imponen, por lo pronto, la emanación de las disposiciones legislativas necesarias para alcanzar los fines perseguidos por el precepto constitucional de referencia [aspecto impositivo]; y 2) prohíben legislar en sentido contrario a sus propios términos [aspecto impeditivo], quedando abierta en su caso la vía del recurso de inconstitucionalidad (art. 161.1 a) CE).

2. La determinación del contenido del derecho a la protección eficaz

Con todo, el derecho a la protección eficaz frente a los riesgos derivados del trabajo plantea la cuestión principal de la determinación de su *contenido*, esto es, de la identificación del conjunto de poderes y facultades que el ordenamiento jurídico a tribuye a sus titulares y que delimitan su esfera de actuación garantizada frente a injerencias ilícitas. Y, en este caso, la ley, lejos de acudir a la técnica directa de enumeración positiva de estos poderes y facultades, como hace en tantas otras ocasiones, utiliza el expediente indirecto de construir el contenido del derecho a partir de la atribución a la contraparte de la relación laboral de un correlativo deber coextenso con aquél, de modo que el contenido de éste [el conjunto de las obligaciones que lo integran] coincida con exactitud con el contenido del primero. Tal es, a fin de cuentas, el anclaje institucional del *deber de protección* del empresario: el «citado derecho» [de los trabajadores a una protección eficaz en materia de seguridad y salud en el trabajo] supone la existencia de «un correlativo deber del empresario de protección de los trabajadores frente a los riesgos laborales» (art. 14.1 LPRL).

Con todo, la Ley acomete positivamente, en cumplimiento de las exigencias de la seguridad jurídica (art. 9.3 CE), la identificación del alcance y contenido de las obligaciones del empresario en la materia, encaminadas a garantizar y hacer efectivo el derecho de los trabajadores a la protección frente a los riesgos laborales. De este modo, la *configuración jurídica* del deber de protección del empresario descansa así en hasta *doce especificaciones legales* de su régimen jurídico:

1. La expresión legal de los *principios generales de la acción preventiva* (art. 15 LPRL), con arreglo a los cuales deberá el empresario aplicar las medidas que integran su deber general de prevención y que, a fin de cuentas, constituyen importantes criterios interpretativos en la materia.

2. La *evaluación de los riesgos* [arts. 16 y 23.1 a) y c) LPRL] o planificación de la acción preventiva en la empresa, con la consiguiente facilitación a los trabajadores de *equipos de trabajo* y de *medios de protección* individual adecuados para el desempeño de sus funciones [arts. 17 y 23.1 b) LPRL].

3. La *formación de los trabajadores* (art. 19 LPRL), de modo que el empresario debe garantizar que cada trabajador reciba una formación teórica y práctica, suficiente y adecuada, en materia de prevención de riesgos, centrada específicamente en su puesto de trabajo o función.

4. La *actuación en situaciones de emergencia* (art. 20 LPRL) y de *riesgo grave e inminente* (art. 21 LPRL).

5. La *vigilancia periódica del estado de salud de los trabajadores* en función de los riesgos inherentes al trabajo [arts. 22 y 23.1 d) LPRL].

6. La *protección de trabajadores especialmente sensibles a determinados riesgos* (art. 25 LPRL), es decir, de quienes, por sus propias características personales o estado biológico conocido [incluidos aquellos que tengan reconocida la situación de discapacidad física, psíquica o sensorial], «sean especialmente sensibles a los riesgos derivados del trabajo».

7. La *protección de la maternidad* (art. 26 LPRL), para las trabajadoras en situación de embarazo o de parto reciente [también durante el período de lactancia, si las condiciones de trabajo pudieran influir negativamente en la salud de la mujer o del hijo] expuestas a agentes, procedimientos o condiciones de trabajo que pudieran influir negativamente en su salud o del feto, en cualquier actividad susceptibles de presentar un riesgo específico.

8. La *protección de los menores* (art. 27 LPRL), esto es de trabajadores menores de dieciocho años.

9. La *protección de los trabajadores temporales* [«trabajadores con relaciones de trabajo temporal o de duración determinada»] y los *contratados por empresas de trabajo temporal* (art. 28 LPRL), que deberán disfrutar del mismo nivel de protección en materia de seguridad y salud que los restantes trabajadores de la empresa en la que prestan sus servicios.

10. La *organización de la prevención* y la constitución de *servicios de prevención* (arts. 30 a 32, cap. IV, LPRL).

11. La *intervención colectiva de los trabajadores* en la realización de la prevención de riesgos laborales (*colectivización* de la prevención). Por lo pronto, la LPRL atribuye a los trabajadores el derecho a *participar en la empresa* «en las cuestiones relacionadas con la prevención de riesgos en el trabajo» (art. 34.1). De este modo, los trabajadores tienen derecho a *efectuar propuestas* al empresario y a los órganos de representación y participación, «dirigidas a la mejora de los niveles de protección de la seguridad y la salud en la empresa» (art. 18.2 LPRL). Así también, el empresario deberá *informar* a los trabajadores acerca de los riesgos para la seguridad y la salud en el trabajo [los que afecten a la empresa en su conjunto y a cada tipo de puesto de trabajo o función] y de las medidas y actividades de protección y prevención aplicables de los riesgos; y deberá informar *directamente* a cada trabajador, asimismo, «de los riesgos específicos que afecten a su puesto de trabajo o función y de las medidas de protección y prevención aplicables de dichos riesgos» (art. 18.1 LPRL). Por otra parte, deberá *consultar* a los trabajadores y *permitir su participación* «en el marco de todas las cuestiones que afecten a la seguridad y a la salud en el trabajo», de conformidad con lo dispuesto en el capítulo V [«consulta y participación de los trabajadores»] de la Ley (art. 18.2 LPRL). Por último, los trabajadores [también sus representantes] podrán recurrir a la Inspección de Trabajo y Seguridad Social, «si consideran que las medidas adoptadas y los medios utilizados por el empresario no son suficientes para garantizar la seguridad y la salud en el trabajo» (art. 40.1 LPRL).

3. El deber del empresario de protección de los trabajadores frente a los riesgos laborales

El deber de protección se configura legalmente, por lo demás, como un *deber general*, en cuyo cumplimiento el empresario habrá de garantizar la seguridad y la salud de los trabajadores a su servicio en «todos los aspectos relacionados con el trabajo», mediante «la adopción de cuantas medidas sean necesarias para la protección de la seguridad y la salud de los trabajadores» y el desarrollo de «una acción permanente con el fin de perfeccionar los niveles de protección existentes», disponiendo «lo necesario para la adaptación de las medidas de prevención señaladas [..] a las modificaciones que puedan experimentar las circunstancias que incidan en la realización del trabajo» (art. 14.2 LPRL). Más aún, la propia ley califica de modo expreso esta atribución de obligaciones como deber general de prevención a cargo del empresario [«el deber general de prevención previsto en el artículo anterior»], que habrá de cumplirlo precisamente «con arreglo a los siguientes principios generales» [no exentos, por cierto, de alguna ingenuidad]: a) evitar los riesgos; b) evaluar los riesgos que no se puedan evitar; c) combatir los riesgos en su origen; d) adaptar el trabajo a la persona; e) tener en cuenta la evolución de la técnica; f) sustituir lo peligroso por lo que entrañe poco o ningún peligro; g) planificar la prevención; h) adoptar medidas que antepongan la protección colectiva a la individual; y, por último, i) dar las debidas instrucciones a los trabajadores (art. 15.1 LPRL).

Así pues, el deber de protección del empresario ha visto ampliado de modo sucesivo su propio contenido, que no se limita sólo a las tradicionales obligaciones de hacer relativas al *qué* de la prevención [«la adopción de cuantas medidas sean necesarias para la protección de la seguridad y la salud de los trabajadores», art. 14.2 LPRL], para alcanzar también obligaciones instrumentales acerca del *cómo* de la prevención [«la constitución de una organización» de la prevención, art. 14.2 LPRL] y, al propio tiempo, obligaciones de facilitación de la intervención colectiva de los trabajadores en la acción preventiva, relativas por tanto a *quiénes* deben participar en la misma [«información, consulta y participación» de los trabajadores, art. 14.2 LPRL].

La interpretación que se sigue comúnmente [por la doctrina y la jurisprudencia mayoritarias] sobre el alcance de este deber de protección empresarial llega a sostener que la enumeración legal y reglamentaria de las obligaciones integrantes del mismo se lleva a cabo únicamente a título ejemplificativo o de recordatorio, sin que, por lo mismo, llegue a agotar el contenido genérico del deber. El deber de protección se configura, de este modo, como un deber *general* y *completo*, como un deber *de medios* y no de resultados, como un deber *permanente* y de *adaptación variable* y, en fin, como un deber *no compensable* con las obligaciones impuestas a otros sujetos [al propio trabajador de modo señalado. O, dicho de otro modo, que el cumplimiento por parte del empresario de todas las medidas de protección que estén normativamente previstas no le inmuniza, de modo automático y necesario, de toda responsabilidad, si se demuestra que alguna de ellas, no adoptada por no haber sido establecida, era racionalmente necesaria.

No creo, en embargo, que esta posición extrema y mimética sea compatible, no ya con el principio constitucional de seguridad jurídica (art. 9.3 CE), sino ni siquiera con el propio sistema legal vigente de prevención de riesgos laborales. Cuando la LPRL establece que la adopción por el empresario de las medidas necesarias para la protección de la seguridad y la salud de los trabajadores deberá hacerse necesariamente «con las especialidades que se recogen en los artículos siguientes» (art. 14.2), siendo así además que el conjunto de las medidas prescritas [legal y reglamentariamente] se extienden nada menos que a hasta los doce grupos de obligaciones mencionados [relativas a todo el espectro de la acción preventiva y siendo muchas de ellas de carácter general], parece claro que el legislador ha querido ir más allá de la mera ejemplificación para acometer una operación jurídica de *determinación* del contenido del deber de protección empresarial. Y, en suma, el alcance positivo del todavía así llamado por la ley deber general de protección no podrá desembocar, seguramente, en la ilimitada y excesiva figura que a veces se quiere presentar.

4. La responsabilidad del empresario por incumplimiento de sus obligaciones en la materia

El *incumplimiento* por el empresario de las obligaciones que integran su deber legal de protección de los trabajadores frente a los riesgos laborales abre, ciertamente, el camino de las *responsabilidades y sanciones* en que aquél puede incurrir como consecuencia de la correspondiente infracción normativa. La LPRL sitúa de este modo el incumplimiento de sus obligaciones legales como el elemento desencadenante de la responsabilidad del empresario y de sus diversas expresiones posibles: «el incumplimiento por los empresarios de sus obligaciones en materia de prevención de riesgos laborales dará lugar a responsabilidades administrativas, así como, en su caso, a responsabilidades penales y a las civiles por los daños y perjuicios que puedan derivarse de dicho incumplimiento» (art. 42.1 LPRL). Además, por cierto, del eventual recargo de prestaciones económicas del sistema de seguridad social que pueda ser establecido de acuerdo con la legislación específica reguladora de aquél (art. 42.3 LPRL).

De modo que, en suma, la responsabilidad empresarial en materia de prevención de riesgos laborales puede adoptar una tipología plural:

1. Responsabilidad *administrativa* [infracciones en materia de prevención de riesgos laborales, arts. 11 a 13 Ley sobre Infracciones y Sanciones en el Orden Social, Texto Refundido aprobado por el RD Legislativo 5/2000, de 4 de agosto, LISOS].

2. Responsabilidad *penal* [arts. 42.1 LPRL, 3 LISOS y 147 a 152 y 316 a 318 Código Penal].

3. Responsabilidad *civil* general por daños y perjuicios [arts. 109 y ss CP y 1101 Código Civil].

4. Responsabilidad específica en materia de *prestaciones de seguridad social* [arts. 123 y 195 a 197 Ley General de la Seguridad Social, Texto Refundido aprobado por RD Legislativo 1/1994, de 20 de junio, LGSS].

Por lo demás, la *concurrencia* de responsabilidades de distinto tipo, y su eventual *compatibilidad*, por un mismo incumplimiento empresarial está contemplada legalmente a través de determinadas reglas de ordenación de la misma:

1. La compatibilidad legal de las *responsabilidades administrativas* que se deriven del procedimiento sancionador por infracción de las normas de prevención de riesgos laborales «con las indemnizaciones por los daños y perjuicios causados y de recargo de prestaciones económicas del sistema de la Seguridad Social que puedan ser fijadas por el órgano competente de conformidad con lo previsto en la normativa reguladora de dicho sistema» (art. 42.3 LPRL). Es decir, *compatibilidad plena entre responsabilidades administrativa y civil* [«por los daños y perjuicios que puedan derivarse de dicho incumplimiento», art. 42.3 LPRL]. Si el «recargo de prestaciones económicas» de seguridad social no es tenido legalmente por responsabilidad administrativa, al ser declarada de modo expreso compatible su percepción con esta última (art. 42.3 LPRL) y no resultar convincente desde el punto de vista lógico la declaración de compatibilidad de responsabilidades administrativas entre sí, todo parece apuntar a que la Ley ha querido decantar la cuestión relativa a la naturaleza de la institución en favor del carácter indemnizatorio o resarcitorio [y civil, por lo tanto] del recargo, que abandonaría legalmente así su consolidada calificación jurisprudencial de sanción administrativa para poder presentarse como una manifestación singular y reforzada de la indemnización general por daños y perjuicios. La posibilidad de aseguramiento del pago del recargo, y consiguiente derogación de la prohibición existente en la materia (art. 123.2 LGSS) por el artículo 15.5 LPRL no haría sino confirmar por cierto la nueva configuración legislativa de la institución.

Aun cuando el Tribunal Constitucional había venido afirmando, haciéndose eco de la dilatada jurisprudencia del extinto Tribunal Central de Trabajo a propósito del artículo 93 de la precedente LGSS, que el recargo de prestaciones económicas de seguridad social constituye una responsabilidad a cargo del empresario extraordinaria y puramente sancionadora, que por ello debe ser interpretada de manera estricta [sentencia 158/1985 y autos 596/1989 y 355/1991], lo cierto es que no dejaba de reconocerse posteriormente y de modo significativo, meses antes de la promulgación de la LPRL, el carácter polémico de la cuestión doctrinal sobre la naturaleza jurídica de esta figura, sobre la que por cierto excusa su pronunciamiento en dicho instante: «es innecesario terciar en la polémica doctrinal sobre la naturaleza jurídica de esta figura esclareciendo concretamente si en puridad se trata de una genuina sanción administrativa, ya que la palmaria inconsistencia de los reproches formulados nos exime de entrar en este tipo de consideraciones» (sentencia 81/1995).

2. El cumplimiento del principio *non bis in idem* y de la derivada *incompatibilidad entre las responsabilidades penal y administrativa* del empresario, de acuerdo con el cual «no podrán sancionarse los hechos que hayan sido sancionados penal o administrativamente, en los casos en que se aprecie identidad de sujeto, de hecho y de fundamento» (art. 3.1 LISOS). De modo que, cuando las infracciones pudieran ser constitutivas de ilícito penal, la Administración «pasará el tanto de culpa al órgano judicial competente o al Ministerio Fiscal y se abstendrá de seguir el procedimiento sancionador mientras la autoridad judicial no dicte sentencia firme o resolución que ponga fin al procedimiento o mientras el Ministerio Fiscal no comunique la improcedencia de iniciar o proseguir actuaciones» (art. 3.2 LISOS), mientras que, de no haberse estimado la existencia de ilícito penal, o en el caso de haberse dictado resolución de otro tipo que ponga fin al procedimiento penal, la Administración «continuará el expediente sancionador en base a los hechos que los Tribunales hayan considerado probados» (art. 3.3 LISOS). Sin que, en fin, estas actuaciones puedan afectar al «inmediato cumplimiento» de las medidas de paralización de trabajos adoptadas en los casos de riesgo grave e inminente para la seguridad o salud del trabajador, a la efectividad de los requerimientos de subsanación formulados, ni, por último, a los expedientes sancionadores sin conexión directa con los que sean objeto de las eventuales actuaciones jurisdiccionales del orden penal (art. 3.4 LISOS).

DIA 1 DE FEVEREIRO DE 2002
9,30 horas

TEMA IV

O DIREITO DO TRABALHO
E A PROBLEMÁTICA DA IGUALDADE

Presidência
Dr.ª Maria do Céu da Cunha Rego
Secretária de Estado para a Igualdade

Prelectores
Prof. Dr. António Nunes de Carvalho, da Universidade Católica
e Consultor Jurídico
Prof.ª Dr.ª Isabel Ribeiro Parreira, da Faculdade
de Direito da Universidade Clássica de Lisboa e Advogada
Dr. João Soares Ribeiro, Delegado Adjunto do IDICT
Prof. Doutor Jorge Leite, Catedrático da Faculdade de Direito
da Universidade de Coimbra

O ASSÉDIO MORAL NO TRABALHO

Isabel Ribeiro Parreira
Assistente da Faculdade de Direito da Universidade de Lisboa
Advogada

O ASSÉDIO MORAL NO TRABALHO

ISABEL RIBEIRO PARREIRA
*Assistente da Faculdade de Direito
da Universidade de Lisboa
Advogada*

I. INTRODUÇÃO[1]

1. Apresentação do tema

O assédio moral no trabalho reporta-se genericamente a uma prática social de perseguição reiterada de um trabalhador no universo laboral com danos psíquicos e psicológicos na vítima e com consequências no seu trabalho. Assumindo os contornos suficientes à construção de um modelo típico, social ou sociológico, a figura em análise não encontrou ainda suficiente enquadramento legislativo a ponto de sustentar um conceito jurídico preciso.

Como todos os agrupamentos humanos, o local de trabalho representa uma indiscutível fonte de tensões entre os indivíduos que o compõem e que *explodem*, na maior parte das vezes, sob a forma de pequenos conflitos, ainda que graves, mas esquecidos passado o calor da emoção.

---

[1] O presente texto corresponde, no essencial, à Conferência apresentada no V Congresso Nacional de Direito do Trabalho, em 2002. As alterações introduzidas para efeitos de publicação limitaram-se à formatação do discurso e à introdução de notas bibliográficas, não abrangendo as matérias constantes do projecto-lei e da proposta-lei do Código do Trabalho. A finalidade do estudo e o público a que se dirigiu, justificam a abordagem prática e utilitária, e os parcos desenvolvimentos teóricos que se justificariam relativamente a certos aspectos.

Não obstante, quando esses antagonismos se concentram numa mesma vítima de forma protelada no tempo, podem conduzi-la à exclusão e marginalização e, não raro, à sua destruição ou deterioração psicológica. São situações complexas que se desenrolam enquanto fenómenos de perseguição, identificados pelos sociólogos como *mobbing*, o termo mais universal nascido nos Estados Unidos.

Existentes desde sempre, estes processos agudizaram-se recentemente com o crescendo da competição entre trabalhadores e, em geral, com as dificuldades encontradas pelas empresas na cessação unilateral dos contratos de trabalho, perante a rigidez da legislação laboral nessa matéria. A tal facto, acresce a actual facilidade de meios de divulgação que a sede dos *mass media* permite e potencia. Hoje em dia, estudos recentes na Europa revelam que uma percentagem notável dos trabalhadores já foi objecto de semelhante assédio, com resultados graves psíquica e psicologicamente que vão desde o simples stresse até ao esgotamento nervoso e ao suicídio.

Atentas as suas gravíssimas consequências, não apenas para os próprios assediados como para a empresa enquanto factor de produção, e a sua já inegável frequência em termos inadmissíveis para Estados que colocam os valores humanos no topo dos bens jurídicos, o assédio moral é um problema de ontem que tem que ser legalmente analisado e regulamentado hoje, sob o risco de um crescimento imparável num futuro breve.

Os trabalhadores assediados queixam-se e os psiquiatras e psicólogos ouvem-nos, procuram tratá-los e transmitem a mensagem aos sociólogos. Estes, por sua vez, analisam a figura sob a sua particular perspectiva e alertam os interessados para a preocupante realidade do seu conteúdo e dos seus resultados perversos. Mais uma vez, a interdisciplinariedade revela-se imprescindível na análise de um problema que envolve pessoas e que assume perspectivas que fazem actuar interesses diferentes. O Direito do Trabalho que ora nos move, é apenas mais um olhar sobre a situação.

Cabe ao jurista tratar o tema à sua maneira, prevenindo a figura e reprimindo a sua proliferação. Até hoje, porém, à excepção da previsão legal específica do "harcèlement moral" no Código do Trabalho francês e da noção sueca pouco desenvolvida, desconhecemos legislação em vigor específica sobre o assunto, em Portugal[2], no direito comparado[3], no direito internacional[4] e no direito comunitário[5].

---

[2] Em Dezembro de 2000, foi discutido na Assembleia da República o projecto-lei sobre "terrorismo psicológico" ou assédio moral da iniciativa do partido socialista, apoiado

Em nosso entender e a este propósito, urge passar aos actos, continuando a investigar e a discutir, porque em última análise estaremos a lidar com temas nobres como a eficácia dos direitos fundamentais, a protecção dos direitos de personalidade, e a tutela do valor *homem*, enquanto ser biológico e ético. A prática do assédio moral atenta contra todos esses bens jurídicos e o universo laboral assume-se como um laboratório propício aos ensaios das concretizações das argumentações e dos pensamentos jurídicos mais ousados nesta matéria. Mais uma vez, surge a oportunidade do Direito do Trabalho encarar e tomar consciência das suas mais inatas diferenças, originalizando-se perante o berço civil, num reforço das suas autonomias.

2. O que se segue

Para definirmos o objecto do nosso estudo e conhecermos a realidade sob análise nas próximas páginas, avançaremos desde já com o nosso entendimento sobre o modelo sociológico do assédio moral, explicando em que consiste, definindo os seus requisitos básicos, confrontando-o com algumas terminologias e figuras afins, explicando as causas, as formas de actuação e as particulares consequências nas vítimas.

---

pelos sindicatos, sobretudo pela UGT que emitiu um comunicado de aprovação. O projecto, porém, assumia sobretudo preocupações penais e enquadramentos fora do contexto laboral em particular e acabou por não ter seguimento.

[3] Não obstante alguns projectos e propostas legislativas, na Alemanha e em Itália.

[4] A Organização Internacional do Trabalho (OIT) tem, contudo, promovido alguns estudos genéricos sobre o tema (que podem ser consultados na internet): *Violence at work*, Duncan Chappell e Vittorio Di Martino, International Labour Office, Geneva, 1998; *Violence at the workplace: the global challenge,* Vittorio Di Martino, International Labour Office, Geneva, 1998; *Violence on the job, a global problem*, International Labour Office, Geneva, 1998; *When work becames hazardous,*, International Labour Office, Geneva, 1998.

[5] Sem prejuízo das decisões sobre assédio sexual e assédio discriminatório (sobretudo, a recomendação da CE 92/13/CEE, 27/11/91; e as Directivas do Conselho 76/207/CEE, alterada pela Directiva 2002/73/CE, 27/9/02, e 2000/78/CE, 27/11/00), não existe legislação em vigor sobre o assédio moral, não obstante alguma preocupação revelada nesse sentido como, por ex., o projecto de parecer da Comissão dos Direitos da Mulher e da Igualdade de Oportunidades destinado à Comissão do Emprego e dos Assuntos Sociais, de 10/5/01, em que foi relatora Miet Smet (que pode ser consultado no site daquela Comissão).

Nesta fase não jurídica mas imprescindível ao nosso trabalho porque constrói os respectivas fundações, é essencial uma recolha de dados empíricos já trabalhados à luz da psicologia e da sociologia, pelo que não poderão deixar de constituir assento fundamental do nosso discurso, os estudos nessas áreas já legitimados pela doutrina.[6]

Apesar do direito comunitário não regular especificamente o assédio moral, prevê já o assédio sexual como discriminação sexual e outras formas de discriminação. Por isso, e porque a semelhança de termos provocada pela repetição da palavra "assédio" em todas essas figuras pode confundir o intérprete, cabe separar as águas revoltas do assédio sexual e do assédio discriminatório, não só um perante o outro como ambos em confronto com o assédio moral. Só depois será possível clarificar as ausências e inerentes necessidades de previsão legislativa comunitária.

Entrando directamente no enquadramento jurídico nacional do fenómeno, iremos apenas elencar, de forma resumida e não taxativa, as principais normas que pressupõem o modelo social de assédio moral na sua previsão, directa ou indirectamente.

Pressupondo a ocorrência desse fenómeno no universo trabalhista, ensaiaremos a aplicação de tais preceitos legais nos seus estreitos contornos, em busca da possibilidade legal do trabalhador, assediado moralmente, defender-se de uma forma adequada e útil.

Concluindo pela fragilidade da tutela genérica existente, laboral e não só, e realçando a essência fundamental da figura em análise, optamos por defender a necessidade da criação de um regime jurídico próprio do assédio moral no trabalho, cujas linhas gerais propomos, à luz da sua razão de ser: a indiscutível conflituosidade do ambiente laboral, gerada pela dialéctica das forças aí em confronto, constante e pessoal, nascidas das distintas e desequilibradas posições jurídicas do trabalhador e empregador.

---

[6] Sobretudo e frequentemente citado, o livro de MARIE-FRANCE HIRIGOYEN, *O assédio no trabalho – como distinguir a verdade*, Ed. Pregaminho, Lisboa, 1999; ou a versão espanhola de 2001, *El acoso moral en el trabajo – distinguir lo verdadero de lo falso*, Ed. Paidós Contextos, Barcelona. Releva-se que o anterior estudo da mesma autora, apesar do título *Le harcèlement moral* (*Assédio moral: a violência perversa no cotidiano*, Ed. Bertrand Brasil, Rio de Janeiro, 2001; *Assédio, Coacção e Violência no Quotidiano*, Ed. Pregaminho, 1999), trata sobretudo do assédio sexual. Outros estudos existem sobre o tema em geral da violência no local do trabalho, principalmente sobre *mobbing* (*maxime* o de Heynz Leymann), mas são mais abrangentes e serão citados infra a propósito dessa matéria.

II. O MODELO SOCIOLÓGICO DE ASSÉDIO MORAL

1. **Definição e requisitos**

A noção sociológica de assédio moral não é muito uniforme e apresenta-se como ampla à luz da lógica jurídica, sobretudo atentos os avanços comunitários na definição dos assédios sexual e discriminatório. O assédio moral detectado na realidade subjacente acaba por revelar-se uma figura mais genérica em relação aos assédios já previstos e regulados pela União Europeia.[7]

Tentando uma definição geral, o assédio moral pode ser concretizado por comportamentos com as seguintes características:
   a) uma perseguição ou submissão da vítima a pequenos ataques repetidos;
   b) constituída por qualquer tipo de atitude por parte do assediador, não necessariamente ilícita em termos singulares, e concretizada de várias maneiras (por gestos, palavras, atitudes, omissões, etc.), à excepção de condutas, agressões ou violações físicas;
   c) que pressupõe motivações variadas por parte do assediador,
   d) que, pela sua repetição ou sistematização no tempo;[8]
   e) e pelo recurso a meios insidiosos, subtis ou subversivos, não claros nem manifestos, que visam a diminuição da capacidade de defesa do assediado;
   f) criam uma relação assimétrica de dominante e dominado psicologicamente;

---

[7] Afirmando a falta de delimitação dos contornos da figura do assédio moral (ou "molestia morale" em italiano) e a construção, no seio do seu conteúdo, de uma figura mais restrita e mais discutida concretizada no assédio sexual, DANIELA IZZI, *Denuncia di mobbing e licenziamento per giusta causa: chi la fa l'aspetti?*, RIDL, XIX, 2000, 4, II, 776-790, 776-777. Esta autora, porém, acaba por identificar o assédio moral com o *mobbing*, a p. 778.

[8] Este é o elemento mais subjectivo, mesmo em termos sociológicos. Os psicólogos avançam um período mínimo de reiteração do comportamento de cerca 3 meses, a fim de poderem detectar os primeiros sintomas dos danos morais. Porém, esse elemento não pode ser muito rígido, pois dependerá também da definição dos danos admissíveis enquanto tais e da sua verificação no caso concreto. Assim, cfr. LAURA CALAFA, *Tra mobbing e mero conflitto: un'ipotesi di legittima reazione a un atteggiamento incivile del datore di lavoro*, RIDL, XXI, 2002, 1, II, 154-156, 155.

g) no âmbito da qual a vítima é destruída na sua identidade;
h) o que representa uma violação da dignidade pessoal e profissional, e, sobretudo, da integridade psico-física do assediado;
i) com fortes danos para a saúde mental deste;
j) colocando em perigo a manutenção do seu emprego;
k) e/ou degradando o ambiente laboral.

Em geral, o assédio moral consubstancia uma violência psicológica em pequenas doses, iniciada sem qualquer aviso, prosseguida de forma subversiva, e extremamente destrutiva por via do efeito cumulativo de microtraumatismos frequentes e repetidos.

Em termos meramente psicológicos, é também discutível o requisito da intencionalidade de tais comportamentos por parte do agente agressor, havendo quem defenda que é necessário que este tenha a finalidade de atingir a vítima, independentemente da motivação, mas também quem sustente a mera consciência dos factos e a omissão da sua reparação ou retractação.

Geralmente aceites, podemos apresentar como requisitos básicos da noção social de assédio moral, os seguintes: acto reiterado, subtil ou insidioso; concretizado em condutas de não contacto físico com a vítima; que viola direitos de personalidade do trabalhador; causando-lhe danos psico-físicos; com resultados no trabalho.[9]

2. Distinção de figuras afins

Na sequência desta definição e numa primeira observação, inúmeros comportamentos da iniciativa dos superiores hierárquicos e dos cole-

---

[9] A noção de *harcèlement moral* prevista no artigo L.122-49 do Código do Trabalho francês, é mais lata: "Aucun salarié ne doit subir les agissements répetés de harcèlement moral qui ont pour objet ou por effet une dégradation des conditions de travail susceptibe de porter atteinte à ses droits e à as dignité, d'altérer as santé physique ou mentale ou de compromettre son avenir professionnel". Cfr. o desenvolvimento doutrinário desta previsão, com aplicação ao nosso ordenamento, feito por LAPÉROU-SCHENEIDER, *Les mesures de lutte contre le harcèlement moral*, Droit Social, nº 3, Março 2002, 313-320, que também a critica por ser demasiado abrangente e concretizar uma definição aberta; e por ANTOINE MAZEAUD, *Harcèlement entre salariés: apport de la loi de modernisation*, Droit Social, nº 3, Março 2002, 321-324; e CÉDRIC BOUTU, *harcèlement moral et droit commun de la responsabilité civile*, Droit Social, nº 7/8, Julho-Agosto 2002, 695-703, que assinala a utilidade da manutenção da responsabilidade civil.

gas do trabalhador, poderiam parecer assédio moral, porque com este tantas vezes se confundem, embora em rigor se distingam.

Assim, em primeiro lugar, o assédio moral distingue-se do mero stresse profissional entendido este como um estado biológico normalmente causado pelas sobrecargas de trabalho ou pelas más condições laborais proporcionadas. Embora o stresse possa desgastar bastante uma pessoa e levar a uma depressão por esgotamento, é uma mera consequência não perversa do trabalho, uma espécie de assédio profissional em que não existe humilhação nem falta de respeito para com o trabalhador.

Não obstante, o stresse pode ser um primeiro estádio do assédio moral, pode parar ou transformar-se no fenómeno em análise quando a vítima se apercebe da maldade de que está a ser objecto, de que as ordens, as críticas, as atitudes e as palavras, não visam exclusivamente a sua produtividade, nem se relacionam com o interesse da actividade, mas revelam-se, só ou também, como uma forma do agressor a injuriar e humilhar.

No stresse e ao contrário do assédio moral, não existe intencionalidade malévola, isto é, visa-se apenas a rentabilidade do trabalhador e da empresa, enquanto no assédio o que está em questão é o indivíduo trabalhador, cuja vontade se tenta apagar tendo em vista outra motivações, *maxime*, o seu afastamento da empresa.

O stresse só é destrutivo quando excessivo, o assédio moral é destrutivo por natureza. Para o stressado, o descanso, bem como a retoma das suas condições de trabalho, são reparadores. O assediado moralmente irá ter que lidar com a vergonha e a humilhação durante muito tempo, variando o quadro clínico consoante a personalidade de cada indivíduo.

Em segundo lugar, o assédio moral distingue-se do conflito, declarado e aberto, porque não é verbalizado nem manifestado, mas oculto, subterrâneo; porque não integra uma igualdade de posições de ataque como o conflito, mas pressupõe uma assimetria de poderes gerada pela prévia desarmação do adversário, a vítima, que não tem vontade nem forças para contestar ou ripostar.

O conflito tem vantagens comparativas que consistem na igualdade teórica dos adversários, no reconhecimento do outro como um interlocutor válido, na manifestação de opiniões, na clareza das argumentações e na transparência das atitudes. Todavia, as empresas não o vêm com bons olhos, quer no seio dos trabalhadores entre si, quer na relação destes com a direcção da empresa e, por isso, tentam evitá-los, contorná-los, ignorá-los. Nesse sentido, as empresas podem causar a impossibilidade de prioritária comunicação quando fazem *vista grossa* a antagonismos que crescem e dividem o seu pessoal em grupos adversários lutando pelo controlo. O conflito é escondido e, por isso, pode passar facilmente a constituir assédio moral.

Em terceiro lugar, o assédio moral não é constituído pelos chamados maus tratos por parte dos superiores hierárquicos, por muito ilícitos e injustos que aqueles se possam revelar, porque o assédio moral é oculto e essas atitudes são praticadas às claras e perante todos os sujeitos da empresa. Tal conclusão não impede, porém, que aqueles superiores hierárquicos tirânicos não recorram, também, a processos subtis de assédio moral.

Em quarto lugar, sendo o assédio por natureza um comportamento persecutório, as agressões esporádicas, em princípio, não o integram, pois o assédio implica uma duração que os psicólogos defendem não inferior a três a seis meses.

Uma agressão violenta pode representar uma explosão de uma reacção impulsiva, faltando a premeditação pressuposta do assediador moral, visto como um indivíduo perverso narcisista. O que acontece não raro é uma súbita agressão, aparentemente única para a vítima – como um despedimento fulminante –, poder constituir uma atitude da entidade empregadora tão humilhante e com resultados tão graves para a vítima como qualquer forma de assédio moral. Mas, mesmo nesse caso, não deixa de poder ter existido uma reiteração do comportamento na realidade dos factos: é possível uma série de acções menores antecederam aquela agressão mais brutal, mas a vítima só as ter entendido posteriormente, somando todo o panorama fáctico anterior.

Em quinto lugar, não constituem assédio moral, as várias formas de violência manifesta e física, incluindo a sexual, nem a externa, ou seja, a proveniente de terceiros à empresa, salvo se esta souber e nada fizer para o evitar. Isto porque o assédio moral não abrange a violência física, por muito que, em consequência, possa desta ser origem patológica.

Em sexto lugar, as más condições e a sobrecarga de trabalho, em si e sem mais nenhuma circunstância, não são assédio moral porque não pretendem atingir um ou certos indivíduos em particular. Aquelas situações são ilícitas, atingem todos os trabalhadores e estes podem defender-se livremente em termos colectivos. Contudo, as más condições de trabalho constituem, se planeadas pelo assediador uma forma extremamente fácil de esconder um assédio moral.

Por fim, as decisões legítimas, as críticas construtivas, a avaliação profissional do trabalhador, por muito que não lhe sejam favoráveis, não integram qualquer forma de assédio moral por parte do superior hierárquico, autor das mesmas, desde que estas sejam explícitas e sem intentos de represálias.

Uma situação particular que também pode não representar assédio moral, mas que com este se confunde muito facilmente é o chamado "assédio casual", ou seja, quando a empresa, sem preocupações com a exploração profissional de que acabam por ser alvos os trabalhadores, lhes impõe objectivos extremamente difíceis de atingir, sem prejuízo da própria saúde daqueles. A ténue diferença residirá na difícil prova da intencionalidade, caso não se opte por uma visão objectiva do assédio moral, como veremos adiante.

3. As causas mais próximas

As circunstâncias que proporcionam ou caracterizam as situações mais frequentes de assédio moral no trabalho podem ser resumidas, no seu essencial mais perverso, da forma como segue:

a) a necessidade de impôr uma lógica de grupo no seio do ambiente laboral, que implique a necessária marginalização de alguma pessoa que daquele se destaca e se demarca.

b) a inveja, o ciúme e a rivalidade entre os vários trabalhadores, independentemente dos patamares hierárquicos em que se encontrem, gerada pela forte competição, por vezes imposta ou provocada pela empresa, que se manifestam, sobretudo, entre velhos e jovens, entre trabalhadores com cursos superiores e trabalhadores com muita antiguidade mas sem habilitações.

c) O medo, que funciona como o motor básico do assédio moral em termos psicológicos: o assediador ataca para se proteger de um perigo, real ou imaginado, concretizado em algum rival transformado em inimigo a abater, ou simplesmente abstracto, consubstanciado nos receios de errar, de não agradar, de não corresponder às expectativas, de não evoluir na empresa. A vergonha de manifestar esse medo acaba por reflectir-se, por vezes, na violência praticada sobre os subordinados.

d) Por fim, a existência de certas regras na empresa, supostamente ocultas – tantas vezes porque ilícitas –, provocam o destaque de certos trabalhadores que não as pretendem cumprir no rigoroso respeito da lei, e a consequente marginalização destes através do assédio moral.

4. As formas de actuação

São quatro as principais e habituais formas de concretização do assédio moral, por parte do seu agente em relação à vítima:

a) a provocação do isolamento da vítima

O assédio moral pode ser encarado como uma patologia da solidão na medida em que os principais alvos são as pessoas sós e sem apoio (as mães solteiras, os trabalhadores precários).

A primeira estratégia do assediador pode consistir, exactamente, em quebrar os laços já estabelecidos entre a vítima e os colegas ou outras entidades na empresa, não a deixando falar com eles, não fazendo chegar-lhe as respectivas mensagens ou informações, etc.. Depois de isolada, a vítima não tem coragem para, atacada, ir pedir auxílio ao grupo do qual se afastou.

Acresce, ainda, o facto do agressor arrastar consigo os outros trabalhadores mais manobráveis contra a vítima, mantendo-se os restantes em silêncio, não hostil, mas embaraçado. Contudo, tudo se passa rapidamente num ciclo vicioso: a vítima entende esse silêncio como hostil, reage da mesma forma e o outros trabalhadores acabam, em resposta, por realmente hostilizá-la.

Este processo, em empresas que privilegiam a especialidade e o individualismos, é tarefa facilitada para o agressor.[10]

b) O trabalho como pretexto de ataque

Uma maneira que se revela particularmente subtil de assediar alguém moralmente no trabalho, consiste em alegar o cumprimento do trabalho como desculpa para maltratar psicologicamente o trabalhador. Por exemplo: exigindo o cumprimento perfeito de uma certa tarefa, para a qual o superior hierárquico não fornece os instrumentos adequados, o que não se revela óbvio para todos e para a própria vítima; exigindo a um trabalhador muito serviço e rapidamente e não atribuindo qualquer tarefa a outro.[11]

---

[10] Quando o grupo de trabalho identifica uma situação de assédio moral provocada por uma chefia, a atitude mais comum e até compreensível é o afastamento da vítima. Com efeito, é sentimento geral de que aquela pessoa é mal vista pelos superiores e que, portanto, solidarizar-se com ela pode significar a perda do emprego ou tratamento semelhante. Cria-se, em consequência, um espírito de individualismo entre os trabalhadores que só interessa para as empresa que preferem a produtividade e menosprezam as relações humanas.

[11] Podem referir-se outros exemplos: a atribuição de tarefas monótonas e repetitivas, ou muito superiores ou inferiores aos conhecimentos do trabalhador assediado de

A defesa do assediador acaba sempre por assentar na necessidade e importância das tarefas que só podem ser levadas a cabo por um certo trabalhador, o que aumenta com a complexidade daquelas. Por isso, as formas mais insidiosas de assédio moral são mais fortes no sector administrativo do que, por exemplo, no sector produtivo, e crescem com a especialidade das funções.

Outras concretizações mais notórias são o destaque e enlevo exagerado dos erros cometidos pelo trabalhador e a atribuição a este de tarefas absurdas ou inúteis.

c) As referências à intimidade do assediado

A necessidade que o agressor sente de dominar a vítima de assédio moral a qualquer preço leva-o, na ausência de outras vias mais fáceis, a fazer referências indirectas, na crítica ao trabalho desenvolvido pela vítima, a situações muito íntimas e por vezes desconhecidas que esta não pode nem sabe emendar, dizendo, por exemplo: " Você tem qualquer coisa que a impede de fazer bem este trabalho".

Outra via, ainda mais malévola, consiste na recolha de informações relevantes sobre a vida íntima e particular da vítima[12] e tomar atitudes que façam a vítima recordar-se desses aspectos que a magoam bastante[13], provocando danos muito mais graves e profundos do que qualquer crítica meramente profissional.

É o ataque aos pontos débeis da vítima, diminuindo a sua defesa, fazendo com que esta perca a confiança em si mesma, impedindo-a de contra-argumentar e de responder adequadamente, ficando constrangida, desarmada antes do combate.

---

modo a desmoralizá-lo face aos colegas; sobrecarga de serviço com prazo apertado deixando claro, depois do serviço feito, que as tarefas eram desnecessárias; marcação de horários para uso do quarto de banho; pressão para não usarem o tempo todo do intervalo para almoço ou das licenças para maternidade e de doença; exigência de exames de saúde desnecessários; exigência do cumprimento de tarefas sem estarem verificadas as condições mínimas de segurança a fim de, perante a recusa do trabalhador, este ser chamado de cobarde.

[12] Esta recolha pode passar por meios ilícitos, mas também pode usar medidas perfeitamente normais para um superior hierárquico, como consultar os ficheiros da empresa.

[13] Por exemplo, quando o superior hierárquico conhece que o trabalhador assediado teve um passado traumático com um pai militar, é fácil abalar a estabilidade psicológica daquele, fazendo referências aparentemente inocentes a esse pai (v.g. mentindo tê-lo conhecido) ou aos militares em geral.

d) A ausência de fundamento ou gratuitidade da atitude do assediador

A forma mais danosa de assédio moral, porque psicologicamente destruturante, acaba por derivar da própria essência insidiosa do mesmo, elevada ao máximo: é a ausência de qualquer sentido dos comportamentos contraditórios levados a cabo pelo agressor. Num dia a vítima é um óptimo trabalhador, elogiado, incentivado e premiado. No dia seguinte ou após umas férias, é marginalizado, são-lhe vedadas informações e atriuídas outras ou nenhumas funções.

Na realidade, as atitudes vexatórias são aleatórias e os modos de actuação podem variam bastante, mas ao tentar compreendê-los, na especulação sobre as razões da sua desgraça, a vítima perde-se numa espiral de auto culpabilização. A resposta nunca chega a ser encontrada, nem nos colegas silenciosos que fingem que nada se passa, nem, muito menos, no agressor que tudo nega e que a faz pensar que é tudo fruto da sua imaginação e que pode estar a ter problemas graves. O processo enlouquece qualquer um...

A falta de explicação para o sucedido, sobretudo quando o trabalhador assediado se dedicou muito ao seu trabalho, aumenta a humilhação porque a vítima percebe que a atitude do assediador não se funda em incompetência profissional, porque senão a empresa tê-la-ia despedido ou aplicado outra sanção disciplinar.

5. A perversidade

A perversidade do assédio moral reporta-se, afinal, à atitude subjectiva do agressor, à sua finalidade, à sua intenção de agredir a vítima ou, no mínimo, à consciência que o assediador tem desses resultados negativos do seu comportamento na pessoa do assediado.

No que respeita à intencionalidade do agente, esta é deveras e sempre relevante no assédio moral, porquanto a consciência, por parte da vítima, do carácter malévolo do comportamento ofensivo de que está a ser objecto, agrava sobremaneira o impacto do traumatismo psicológico.[14]

---

[14] Pressuposta está a consciência da própria vítima sobre a sua situação de assediado. Ela pode desconhecer a intenção desse resultado, mas tem que ter consciência do dano. De qualquer modo, é extremamente importante para o próprio assediado, saber se o comportamento do assediador é intencionalmente dirigido ao ataque à sua pessoa, ou

Apesar disso, os assediados negam sempre, obviamente, essa intenção, alegando que não perceberam os resultados, que obedeciam a ordens, que a vítima é muito susceptível. Contudo, para esta, o que mais a transtorna é a negação do acto pelo agressor porque isso a leva a duvidar das suas próprias certezas e percepções. Um acto franca e visivelmente hostil, é fácil de replicar. E tanto assim é que se considera que, após um comportamento aparentemente ou até mesmo inicialmente em assédio moral, se o agressor reconhecer que foi um problema qualquer exterior à sua vontade (por exemplo, de difícil comunicação ou de má educação), admitir o erro e pedir à vítima que releve, mudando a sua conduta, deixa de haver assédio moral. Na maioria das vezes, a vítima não pede mais do que isso mesmo.

No que toca à consciência de agredir, esta pode ser directa, nos casos normais em que o agressor conhece os resultados e com eles se conforma, mas pode, ainda, indirecta quando, por exemplo, o agressor explica que não quer, mas é mais forte do que ele, ao que chamam os psicólogos, a compulsão mal intencionada.

Em termos sociológicos, é maioritária a defesa da existência de assédio moral apesar da ausência da intenção do assediador, desde que este tenha consciência dos factos lesivos e dos prováveis resultados na vítima, sendo certo que são muitas as vezes em que estes são admissíveis por qualquer homem médio. Assim, na prática, a vítima pode provar uma situação de assédio moral, desde que consiga fazer prova sobre o conhecimento dos factos por parte do agressor, deixando a prova da intenção para uma eventual agravação de todo o comportamento.

Uma análise jurídica discutirá se essa intenção se presume ou se é desnecessária, ou seja, se estaremos perante uma responsabilidade pelo risco ou uma inversão do ónus da prova. De qualquer modo, os exemplos práticos fornecidos pelos psicólogos apontam não só para o carácter meramente objectivo do assédio moral, na esteira do defendido a propósito do assédio sexual intimidatório[15], como até para a responsabilidade dos colegas que se calam e nada fazem, aceitando tacitamente a situação: a empresa tem sempre responsabilidade pelo assédio, ainda que o desconheça

---

apenas este foi um resultado não particularmente pretendido por aquele. Psicologicamente, é muito mais grave para a vítima a ideia de que lhe querem mal, de que está a ser alvo directo das intenções malévolas de alguém.

[15] Remetemos a este propósito, para o nosso *Assédio sexual no trabalho*, publicado nas últimas memórias do IV Congresso Nacional do Direito do Trabalho, de 2002.

com culpa, porque existe sempre uma falta de consideração pelos valores dos trabalhadores. A responsabilidade da empresa só é afastada quando desconhece sem culpa. Os colegas de trabalho são também responsáveis, não apenas aqueles que confirmam tacitamente os actos ofensivos do agressor, como os restantes que não tentaram, pelo menos, evitar a situação ou ajudar a vítima.

Por último, não podem deixar de ser consideradas a sensibilidade da vítima e a sua susceptibilidade e fragilidade psicológica, porque estas afectam a gravidade do resultado e potenciam-no, e o assédio moral é uma figura sobretudo destacada das outras perseguições no trabalho, pelos especiais danos que provoca na vítima. Porém, nunca deixará de existir um padrão social mínimo que, independentemente das razões e explicações invocadas pelo agressor, impede que certo comportamento deixe de ser qualificado como assédio moral. Há sempre um limite que traça a patologia que existe para qualquer agressor e para qualquer vítima.

O assédio moral é, pois, um processo perverso que manipula o homem mediante o desprezo pela sua liberdade, dignidade e personalidade, com o único fim de aumentar o poder do agressor através da pura eliminação de todos os obstáculos presentes no seu percurso até ao topo

A empresa como universo laboral potencia e incentiva essas situações de rivalidade, de competição desenfreada, de jogos de poder, fechando não raro os olhos às consequências na busca de maior rentabilidade num mercado concorrencial difícil.

O assédio moral é claramente uma forma de manipulação como estratégia deliberada, principalmente quando a entidade empregadora pretende afastar algum trabalhador: ou porque quer fazer cessar unilateralmente o contrato de trabalho e não tem fundamento legal; ou este fundamento até existe mas é oneroso; ou porque não quer pagar uma compensação justa num acordo de revogação.

6. As várias terminologias

Apesar de não constituir um fenómeno novo, os estudos científicos sobre o assédio moral são relativamente recentes e muitas foram as suas aproximações, mesmo em termos terminológicos, que pressupõem diferentes conteúdos e distintas formas de abordagem nos vários países. Todavia, constatação fundamental é a ocorrência do assédio moral no trabalho em todas as culturas, não obstante a ausência de dados estatísticos comparáveis pela dificuldade de estudos utilizando as mesmas noções.

O termo americano *harassment* surgiu em 1976 introduzido por um psiquiatra e ganhou mais relevo com o assédio sexual, conotando-se, pois, com violências físicas e com um conceito mais lato de perseguição de uma pessoa para a atacar.

A partir de 1990, chegaram aos Estados Unidos os estudos feitos por Heinz Leymann, psicólogo alemão residente na Suécia, que criou o termo *mobbing* que se reporta às severas formas de assédio no seio das organizações.[16] Não esquecendo que em inglês *Mob* com maiúsculas significa Máfia, é óbvia a origem do termo associada a fenómenos de grupo e, por extensão, a métodos pouco claros.

Porém, o termo *mobbing* para LEYMANN reporta-se a uma ideia mais genérica de assédio, que consiste em actuações hostis frequentemente repetidas no local de trabalho, visando sistematicamente a mesma pessoa, numa perspectiva de forma grave de stresse psicossocial e de perseguição de uma pessoa no local de trabalho após um conflito degenerado. Esta figura difundiu-se nos anos 90, no campo do stresse profissional, nos países escandinavos e na Alemanha. Em 1994 Heinz Leymann publica um livro sobre a matéria no meio laboral,[17] bastante divulgado e a lei sueca cria a previsão do *mobbing* como "acção repetida e repreensível ou claramente negativa, que se dirige contra os empregados de maneira ofensiva e que podem conduzir à sua marginalização no local de trabalho".

Nos países nórdicos (Dinamarca, Finlândia, Suécia), bem como na Suíça e na Alemanha, segue-se esta terminologia e prosseguem as investigações, enquanto em Itália, nos últimos anos, o assunto é discutido juridicamente sob a mesma denominação.

Por outro lado, o termo *bullyng* é utilizado desde há muito em Inglaterra e relaciona-se com ofensas brutais e tirânicas, tendo sido inicialmente analisado em meios mais gerais, principalmente, nas escolas, na família, nos exércitos e nos meios desportivos. Em 1984, Lazarus introduz o tema na psicologia do trabalho, mas *bullyng* acabou por reportar-se a situações não tipicamente laborais e organizacionais, mas individuais e verticais (originadas pelos superiores hierárquicos).

Ainda em Inglaterra surgem os chamados *whistleblowers*, que denunciavam as disfunções do sistema e que sofriam as represálias, numa

---

[16] *The mobbing encyclopaedia– The definition of mobbing at workplaces*, www.leymann.se/English/12100E.HTM.

[17] *Mobbing, la persécution au travail*, 1996, Seuil.

concretização específica de uma forma de assédio moral que se destina a calar quem não entra no jogo, o que originou a criação de alguns grupos de apoio nos países anglo-saxónicos.

Por fim, também no Japão, o termo *ijime* começou por representar a forma legítima de integração num grupo, numa sociedade avessa aos individualismos. Quando o assédio moral no trabalho se tornou brutal, aderiu-se ao termo *moral harassment*, pela falta de equivalência na língua japonesa, mas o assunto em discussão é o mesmo que nos restantes países.

Confrontando os termos *mobbing e bullyng* com o assédio moral, chegamos à conclusão que este se refere a agressões não físicas feitas de forma subtil e, por isso, mais difíceis de identificar e provar, independentemente da sua proveniência. Não obstante ser uma forma geral de discriminação, a definição de assédio moral não integra nem as violações físicas, incluindo as sexuais, nem as discriminações, com regimes próprios.

O *mobbing*, por sua vez, corresponde em primeira linha a perseguições colectivas e a uma violência também física relacionada com organizações, e o *bullyng* é mais amplo que aquele, pois abrange burlas, marginalizações, agressões físicas, e até mesmo condutas de abuso sexual ou discriminatório, numa perspectiva individual e não organizacional, procedendo mais de superiores hierárquicos.[18]

Não obstante, o termo *mobbing* tem sido o mais usado na doutrina laboralista ou não, por reportar-se de forma ampla às perseguições no trabalho, à violência ou ao "terrorismo" psicológico, porquanto não limita as formas usadas na sua prossecução, nem as motivações. Como o elemento mais caracterizador do *mobbing* e do assédio moral consiste no tipo de danos provocados na vítima, além de outras semelhanças em termos comportamentais, os estudos sobre o *mobbing* em particular, não deixarão certamente de contribuir para a análise do assédio moral.[19]

---

[18] Este é também o entendimento do Parecer da Comissão dos Direitos da Mulher e da Igualdade de Oportunidades, acima identificado. Contudo, é prática comum na doutrina e nas variadas publicações sobre o tema, a identificação dos dois conceitos e a utilização conjunta e com o mesmo significado dos termos *assédio moral* e *mobbing*.

[19] Nessa linha, cfr., v.g., PATRIZIA TULLINI, *Mobbing e rapporto di lavoro*, RIDL, XIX, 2000, I, 3, 251-268, que utiliza ambos os termos e marca a diferença do *mobbing* exactamente nas motivações e nas formas de actuação; GIUSEPPE PERA, *La responsabilità dell'impresa per il danno psicologico subito dalla lavoratrice perseguitata dal preposto (a proposito del c.d. mobbing)*, RIDL, XIX, 2000, II, 1, 102-103, que traduz o termo americano para a expressão "persecuzioni in danno dei lavoratori"; MARCELLO D'APONTE,

7. Alguns elementos estatísticos

7.1. *As vítimas de assédio moral*

As maiores vítimas deste fenómeno têm, em média, mais de 48 anos, sendo as mulheres as mais afectadas (sobretudo nos países latinos), verificando-se, também situações de discriminações por variadas razões.[20]

7.2. *Os agressores*

Dos assediadores morais, 58% são superiores hierárquicos da vítima (assédio moral descendente), 12% são seus colegas de trabalho (assédio moral horizontal), 29% são uns ou outros e ambos ao mesmo tempo (assédio moral misto), e 1% são subordinados do assediador (assédio moral ascendente).

8. As condutas em assédio moral

As condutas concretizadoras do assédio moral são variadas e vão desde a mais subtis até às mais evidentes, não deixando nunca de

---

Molestie sessuali e licenziamento: è necessaria la prova del c.d. mobbing, RIDL, XIX, 2000, 4, II, 769-775; Daniela Izzi, *Denuncia di mobbing e licenziamento per giusta causa: chi la fa l'aspetti?*, cit; Laura Calafa, *Tra mobbing e mero conflitto: un'ipotesi di legittima reazione a un atteggiamento incivile del datore di lavoro*, cit; Martina Vincieri, *Natura del danno risarcibile, danno esistenziale e responsabilità datoriale in ipotesi di mobbing sul luogo di lavoro*, RIDL, XX, 2001, 4, II, 719-733.

[20] Este é um dado, bem como os restantes referidos infra, na ausência de estudos estatísticos específicos sobre o assédio gerais sobre todos os países, recolhido por um inquérto realizado em França por Hirigoyen e que pode ser consultado no site www.harcelementmoral.com. Utilizamos apenas o resumo dos dados que entendemos mais relevantes de acordo com a finalidade deste texto. Outros inquéritos existem sobre o tema, mas de uma forma mais alargada à violência no trabalho, que fogem um pouco ao assédio moral em análise e sempre limitados a áreas geográficas definidas. Em 1996, A Fundação Europeia para a Melhoria das Condições de Vida e de Trabalho levou a cabo um inquérito em que concluíu existirem 12 milhões de trabalhadores na Europa que se consideram vítimas de assédio moral, mas o tema do inquérito era mais lato (*Segundo inquérito europeu sobre as condições de trabalho*, 1997, Serviço de Publicações Oficiais das Comunidades Europeias).

apresentar o necessário e distintivo carácter insidioso. Podemos subdividi-las em quatro conjuntos que crescem em evidência e diminuem em subtileza:
   a) os atentados contra as condições de trabalho – com maiores consequências sobre aspectos profissionais e praticados só pelos superiores hierárquicos – 53%;
   b) o isolamento e a marginalização – praticados pelos colegas e superiores – 58%:
   c) os atentados contra a dignidade – praticados mais pelos colegas e com efeitos muito pessoais – 56%;
   d) as violências verbais, físicas ou sexuais – aparecem na sequência do assédio moral já instalado, em que a vítima já é estigmatizada como paranóica e implicam uma sua transformação noutro tipo de perseguição – 31%.

9. As consequências do assédio moral na vítima

9.1. *Num período inicial*

Quando o assédio é recente, resultam alguns problemas psicológicos para a vítima menos graves, como o stresse e a ansiedade, a depressão e os transtornos psicossomáticos.

Os problemas relacionados com o stresse e a ansiedade consistem na resposta do organismo à hiper-estimulação do sujeito: cansaço, nervosismo, insónias, sonambulismo, problemas digestivos, etc.. Contudo, a este stresse acresce um sentimento de impotência, de humilhação e a ideia de que a vítima não é normal. Neste estádio, a pessoa pode recuperar-se facilmente, sem consequências a longo prazo, se a separam de quem a atormenta ou se o agressor se retracta.

Se o assédio se prolonga mais um pouco no tempo, a vítima pode atingir um estado depressivo maior, apresentando um humor triste, sentimentos de desvalorização e de culpabilidade excessivos ou inapropriados, perdendo o desejo e o interesse por tudo o que era anteriormente importante, surgindo o risco do suicídio como já bastante apreciável.

Os transtornos psicossomáticos são variados e dão-se com muita frequência, mas são tratados, em primeira instância, com medicação e acompanhamento médico adequado.

Em consequência de um assédio moral protelado no tempo, estes transtornos surgem sempre em primeiro plano, pois o corpo acusa a agressão antes do cérebro, que se nega a ver o que não consegue compreender. Mais tarde, o corpo será também consciente do traumatismo e os sintomas correm o risco de serem seguidos de stresse post traumático. Estes sintomas assumem uma crescente gravidade e concretizam-se, nomeadamente, em emagrecimentos espectaculares de 15 a 20 quilos em poucos meses, de problemas digestivos, endócrinos, hipertensão incontrolável, mal-estar, vertigens, problemas de pele, etc.. O traumatismo físico pode ter repercussões psíquicas e vice versa.

9.2. Após vários meses

Passados vários meses de assédio moral, os sintomas de stresse transformam-se num transtorno físico manifesto, sofrendo todas as vítimas desestabilizações duradouras, deixando marcas indeléveis e danos psicológicos mais graves que podem, ou não, resultar do protelamento da situação: o stresse pós-traumático; a desilusão e a reactivação de feridas passadas.

O assédio moral constitui um traumatismo que assenta num acontecimento intenso, eventualmente repetido, na vida de um sujeito, concretizado na incapacidade em que este se encontrou na hora de responder a esse acontecimento de maneira adequada e os efeitos duradouros que este acontecimento provoca sobre o psiquismo da vítima.

Constituem-se, então, neuroses e psicoses traumáticas, com o estado de stresse pós-traumático. A pessoa traumatizada não consegue deixar de pensar no incidente, revive constantemente as cenas de humilhação e de violência, através de falses dolorosos e de pesadelos recorrentes, por vezes para sempre. Muitos anos depois, persistem nestas pessoas condutas de medo ou de fuga à dor, impedindo-as de regressar aos lugares onde o assédio ocorreu e de estar com os colegas que com ela conviveram nessa data, o que degenera numa espécie de fobia.

Como o traumatismo comporta uma distorção temporal, a memória pára no acontecimento traumático e o presente parece irreal, o que resulta em esquecimentos, num forte desapego do quotidiano, incluindo o amor das pessoas mais próximas, e numa profunda solidão. A desilusão implica uma perda narcisista da vítima que é tanto mais forte quanto mais dedicada esta era ao seu trabalho. A vítima sente-se minada, desgastada, usada, fracassada, de paraíso perdido.

Se, por acaso, a vítima também teve outras histórias incertas ou dolorosas no passado, como a tirania ou perversidade de um pai ou de uma mãe ou outras humilhações de infância, o assédio moral e o consequente traumatismo despertam a angústia passada e invocam todos os desgostos anteriores, numa acumulação insuportável de dor psicológica.

9.3. Os danos normais específicos

O que distingue o assédio moral das outras formas de sofrimento no trabalho é, sobretudo, o predomínio da vergonha e da humilhação, a par de uma ausência de ódio face ao agressor: as vítimas só querem ser reabilitadas e recuperar a sua honra escarnecida, sentem vontade de esconder-se e de retirar-se do mundo.

A vergonha esclarece a dificuldade que têm todas a vítimas de se explicarem, sobretudo quando o assédio é individual. Aquilo que mais as irrita e desgosta é não ter sabido agir para evitar o assédio e as humilhações sofridas. Por outro lado, o que adoece o assediado é o incompreensível, os discursos falsos do agressor com vista à perda de sentido dos seus comportamentos. Esta dupla linguagem das empresas pode destruir os trabalhadores e torná-los paranóicos, dizendo-lhes que são os responsáveis pelo que lhes está a acontecer, que têm um problema, que estão loucos.

Se duvidar da própria saúde mental é já agonizador para a vítima, o facto de os seus colegas se comportarem como se nada se tivesse passado ou como se ela fosse a culpada de tudo o que lhe aconteceu, é verdadeiramente insuportável.

O passo para os actos agressivos, para gestos impulsivos, para a cólera, destruindo material da empresa, injuriando o agressor, é uma consequência quase automática que as próprias vítimas não conseguem evitar, assumindo carácter desesperado e quase suicida, pois estas sabem que estão a agravar a sua situação.

Por fim aparecem as modificações psíquicas e as psicoses.

O assédio moral pode provocar uma verdadeira destruição da identidade da pessoa e mudar o seu carácter de forma permanente, através do acentuar de certos rasgos de carácter prévio, ou da aparição de transtornos psiquiátricos. Trata-se de uma autêntica alienação, no sentido de que a vítima se despoja dela própria e se converte numa estranha perante si mesma.

Pode ocorrer, também, uma desvitalização, uma neurose traumática, passando o seu estado depressivo a crónico, como se jamais se pudesse separar da empresa. È um "assassinato psíquico", pois a pessoa continua vivendo mas convertida numa espécie de zombi, incorporando em si para sempre uma parte do agressor: as suas palavras ou as condutas em assédio moral.

Outras vezes, as vítimas de assédio moral evoluem no sentido de uma rigidificação da sua personalidade e surgem rasgos paranóicos. Da desconfiança legítima das atitudes dos superiores hierárquicos, passam a paranóias induzidas, buscando provas, verificando tudo, até atingirem um sentimento de perseguição que pode chegar ao delírio

Por fim, surge a psicose, podendo produzir uma fractura no psiquismo da vítima, levando a pessoa a delirar de modo mais ou menos frequente. Trata-se de uma patologia delirante, feita de alucinações auditivas e psíquicas num ambiente de delírio de perseguição, chamada psicose alucinatória crónica. Afinal, o assédio moral transforma-se num processo em que a vítima acaba por converter-se naquilo que a acusam de ser – inúteis ou loucas –, desvirtuando-a enquanto pessoa.

Deste modo, pode concluir-se que o assédio moral, em sede de violências praticadas contra os trabalhadores no local de trabalho, destaca-se sobretudo, sem prejuízo da necessidade de verificação de outros elementos essenciais da definição, pelos danos que provoca no trabalhador (danos psico-físicos e psicológicos) e pela reiteração da actividade persecutória. Presentes estes aspectos, o assédio moral pode ser encarado como *mobbing*.[21]

III. O ENQUADRAMENTO DA FIGURA NO DIREITO COMUNITÁRIO

1. Generalidades: a ausência de previsão específica

Presentes os dados sociológicos do assédio moral que nos permitiram definir os seus contornos enquanto prática social ainda não tipificada

---

[21] Neste sentido, MARCELLO D'APONTE, *Molestie sessuali e licenziamento: è necessaria la prova del c.d. mobbing*, cit., 772. O autor refere-se ao *mobbing* como uma figura lata que abrange tanto o assédio sexual como o moral, acabando por aproveitar os mesmos desenvolvimentos do tema na psicologia que nós acima relevámos.

legalmente, cabe, antes do enquadramento jurídico nacional, esclarecer como esta definição se comporta perante as noções já previstas em decisões comunitárias sobre fenómenos que, embora distintos, se associam fácil e frequentemente àquele em análise: o assédio sexual e o assédio discriminatório.[22]

Partimos, pois, de um pressuposto básico que reside na ausência de regulamentação comunitário do assédio moral e partimos para a hipótese, de direito da constituir, de uma sua previsão nessa sede.

2. O assédio sexual na Recomendação da CE 92/13/CEE, de 27/11/91, e no respectivo Código de Conduta

Recordando os traços essenciais da noção de assédio sexual[23], poder-se-á dizer que este consiste, separando os elementos autonomizáveis: a) em condutas de carácter sexual ou praticadas em razão do sexo (nas primeiras, denominadas de assédio sexual, presume-se a finalidade de relacionamento íntimo; nas segundas, denominadas de assédio, há que prová-la); b) que afectem a dignidade do homem e da mulher no trabalho; c) que são praticadas por superiores hierárquicos e colegas; d) que são despropositadas atentas as circunstâncias, e indesejadas e ofensivas para a vítima a que se dirigem; e) desde que: ou sejam a causa de decisões que prejudiquem directa ou indirectamente o trabalhador na empresa (assédio sexual por chantagem, em abuso de poder, onde é necessário apurar a finalidade do agente); ou criem um ambiente laboral intimidatório, hostil ou humilhante para a pessoa a que se dirigem (assédio intimidatório, objectivo, onde não interessa a finalidade do agente).

Em consequência, as decisões tomadas pelo assediador em prejuízo do assediado por causa do assédio sexual são nulas, e todos os actos são ilícitos – ilicitude laboral contratual – e dão origem à responsabilidade pelos danos provocados.

---

[22] Remetemos, mais uma vez, para o nosso *Assédio sexual no trabalho*.
[23] Pressupostos na noção de assédio sexual recolhida dos textos comunitários acima referidos.

3. O assédio discriminatório na Directiva do Conselho 2000/78//CE, de 27/11/00, sobre igualdade de tratamento no emprego e na actividade profissional

Nos termos desta directiva, foi prevista a figura do assédio discriminatório, quando motivado pela discriminação da vítima em razão da religião, das convicções, da deficiência, da idade ou da orientação sexual, e desde que: a) ocorra um comportamento indesejado; b) relacionado com esses motivos; c) com o objectivo ou o efeito de violar a dignidade da pessoa e de criar um ambiente de trabalho hostil, degradante, humilhante e desestabilizador.

Como, nos termos da própria Directiva do Conselho, este assédio discriminatório é destacado do assédio sexual – embora este também represente uma forma de discriminação, só que mais grave e já tutelado por um regime próprio –, há que proceder a um confronto rápido entre as duas definições.

Assim, de semelhante, encontramos as consequências da violação da dignidade e da criação de um ambiente de trabalho intimidatório, como objectivo ou efeito do assédio, o que pode causar também os mesmos tipos de danos na vítima.

De diferente, detectamos, as motivações e a natureza ou tipo de condutas: enquanto no assédio sexual o motivo é o relacionamento sexual enquanto relacionamento intimo, no assédio discriminatório o motivo é a discriminação de alguém pelas razões já invocadas. Quanto às condutas, enquanto no assédio sexual estas, ou têm carácter sexual, ou são praticadas em razão do sexo, no assédio discriminatório, a conduta pode ser de qualquer tipo.

Não obstante, ocasiões podem existir em que o assédio sexual seja também discriminatório, havendo da parte do assediador a perseguição de uma vítima em busca de um relacionamento íntimo, recorrendo a condutas com esse carácter ou essa motivação, por motivos discriminatórios, por exemplo, por ela ser de outra religião.

Embora na prática seja difícil encontrar situações em que, realmente, ambos os motivos se conjuguem na mesma força, tal duplicação pode ocorrer. Nesse caso, por muito que o assédio sexual seja uma forma de discriminação agravada e que, por isso, em princípio, consuma a previsão do assédio discriminatório, o que é facto é que esta outra motivação, no mínimo, agrava a censurabilidade daquele comportamento (o que tem implicações em termos do quantitativo indemnizatório que aumenta) e viola outro bem jurídico.

Nesse sentido, defendemos a cumulação das vantagens previstas nos dois regimes para a defesa da vítima, bem como a penalização da conduta do agressor no que respeita, nomeadamente, à aplicação de coimas, evitando sempre situações de duplicação de regras.

Por fim, apenas uma nota de distinção também entre assédio sexual e assédio discriminatório em razão do sexo entendido enquanto diferenciação por causa do género, feminino ou masculino. Este acaba por consubstanciar uma pura discriminação com base no sexo e é-lhe aplicável o regime previsto na Directiva 76/207/CEE sobre o assunto. Aquele só ocorre quando a motivação e a conduta tenham carácter sexual, entendido este como relação íntima. Assim, se o agressor assedia sexualmente uma mulher porque ela é mulher, existe apenas assédio sexual, consumindo este regime o da discriminação sexual. Se o assédio não tem nem motivações nem condutas com pretensões de relacionamento sexual, mas apenas visa discriminar a vítima porque esta é mulher, temos um assédio discriminatório sexual.

4. O assédio moral

Presente os requisitos fundamentais do assédio moral já destacados (comportamento reiterado, de carácter insidioso, de qualquer tipo à excepção de contactos físicos com a vítima, com motivações várias, que viole a dignidade ou cause ambiente laboral intimidatório através da criação de danos psico-físicos para a vítima) e comparando-os com as definições de assédio sexual e assédio discriminatório, verificamos que: as consequências são as mesmas (violação da dignidade do trabalhador ou criação de ambiente intimidatório, como finalidade ou efeito); as motivações, como são várias, podem ser também de relacionamento sexual ou discriminatórias, ou outras, podendo, por isso, existir um assédio sexual moral e um assédio discriminatório moral e um assédio moral simples; os comportamentos podem apresentar carácter sexual desde que não impliquem o contacto físico com a vítima, representando, se também presente a motivação sexual, mais uma vez, um assédio sexual moral.

A diferença entre o assédio moral e o assédio sexual reside, pois, num tipo particular de conduta – não física, necessariamente reiterada e subtil ou insidiosa–; e, sobretudo, num tipo particular de resultados – os danos psicológicos ou psico-físicos, causados pelos processos típicos de desarmação da vítima através da mais frequente violação dos seus direitos de personalidade.

4.1. Como assédio sexual moral

Assim, se o assédio sexual recorre a condutas de assédio moral, temos assédio sexual moral: quando existe uma motivação de relacionamento íntimo ou a conduta apresenta carácter sexual, e não é física mas reiterada e insidiosa, e o agressor pretende também agredir psicologicamente a vítima a fim de a fragilizar para mais facilmente ela se submeter aos seus desejos sexuais, ou para lhe criar represálias após a repulsa desta.

Como os dois tipos de assédio tutelam o mesmo bem jurídico que é a dignidade humana, não existirá uma cumulação de figuras, consumindo o assédio sexual o assédio moral.

No entanto, o carácter reiterado e insidioso próprio do assédio moral, não pode deixar de constituir uma agravante da ilicitude e da culpa do comportamento do assediador sexual, o que se reflectirá na agravação da respectiva indemnização.[24]

Por outro lado, a especialidade dos danos provocados, a existir regime particular que neste aspecto beneficie de algum modo a vítima assediada, justifica que, neste aspecto, se cumulem as vantagens ou direitos concedidos àquela. Estas dependem do regime comunitário ou legal que for criado mas, em princípio, reportam-se principalmente a presunções de culpa e inversões do ónus da prova, critérios indemnizatórios e indemnizações mínimas, e cumulação de coimas aplicáveis ao agressor.

4.2. Como assédio discriminatório moral

Se o assediador moral, portanto, em completo assédio moral, tiver como motivação a discriminação, ou a sexual por força do género, prevista na Directiva 76/297/CEE, ou a discriminatória não sexual prevista na Directiva 2000/78/CE, como o bem jurídico é o mesmo e relativo à dignidade humana, não podemos proceder a duplicações de regimes, pelo que o assédio discriminatório, sexual ou não sexual, consumirá também a figura do assédio moral.

De qualquer modo, e na esteira do que acabámos de defender em relação ao assédio sexual moral, devem cumular-se todas as vantagens

---

[24] As consequências jurídicas do assédio sexual, em termos gerais mas sobretudo no meio laboral, já foram desenvolvidas na nossa conferência do último Congresso, pelo que nos abstemos de repeti-las neste momento.

concedidas à vítima de assédio moral, caso esta figura venha a ser objecto de regime próprio, relacionadas com o carácter insidioso e reiterado e com os danos morais (o que se compreenderá melhor quando, a final, defendermos as linhas gerais do regime a criar de *iure condendo*).

4.3. Como assédio moral simples

Se o autor de assédio moral tiver qualquer outra motivação diferente da motivação sexual e da discriminatória tipificada, não se aplicam estas figuras e os seus respectivos regimes, pelo que existirá um assédio moral simples no sentido de ausência de regulamentação específica. Só funcionará, pois, um regime jurídico próprio se este vier a ser criado, não obstante a aplicação entretanto, de alguns preceitos a nível geral, como iremos tratar no ponto referente ao enquadramento nacional da figura. Na verdade, o assédio moral representa uma forma genérica de discriminação.

Da qualificação jurídica do modelo social do assédio moral, resulta o relevo do elemento distintivo relacionado com o tipo de dano provocado na vítima. Este, particular e exclusivamente moral, relaciona-se com os aspectos psico-físicos e psicológicos do assediado, pelo que põe em prática a discussão doutrinária – que começou há já alguns anos mas apenas noutros ordenamentos – sobre o dano biológico provocado sobre a própria pessoa da vítima enquanto ser humano.

IV. O ASSÉDIO MORAL NO ORDENAMENTO JURÍDICO PORTUGUÊS

1. As referências normativas

Na ausência de legislação específica sobre o assédio moral no trabalho, iremos elencar de forma resumida as várias normas que o integram, ainda que indirectamente, na sua previsão. Iremos sempre abordar o fenómeno enquanto assédio moral simples, ou seja, não sexual nem discriminatório. Nessa perspectiva, não existe protecção comunitária, como explicámos.

1.1. A Constituição

Como normas preceptivas com eficácia horizontal porque aplicáveis e invocáveis directamente nas relações jurídicas estabelecidas entre particulares por força do art. 18º da Constituição da República Portuguesa, encontramos previstas no título II deste diploma, passíveis de serem violadas pelos comportamentos em assédio moral, as previstas nos artigos 13º (princípio da igualdade e da dignidade social), 25º, nº 1 (integridade moral e física), 26º, nº 1 (direitos de personalidade, desenvolvimento da personalidade, bom nome, reputação, imagem, reserva da vida íntima, e protecção contra qualquer forma de discriminação em geral), 34º (violação de domicílio), 37º (liberdade de expressão e de informação), 47º (liberdade de escolha de profissão), 53º -(segurança no emprego).

Esta força vinculante destes direitos fundamentais, sobretudo os direitos de personalidade, é reiterada pela Declaração Universal dos Direitos do Homem, nomeadamente pelos seus artigos 1º e 2º (sobre igualdade em geral), 6º (reconhecimento da personalidade jurídica), 7º (proibição da discriminação em geral), 8º (direito de acção); 12º (bom nome e reputação), 18º (liberdade de pensamento), 19º (liberdade de expressão), 23º, nº 1 (condições de trabalho).

Por seu lado, as normas programáticas previstas no título III impõem certos deveres ao Estado, nomeadamente, o de legislar sobre esses assuntos, e, por isso, integram valores que podem ser violados pela prática de assédio moral, embora só pelo Estado e pela sua alegada omissão de legislar. São as previstas nos artigos 58º (direito ao trabalho), 59º, nº 1, al. a) (igualdade remuneratória), 59º, nº 1, al. b) (condições de trabalho dignificantes e que permitam a realização pessoal), 64º (protecção da saúde).

1.2. O Direito Internacional

O direito internacional ainda não se debruçou devidamente sobre o tema, inexistindo até normas gerais com algum relevo, quer nas várias convenções da OIT, quer na Carta Europeia. Os estudos publicados no âmbito desta última organização têm sido teóricos e sem consequências legislativas de relevo.

1.3. O Código Penal

No âmbito penal nacional, encontramos algumas previsões que podem criminalizar certas condutas utilizadas pelos assediadores morais.[25]

Relevamos as principais, tais como as constantes dos artigos 135º (incitamento ao suicídio), 143º, nº 1 (ofensas ao corpo e à saúde, qualificadas pelo artigo 146º), 153º (ameaças), 154º (coacção), 180º (difamação), 181º (injúrias), 190º, nº 1 (violação de domicílio, incluindo telefonemas), 192º, nº 1 (devassa da vida privada), 195º (violação de segredo conhecido profissionalmente), e 199º (gravações ilícitas).

1.4. O Código Civil

No âmbito do Código Civil, a protecção surge, principalmente, a propósito dos direitos de personalidade, alvo principal do assédio moral. Nos termos do artigo 70º, nº 1, a vítima pode recorrer a várias providências em sua defesa, nomeadamente, providências cautelares inominadas, a fim de evitar a continuação da violação dos seus direitos.

De referir, também, além da tutela proporcionada pela figura geral da boa fé e pelas suas concretizações legais, a possibilidade de anulação dos actos praticados pela vítima já assediada moralmente e em processo de desestabilização psicológica, que a possam colocar em desvantagem no trabalho, ao abrigo da figura da coacção moral (artigos 255º e 256º) e da incapacidade acidental (artigo 257º).

Por outro lado, constitui contributo relevante para a qualificação jurídica do comportamento em assédio moral, a previsão da responsabilidade civil extracontratual, prevista nos artigos 483º e seguintes, principalmente, os artigos 484º sobre a violação do bom nome, 486º sobre omissões e 496º sobre a ressarcibilidade dos danos não patrimoniais segundo um juízo de equidade.[26]

---

[25] Sobre o enquadramento penal do "harcèlement moral" no direito francês, cfr. SANDY LICARI, *De la nécessité d'une législation spécifique au harcèlement moral au travail*, Droit Social, nº 5, Maio 2000, 492-506, 494-498.

[26] No direito francês, cfr. SANDY LICARI, *De la nécessité d'une législation spécifique au harcèlement moral au travail*, cit., 501.

1.5. A legislação laboral

No âmbito da legislação laboral, encontramos algumas previsões que podem ser violadas pela prática do assédio moral no trabalho, porque os factos que consubstanciam esta figura preenchem os elementos da previsão das referidas normas, embora não tenham sido por estas expressamente considerados.[27]

Assim, no DL 49408, de 24/11/69 (LCT), salientamos os artigos 18º (princípio da mútua colaboração), 19º, als. c) e d) (condições de trabalho morais e nível de produtividade do trabalhador), 20º, nº 1, al. a) e b) (respeito, lealdade e urbanidade e condições de trabalho), 40º, nº 1 (condições de segurança, higiene e moralidade), 40º, nº 2 (dever de instaurar poder disciplinar contra os trabalhadores que violem a regra anterior), 32º, nº 1, al. a), nº 2 e 33º (despedimento como sanção abusiva se efectuado após 6 meses da vítima ter reclamado, com direito ao dobro da indemnização).

No DL 64-A/89, de 27/2, relevamos os artigos 12º e 13º (despedimento ilícito e respectivos direitos), e 35º e 36º (rescisão com justa causa e respectiva indemnização).

No regime sobre Segurança, Higiene e Saúde no Trabalho (DL 441/91, de 14/11), salientam-se os princípios gerais de protecção do trabalhador nessas áreas (artigos 4º, nº 1 e 8º, nº 1). Atento o tipo de dano característico do assédio moral, este é o regime de eleição em termos de direito a constituir, se a opção do legislador passasse por alterações pontuais do regime em vez da criação de um regime específico próprio do assédio moral.[28]

---

[27] Cfr. também sobre a perspectiva do direito laboral francês, abrangendo a responsabilidade por acidentes de trabalho (expressamente prevista), SANDY LICARI, *De la nécessité d'une législation spécifique au harcèlement moral au travail*, cit., 498-501, 502.

[28] Também neste sentido, defendendo que os danos provocados pelo assédio moral constituem um problema desta área da SHST e uma violação das obrigações de segurança e de protecção dos trabalhadores, a cargo dos empregadores, PATRIZIA TULLINI, *Mobbing e rapporto di lavoro*, cit., 258, 261. No relatório anual de actividade do ano 2000 da Inspecção-Geral do Trabalho (que pode ser consulatdo no site da IGT), o assédio moral no trabalho é expressamente referido, no item nº 2.2.13, como actividade no âmbito da SHST, esclarecendo a IGT que têm sido actuados os instrumentos preventivos e coercivos existentes, e as situações mais graves detectadas em grandes empresas (25 infracções verificadas em 22 empresa, e 5 420 a 17 405 contos de coimas aplicadas), quando dirigidas a um colectivo de trabalhadores.

Salienta-se o facto dos danos provocados no trabalhador vítima de comportamentos em assédio moral no trabalho, não se poderem considerar, ao abrigo do regime actual dos Acidentes do Trabalho (Lei 100/97, de 13/9), nem como acidentes de trabalho porque não consubstanciam um facto fortuito mas um acto deliberado do agressor, nem como doenças profissionais porque não integram a respectiva lista taxativa legal.

2. A conjugação possível das reacções legais previstas

A tutela penal não resulta muito útil porquanto não criminaliza todos os comportamentos que podem concretizar o assédio moral, deixando a maior parte deles e os mais graves em termos laborais (porque insidiosos e não aparentes), completamente por regular.

Por outro lado, mesmo em relação às condutas criminosas do agressor moral, a vítima tem que denunciar a situação, promovê-la e mantê-la numa guerra psicológica que já está perdida desde o início, atenta a fraqueza psicológica em que se encontra o assediado. Ainda que este consiga aguentar o referido processo penal, este segue em paralelo o laboral e só a decisão de pronúncia ou acusação do agressor pode consubstanciar uma mais garantida rescisão com justa causa, se for essa a intenção do trabalhador, o que normalmente não é, pois este pretende é acabar com o assédio e não com o seu emprego. A actuação em sede criminal só acaba, portanto, por criar ainda maiores animosidades por parte do assediador no universo laboral e potenciar os problemas e danos psicológicos. Por muito que no final desse processo a definição da culpa do assediador e a prova dos seus actos ajude à recuperação psicológica, o tempo que o processo demora em tribunal pode aumentar irreversivelmente os danos causados.

No que respeita às previsões do Código Civil e à excepção da concedida aos direitos de personalidade e respectiva responsabilidade civil, que se conjugam com os direitos fundamentais, essas só funcionam em relação a casos pontuais de anulabilidade de certos actos.

2.1. *A responsabilidade civil contratual e extracontratual*

Realçando o principal problema levantado pelo assédio moral, que consiste, em nosso entender, nos especiais danos que provoca na pessoa do trabalhador,[29] o que é facto e direito é que, na ausência de um regime específico que regulamente a figura, o trabalhador vitimado encontra sérias limitações à ressarcibilidade dos resultados perversos do assédio no seu estado psico-físico, emocional e psicológico.

Na verdade, por muito que a LCCT nos forneça a fundamentação da ilicitude dos comportamentos do assediador em termos contratuais, com a consequente presunção de culpa do agressor desde que provados os factos constitutivos do direito do trabalhador vitimado (as agressões de que foi objecto), o artigo 496º do Código Civil, segundo jurisprudência e doutrina maioritárias, impede o ressarcimento de danos não patrimoniais no âmbito da responsabilidade contratual. Ou seja, por via da LCCT o trabalhador vítima de assédio moral não consegue pedir a responsabilidade civil do assediador pelo mais importante resultado do assédio moral: os danos não patrimoniais provocados na sua saúde psicológica.

Na realidade, o trabalhador pode rescindir o contrato com justa causa e pedir a respectiva indemnização de antiguidade prevista no artigo 36º da LCCT que remete para o artigo 13º, nº 3 do mesmo diploma. E porque com o assédio moral são violados outros bens jurídicos diferentes dos tutelados pela mera violação contratual simples que dá direito à rescisão, e previstos noutros preceitos laborais como elencámos acima, em nosso entender, o trabalhador vitimado por aquele assédio pode, ainda, ser ressarcido pelos danos patrimoniais que sofreu. Contudo, essa ilicitude contratual não é muito líquida e pode mesmo em relação a estes danos patrimoniais, ser o trabalhador impedido de usar a presunção de culpa.

Mas como os verdadeiros prejuízos com o assédio moral são danos não patrimoniais, o trabalhador, para reclamar o respectivo ressarcimento, tem que sujeitar-se às dificuldades de prova numa acção de responsabilidade geral aquiliana. De qualquer modo, nessa sede, com fundamento na ilicitude extracontratual, por exemplo dos direitos de personalidade, pode o trabalhador invocar, sem prejuízo de providência cautelares para evitar a continuação do assédio (como uma condenação do assediador em parar com esses comportamentos sob pena de aplicação de uma sanção pecuniária compulsória – o que só por si atenua os resultados danosos na psique do trabalhador), nomeadamente, o seguinte:

   a) os danos patrimoniais emergentes do assédio, como os gastos com os tratamentos, as deslocações para os mesmos, os exames,

---

[29] Neste sentido, acrescentando os problemas jurídicos levantados pela responsabilização da empresa, cfr. MARTINA VINCIERI, *Natura del danno risarcibile, danno esistenziale e responsabilità datoriale in ipotesi di mobbing sul luogo di lavoro*, cit., 729.

os medicamentos, as consultas, etc.; a perda de capacidade de trabalho, temporária, se for caso disso, a recuperação de algumas condições retributivas negadas;
b) os danos patrimoniais em termos de lucros cessantes – como a perda de capacidade de ganho em termos definitivos, a perda de algum aspecto profissional que tinha expectativa legítima;
c) danos não patrimoniais que, no caso são todos, em princípio, danos pessoais, morais e, sobretudo, não morais, estes ligados às dores, ao sofrimento, às angústias e a todos os problemas relacionados com a saúde psicológica do trabalhador, sofridos e a sofrer no futuro, bem como aos aspectos profissionais do bom nome, reputação, etc..

Numa outra perspectiva, a responsabilidade por esses danos, ou a pessoa contra a qual o trabalhador pode e deve invocar o respectivo ressarcimento, não será apenas o assediador activo, superior hierárquico ou colega de trabalho, como todas as restantes entidades que se constituem cúmplices daquele a partir do momento em que conhecem a situação e nada fazem para a evitar, podendo fazê-lo. São os assediadores passivos ou por omissão, *maxime*, a entidade empregadora ou as outras chefias e os colegas do assediado.[30]

3. A pouca utilidade prática da tutela legal genérica

Como concluímos, é fraca a tutela geral prevista actualmente para o assédio moral no trabalho, sobretudo em termos práticos e se atender-

---

[30] Este assédio entre subordinados e superiores hierárquicos é denominado vertical e o praticado entre colegas do mesmo nível hierárquico, é chamado de assédio horizontal. Remetemos para o nosso *Assédio sexual no trabalho*, quanto a estes desenvolvimentos classificatórios e de enquadramento legal, quando não imponham a necessária relação com a sexualidade. Afirmando a responsabilidade da empresa que nada fez quando sabia do assédio praticado sobre um trabalhador, em comentário a uma decisão jurisprudencial italiana, GIUSEPPE PERA, *La responsabilità dell'impresa per il danno psicologico subito dalla lavoratrice perseguitata dal preposto (a proposito del c.d. mobbing)*, cit., 103. No mesmo tema mas fundamentando juridicamente o tipo de responsabilidade da entidade empregadora, com alguma aplicação no nosso ordenamento, cfr. BERNARD GAURIAU, *L'employeur doit répondre des agissements des personnes qui exercent, de fait ou de droit, une autorité sur les salariés. Recherche d'un fondement juridique*, Droit Social, nº 11, Novembro 2001, 921-924.

mos à realidade em que se encontra um trabalhador sob um processo de assédio moral já iniciado, acima explicada.

Em boa verdade, a vítima não tem forças para nada e tenta com esforço manter a sua própria identidade debilitada. Por isso, certamente não estará nas melhores condições para ter qualquer iniciativa de resposta, cuja capacidade foi diminuída e sê-lo-á cada vez mais com a continuação do assédio moral. Presente o seu isolamento, também não é previsível que alguém a ajude.

Todos os preceitos legais referidos e respectivos direitos de acção, de nada servirão à finalidade de tutela com que foram criados, se o legislador se mantiver inactivo quanto a qualquer regime próprio que altere este estado de coisas, consciencializando-se do problema levantado cuidadosamente pelos psicólogos e pelos sociólogos.

V. A NECESSIDADE DE UM REGIME JURÍDICO PRÓPRIO

1. Linhas gerais de uma proposta de *iure condendo*

São as seguintes as linhas de força que, em nosso entender e pelos motivos acima referidos, devem ser ponderadas aquando da elaboração de um diploma especial para a regulamentação do assédio moral no trabalho: a) definição da figura com amplitude mas de forma elucidativa e rigorosa; b) a promoção da divulgação e informação do fenómeno e das formas de o evitar, reprimir e travar, juntos de todos os sujeitos de direito do trabalho; c) a criação de órgãos mediadores deste tipo de situações, constituídos por especialistas na matéria (juristas, psicólogos, psiquiatras, sociólogos, médicos do trabalho) que recebam as queixas, informem e ajudem na tomada das primeiras atitudes; d) a criação de outras medidas preventivas; e) a admissibilidade dos danos não patrimoniais como ressarcíveis numa responsabilidade contratual, com presunções de culpa, inversões do ónus da prova e sanções abusivas, de forma semelhante ao diploma sobre a protecção da igualdade; f) fortes coimas prevista para o agressor e outras penas acessórias que denegrissem a imagem da empresa na qual esses assédios morais fossem detectadas, através da sua publicação num meio de acesso público; g) um elenco cuidado e não taxativo de danos eventualmente resultantes do assédio moral; h) uma junta médica adequada e especializada na avaliação desses especiais danos, incluindo os futuros; i) uma orientação do quantitativo indemnizatório através de um critério objectivo ou da previsão de uma indemnização mínima; j) preocupações com a ajuda à vítima, nomeadamente durante o processo de reclamação dos seus direitos, e após essa situação; l) possibilidade de transferência do colega agressor moral como sanção disciplinar a que o empregador estaria obrigado; m) a equiparação do assédio moral aos acidentes de trabalho e as doenças mentais daí resultantes às doenças profissionais, para efeitos da aplicação do respectivo regime (responsabilidade pelo risco; obrigação de transferência dessa responsabilidade para uma seguradora; processo urgente, não passível de acordo; indemnizações determinadas e gerais pela culpa da entidade empregadora); n) um aproveitamento dos desenvolvimentos feitos, sobretudo na doutrina e jurisprudência italianas, sobre o dano biológico (que implica a ofensa da pessoa enquanto ser biológico e ético) que acaba por orientar um modelo especial de tutela laboral.[31]

2. A fundamentação: o universo laboral como um grave e claro factor de risco

Para que o legislador tome a iniciativa legislativa e reforce realmente a posição do trabalhador vítima do assédio moral no trabalho, ousando inovar em termos de responsabilidade civil, revela-se importante a consciência da particular natureza do universo laboral mais comum, a empresa, considerando a complexidade da situação jurídico-laboral de base.

A frequente inserção organizacional do trabalhador, principalmente numa estrutura fortemente hierarquizada, provoca estreitos relacionamentos pessoais entre indivíduos com diferentes poderes, por vezes uns sobre os outros, cuja pessoalidade é reforçada pela próprio objecto da prestação, uma actividade marcada pelo seu autor.[32]

---

[31] Também defendendo a necessidade da previsão de um regime laboral específico para a figura em análise, com propostas concretas, que também abrangem o direito penal, cfr., SANDY LICARI, *De la nécessité d'une législation spécifique au harcèlement moral au travail*, cit., 502-505.

[32] É também neste enquadramento e com este fundamento que a doutrina brasileira tem desenvolvido o tema do dano moral no trabalho. Cfr., v.g., GUGEL, Maria Aparecida, *O dano moral difuso e colectivo na justiça do trabalho*, em *Desafios do direito do trabalho*, Ed. LTR, São Paulo, 2000, 125-137; PAMPLONA FILHO, Rodolfo, *Dano moral e justiça no trabalho*, ibidem, 152-186.

Nesse meio, em que se pressupõe uma perda de autonomia dos trabalhadores em troca de deveres gerais retributivos da entidade empregadora; em que, por natureza, se confrontam subordinações com poderes potestativos disciplinares, na indiscutível prevalência do domínio do empregador ou de quem foi objecto da delegação dos seus poderes, por vezes em redes complexas de atribuições e competências; emerge, fundamental na sua originalidade mas marcante na sua força e gravidade, o aspecto dominial do universo laboral. A essência do drama consubstanciado no conflito latente, virtual e sempre presente, reporta-se, portanto, às pessoas e, por isso, facilita e propicia os antagonismos de personalidade e arrisca seriamente a sua violação.

Acima de tudo, cabe tomar consciência de que o local de trabalho é, ontologicamente, o universo no seio do qual, hoje e cada vez mais, se submete a uma constante, diária e dificílima prova de força, os direitos mais fundamentais da pessoa do trabalhador.

A consciência do estado em que se encontra uma vítima de assédio moral, destruída na sua capacidade de acção defensiva, verdadeira parte completamente fraca, leva a invocar a responsabilidade do Estado, por omissão de regulamentação em lei da garantia ao cidadão de meios de este poder defender-se contra o ataque severo, insidioso e com tantas possibilidades de êxito, provocado por um assédio moral.

Afinal, se existe uma preocupação tão grande com a igualdade entre sexos, com a discriminação sexual e com a discriminação noutras áreas, por força de obrigações comunitárias, porque deixar a monte a violação dos direitos mais fundamentais?

A dúvida instala-se sobre o que valerá mais em sede de bens jurídicos gerais e laborais: se a motivação ilícita, ainda que possa não provocar sérios danos na vítima, ou, independente desta, a constatação de danos manifestos directamente dirigidos ao mais íntimo da personalidade e dignidade humanas: o património psicológico de cada um.

A originalidade do direito do trabalho e a singularidade do seu negócio jurídico típico, passa necessariamente pela constactação da necessária ponderação das regras a cumprir no âmbito do contrato celebrado de acordo com as normas em vigor no universo onde esse contrato é celebrado, considerando nomeadamente os outros contratos de trabalho outorgados pela mesma entidade empregadora na mesma empresa. Portanto, é constatado um primeiro passo na eficácia do contrato de trabalho para além dos muros limitados das obrigações inter-partes exclusivamente obrigacionais.

Só esta perspectiva pode orientar a perspectiva da discussão para o especial ambiente que cerca o trabalhador e que lhe confere esta natureza de conflito latente entre pessoas que circulam fora do contexto puramente contratual. Também por esse motivo, necessariamente outros bens jurídicos estarão em risco com a celebração desse contrato, bens jurídicos fundamentais mas que se escondem na formalidade da teorização das figuras jurídicas.

O direito do trabalho pode ser, como tantas outras vezes, o berço das variações civis justificadas pela natureza e justiça das realidades: afinal, se o contrato de trabalho se sujeita a outras regras criadas pela organização em que normalmente se insere, então esse mesmo acordo terá toda a legitimidade para constituir também fonte de outras responsabilizações, ainda que à luz dos contratos civis puramente obrigacionais se defenda que essas indemnizações não assentam na responsabilidade contratual.

Se este universo laboral potencia um bem jurídico pessoalíssimo ligado à personalidade moral do trabalhador, à sua integridade psicofísica e psicológica, e distinto da sua integridade física e moral, constituirá certamente um campo de acção para o desenvolvimento da doutrina nacional sobre deste tipo de dano biológico.[33] A concretização do desenvolvimento desse mote poderia ser ensaiada com a previsão específica desse dano numa regulamentação especial do assédio moral no trabalho.

---

[33] Sobre esta matéria, e neste sentido, cfr., v.g., PATRIZIA TULLINI, *Del licenziamento ingiurioso del dano biologico e di altro*, RIDL; XIII, 1994, II, 562-573; idem, *Mobbing e rapporto di lavoro*, cit., 260-262; GIUSEPPE PERA, *Angherie e inurbanità negli ambiente di lavoro*, RIDL, XX, 2001, 3, I, 291-300; MARTINA VINCIERI, *Natura del danno risarcibile, danno esistenziale e responsabilità datoriale in ipotesi di mobbing sul luogo di lavoro*, cit..

IGUALDADE NO TRABALHO DE ESTRANGEIROS

J. Soares Ribeiro
Delegado Adjunto do IDICT

IGUALDADE NO TRABALHO DE ESTRANGEIROS

J. Soares Ribeiro
Delegado Adjunto do IDICT

1. A equiparação dos direitos fundamentais dos estrangeiros com os cidadãos nacionais

O recente surto de imigração verificado no nosso país no dealbar deste século XXI, que acresceu ao fenómeno algo semelhante verificado a partir do último quartel do século XX, embora com outras características e com outra dimensão (é de mais de 130.000 o número de estrangeiros recenseados no ano de 2001) trouxe a Portugal um problema novo de administração interna cujo estudo, sendo privilegiadamente do foro sociológico, se relaciona também de forma muito vincada com a actividade juslaboral suscitando aqui um problema complexo. É que, como é sabido, mesmo os projectos de acolhimento mais generosos, sempre exigem que os cidadãos estrangeiros que se encontrem no território nacional disponham de condições económicas mínimas para assegurar a subsistência. Condições essas que terão de provar, nomeadamente, através do exercício duma actividade profissional remunerada, que poderá ser por conta própria mas que, na esmagadora maioria dos casos, é por conta de outrem.

Por entre algumas outras, uma das questões que sobre o trabalho de estrangeiros em Portugal se põe, relaciona-se com o facto de saber se os Direitos Fundamentais (e também os deveres) com assento na Constituição da República se lhes aplicam. É o problema da aplicação do consabido e multifacetado princípio da igualdade inserto no artigo 13º. Questão que, como ensina Jorge Miranda no seu Manual[1], nem sempre teve a unidade

---

[1] Cfr. Manual de Direito Constitucional, T. III, pp. 138 e ss.

de acatamento e unanimidade de aceitação que hoje se lhe dá. De facto, as nossas primeiras três Constituições consagravam os direitos fundamentais como direitos dos portugueses. Foi a Constituição de 1911, saída da República, a que primeiro consagrou a garantia de alguns Direitos Fundamentais, embora de raiz individualista (liberdade, segurança, propriedade), a portugueses e estrangeiros em termos até quiçá excessivos.

Hoje, porém, com a Constituição saída da Revolução de Abril, se *"todos os cidadãos têm a mesma dignidade social e são iguais perante a lei"* e, por isso, *"ninguém pode ser privilegiado, beneficiado, prejudicado, privado de qualquer direito ou isento de qualquer dever em razão* (entre outras)*...do território de origem... ou condição social"* o obstáculo interpretativo que se poderia pôr à aplicação do princípio da igualdade, ou talvez mais rigorosamente, ao princípio da extensão dos direitos dos cidadãos nacionais aos estrangeiros, só poderia situar-se no plano do conceito literal de cidadania. Será que para efeitos da Constituição também serão cidadãos os estrangeiros e os apátridas?

O ponto hoje, rafirma-se, não sofre qualquer dúvida, havendo unanimidade na doutrina jusconstitucionalista sobre a resposta positiva a dar a esta interrogação. Ao invés de entrarmos em lucubrações aventureiristas que sairiam certamente canhestras, dêmos honestamente a palavra aos Mestres J.J. Gomes Canotilho, Vital Moreira[2] e Jorge Miranda.

Deles obtemos o ensinamento de que a falada equiparação decorre directamente de vários preceitos constitucionais.

É o caso, desde logo, do artigo 1.º. Sendo Portugal uma *República soberana baseada na dignidade da pessoa humana e na vontade popular e empenhada na construção de uma sociedade livre, justa e solidária*[3], não poderá a lei fundamental do país deixar de considerar as suas normas aplicáveis aos estrangeiros em contacto com o território português, na medida em que estas normas visam precisamente a dignidade da pessoa humana e não apenas a dos cidadãos nacionais. Por isso é que, segundo o artigo 15º, n.º 1, *"os estrangeiros e os apátridas que se encontrem ou residam em Portugal gozam dos direitos e estão sujeitos aos deveres do cidadão português"*.

Por outro lado, também a equiparação dos direitos humanos dos nacionais e estrangeiros na óptica da Constituição pode ser justificada se se tiver em conta que nela se determina e postula que quer os preceitos

---

[2] Cfr. Constituição da República Portuguesa Anotada, Coimbra, 3ª edição, 1993.
[3] Art. 1º da CRP.

constitucionais quer os preceitos legais relativos aos direitos fundamentais devem ser interpretados e integrados segundo a Declaração Universal dos Direitos do Homem[4].

Mas o princípio da equiparação dos direitos fundamentais de estrangeiros a nacionais, pela doutrina designado de *tratamento nacional*[5], porque pelo menos tão favorável quanto o concedido aos cidadãos nacionais, comporta excepções no que tange aos *direitos políticos*, ao *exercício de funções públicas que não tenham carácter predominantemente técnico* e ainda a *outros direitos reservados pela própria Constituição ou pela lei exclusivamente aos cidadãos portugueses.*

2. Os trabalhadores estrangeiros e o princípio da igualdade no trabalho

Mas será que o direito ao trabalho sofrerá dessas excepções? Será que porque uma das tarefas fundamentais do Estado, segundo um dos preceitos constitucionais[6] é *"promover o bem-estar e a qualidade de vida do povo e a igualdade real entre os portugueses"* tal implicará possibilidade de discriminação dos trabalhadores estrangeiros?

Para resolver tal dúvida, basta ler o artigo 59º da CRP sobre os direitos dos trabalhadores para se verificar que a proibição da discriminação volta a ser aí reafirmada em termos inequívocos. *"Todos os trabalhadores, sem distinção de idade, sexo, raça, cidadania, território de origem... têm direito: a) À retribuição do trabalho, segundo a quantidade, natureza e qualidade, observando-se o princípio de que para trabalho igual salário igual, de forma a garantir uma existência condigna..."* direito esse que sai ainda robustecido com a atribuição a todos e, por isso, também aos estrangeiros, de *"assistência material quando involuntariamente se encontrem em situação de desemprego"*[7].

Verificada esta igualdade entre nacionais e estrangeiros no que toca à dimensão da retribuição do trabalho, outra conclusão se não pode tirar do próprio direito ao trabalho que está igualmente consagrado para "todos" no n.º 1 do artigo 58º.

---

[4] Art. 16º/2 da CRP.
[5] J.J. Gomes Canotilho e Vital Moreira – Constituição da República Portuguesa Anotada – 3ª edição, p. 134
[6] Cfr. art. 9º/d).

E também a vertente da igualdade consistente na proibição da discriminação se encontra constitucionalizada através do artigo 26º que dispõe: *"A todos são reconhecidos os direitos à identidade pessoal, ao desenvolvimento da personalidade, à capacidade civil, à cidadania, ao bom nome e reputação, à imagem, à palavra, à reserva da intimidade da vida privada e familiar e à protecção legal contra quaisquer formas de discriminação"*.

Porque assim é, e porque os preceitos constitucionais respeitantes aos direitos liberdades e garantias são directamente aplicáveis[8], e ainda porque *"a privação da cidadania e as restrições à capacidade civil só podem efectuar-se nos casos e termos previstos na lei..."*[9], se pode, então, seguindo mais uma vez a lição de Canotilho e Vital Moreira afirmar que *"salvo disposição em contrário, a equiparação vale para todos os direitos, pelo que os cidadãos estrangeiros e os apátridas, além da tradicional paridade civil e dos clássicos direitos de liberdade, gozam também dos direitos de prestação como, por exemplo, o direito à saúde, ao ensino, à habitação, etc. Quanto aos direitos dos trabalhadores, é a própria Constituição a proibir qualquer distinção segundo a nacionalidade (artigo 59º/1)*[10].

Sendo o princípio geral o da equiparação, embora, como já vimos, com excepções que se não reflectem no âmbito do direito ao trabalho, segue-se que a lei ordinária não é livre quanto ao estabelecimento de outras exclusões de direitos aos estrangeiros, devendo elas ser devida e precisamente fundamentadas e justificadas. Aliás, continuando a seguir a lição dos mestres quando aqui se fala em lei deve entender-se que se trata de lei formal da Assembleia da República[11] e que mesmo esta se encontra neste âmbito *heteronomamente vinculada*[12] aos princípios consagrados no artigo 15º.

---

[7] Sobre o tema do tratamento constitucional dos direitos dos trabalhadores pode ver-se também J.J. Nunes Abrantes – "o Direito do Trabalho e a Constituição "in Estudos de Direito do Trabalho, 2.ª edição, Lisboa, 1992.
[8] Art. 18º/1 da CRP
[9] Art. 26º/4 da CRP
[10] Sublinhado nosso.
[11] Cfr. art. 165º/1/b do CRP.
[12] Canotilho, Moreira, CRP anotada, 3ª ed. p. 135.

3. A igualdade na lei civil e na lei do trabalho de estrangeiros (Lei 20/98)

Descendo com este cuidado da plataforma constitucional as escadas que nos levam ao patamar da lei ordinária, encontramos logo o artigo 14º do CC que quanto à condição jurídica dos estrangeiros, dispõe *"os estrangeiros são equiparados aos nacionais quanto ao gozo de direitos civis, salvo disposição legal em contrário"*, mas *"não são, porém, reconhecidos aos estrangeiros os direitos que, sendo atribuídos pelo respectivo Estado aos seus nacionais, o não sejam aos portugueses em igualdade de circunstâncias"*.

É repassado pela filosofia própria destes princípios da igualdade e de reciprocidade o conteúdo da Lei n.º 20/98, de 12 de Maio[13], sobre o trabalho de estrangeiros. Nela se determina que *"os cidadãos estrangeiros* (e também os apátridas[14]), *com residência ou permanência legal em território português, beneficiam, no exercício da sua actividade profissional, de condições de trabalho nos mesmos termos que os trabalhadores com nacionalidade portuguesa"*.

Mas ao definir em concreto as condições da celebração do contrato, esta lei afasta-se desde logo do regime geral do contrato individual de trabalho pois que, certamente por razões de segurança jurídica e de controlo administrativo, ao invés de consensual, o contrato de trabalho com estrangeiros é formal sendo obrigatoriamente reduzido a escrito e a que deve ser apenso o documento comprovativo do cumprimento das obrigações sobre a entrada e a permanência ou residência em Portugal, acrescendo que deve ser depositado na competente delegação do IDICT.

Todavia, estas constrições já se não aplicam aos cidadãos dos países comunitários, por força dos Tratados que os regem, nem aos daqueles que consagram, quanto ao livre exercício de actividades profissionais, igualdade de tratamento com os cidadãos nacionais, seja por força de tratado multilateral ou bilateral, seja por mera lei interna desses países[15].

Diferentemente do que se passa com os cidadãos dos países membros do espaço económico europeu, já os empregadores que contratem

---

[13] Alterada pela Lei n.º 118/99, de 11 de Agosto.
[14] Cfr. art 9º do L 20/98, de 12 de Maio)
[15] O que sucede com alguns países lusófonos. É, pelo manos o caso de s. Tomé e Príncipe

cidadãos estrangeiros abrangidos pelo princípio da reciprocidade são obrigados a comunicar ao IDICT a celebração e a cessação do contrato de trabalho.

Para os empregadores, para todos os empregadores, que admitam estrangeiros, mesmo que sejam de países comunitários, de países que pratiquem a reciprocidade (ou não) ou admitam apátridas, uma obrigação subsiste porém: a de indicar no mapa do quadro de pessoal o artigo da lei ao abrigo do qual foram admitidos na empresa.

Trata-se, como se observa, de requisitos burocrático-administrativos que sendo mais exigentes para os cidadãos dos países com os quais Portugal possui menos laços de cooperação e menos, naturalmente, para os cidadãos comunitários, todavia ainda assim não colocam problemas de aplicação dos princípios constitucionais que vimos regerem os direitos fundamentais dos estrangeiros a residir e a trabalhar no nosso país. A doutrina sufraga exactamente esta distinção de regimes que resulta da *"análise do artigo 15º e dos outros preceitos pertinentes da Constituição*[16]*"*

No decurso do ano transacto, contudo, devido ao fenómeno do surto imigratório extraordinário verificado o legislador sentiu necessidade, para além de realizar um processo extraordinário de legalização, e tendo em conta a realidade, de que os diversos meios de comunicação social se fizeram eco, consistente na existência de situações de indignidade e exploração inescrupulosa da mão-de-obra estrangeira, de proceder a algumas alterações no âmbito das condições de trabalho desses trabalhadores. Fê-lo contudo aproveitando a oportunidade da revisão a que procedeu do Decreto-Lei n.º 244/98, de 8 de Agosto, que regula as condições de entrada, permanência, saída e afastamento de estrangeiros do território nacional.

Não se procedeu, como se verifica, a alteração da designada lei de trabalho de estrangeiros – Lei 20/98, de 12 de Maio, – cuja redacção sofrera em 1999 alterações provocadas pela entrada em vigor do novo regime geral das contra-ordenações. Antes, procurando *"acautelar, por um lado, o interesse público e,... tendo em vista a evolução do fenómeno migratório verificado em Portugal nos últimos anos"*[17] se aproveitou a alteração dum diploma que disciplina a permanência de erstrangeiros

---

[16] Jorge Miranda. Manual, p. 143.
[17] Do preâmbulo do Dec-Lei n.º 4/2001, de 10 de Janeiro

Igualdade no Trabalho de Estrangeiros 253

para se introduzir aí um inciso de cariz expressa e confessadamente juslaboral[18].

Na verdade, se se ler sem grande cuidado o texto normativo do Dec--Lei n.º 244/98, na redacção do Dec-Lei n.º 4/2001, de 10 de Janeiro, constatar-se-á que se trata de um diploma emanado do Ministério da Administração Interna cuja fiscalização é da competência do Serviço de Estrangeiros e Fronteiras, que é também a entidade competente para aplicar as coimas aí previstas[19]. Dificilmente se aperceberá, por isso, que nele se contêm no emaranhado dos seus 163 artigos, não mais que cinco normas, precisamente as dos n.os 4 a 8 do artigo 144º, que não apenas são de âmbito laboral, como, sobretudo, consagram um ilícito com um regime diferente e bem mais gravoso que o da restante legislação laboral, designadamente o do regime geral das contra-ordenações[20].

Por isso, vale a pena proceder à sua análise, ainda que sumária, com vista a detectar alguma eventual violação do mandamento constitucional da igualdade.

4. A igualdade no regime juslaboral dos estrangeiros constante do Dec-Lei 244/98 (redacção do DL 4/2001)

Nos termos das normas dos n.os 4 a 8 do art. 144º, relativamente ao trabalho prestado por trabalhador estrangeiro ilegal, o *empregador*, o *utilizador*, seja por contrato de prestação de serviços seja por contrato de trabalho temporário, o *empreiteiro geral* e até o *dono da obra*, que não obtenha do seu contraente declaração de cumprimento das obrigações sobre trabalhadores imigrantes, respondem solidariamente:

   a) pelo pagamento dos créditos salariais, sendo que o seu simples apuramento em auto de notícia constitui título executivo;
   b) pelo incumprimento da legislação laboral;
   c) pela não declaração dos rendimentos sujeitos a descontos para o fisco;
   d) pela não declaração dos rendimentos sujeitos a descontos para a segurança social;

---

[18] Cfr. designadamente o n.º 7 do art. 144º do DL 244/98, na redacção dada pelo DL 4/2001, de 10/1.
[19] Cfr. art. 153º
[20] Cfr. RGCOL anexo à L. 116/99, de 4 de Agosto.

Acresce que qualquer destas infracções ao regime do trabalho de estrangeiros ilegais é automaticamente considerada muito grave sendo punida ainda com sanção acessória de privação do direito de participar em arrematações ou concursos públicos ou de obter subsídios ou benefícios de entidades públicas.

Nunca, na verdade, o legislador laboral fora tão longe. As garantias do pagamento dos créditos salariais destes trabalhadores estrangeiros são muito mais extensas que as previstas para os restantes trabalhadores.

Se uma empresa de prestação de serviços de limpeza não pagar o salário a um trabalhador que diariamente faz limpeza num banco não pode o trabalhador exigir o pagamento ao banco, assim como não pode o trabalhador nacional por conta de um qualquer subempreiteiro exigir o pagamento do salário ao empreiteiro geral da obra.

E no entanto já o poderão fazer alguns dos trabalhadores estrangeiros.

De modo que se pode pôr então a questão: Haverá violação do princípio da igualdade, na sua vertente da proibição da discriminação, agora por ser manifestamente mais favorável o tratamento dos trabalhadores estrangeiros que o dos nacionais?

É sabido, continuam a ensiná-lo os Mestres constitucionalistas[21], que o conteúdo jurídico-constitucional do princípio da igualdade actualmente densificado na Constituição portuguesa abrange quanto à proibição da discriminação as dimensões de: i) *proibição do arbítrio*, sendo inadmissíveis diferenciações de tratamento sem justificação; ii) *proibição de discriminação*, não sendo legítimas diferenciações de tratamento baseadas em categorias meramente subjectivas; iii) *obrigação de diferenciação*, como forma de compensar a desigualdade de oportunidades de natureza social económica e cultural.

Com estes parâmetros justificar-se-á a discriminação positiva dos trabalhadores estrangeiros face aos trabalhadores nacionais?

A primeira precisão a fazer é que se a confrontação fosse feita entre estas duas categorias – trabalhadores nacionais / trabalhadores estrangeiros a trabalhar em território português – haveria certamente violação do aludido princípio de igualdade. A confrontação tem de ser feita, contudo, apenas entre trabalhadores estrangeiros *ilegais* e os restantes trabalhadores. O legislador do Decreto-Lei 4/2001 não legislou, naquele enxerto juslaboral num diploma sobre controlo de fronteiras, sobre trabalho ilegal

---

[21] Cfr. Canotilho e Vital Moreira, Constituição, 3ª ed. pp. 127/128.

de estrangeiros mas, tão-só sobre *trabalho ilegal de estrangeiros ilegais*[22], o que é substancialmente diferente. Atentos os conhecidos constrangimentos e dificuldades destes trabalhadores ilegais entregues a organizações pouco escrupulosas, quando não verdadeiras "mafias", explorados por empresas clandestinas (estima-se que só com esta legalização extraordinária se tenha conseguido trazer à tona do trabalho controlado cerca de 10.000 empresas, sobretudo do sector da construção civil) parece justificar-se um regime mais protectivo dos trabalhadores estrangeiros precisamente para os compensar da desigualdade social, económica e cultural, reconstituindo a igualdade jurídico-material. O problema que, em sede de aplicação do princípio de igualdade se acaba por pôr é afinal o de justificar o tratamento mais favorável dado aos trabalhadores estrangeiros ilegais quando comparado com os nacionais ou com os estrangeiros com autorização de permanência, residência e contrato de trabalho válido, para assim dizer.

5. A estranha forma do regime de igualação dos trabalhadores estrangeiros ilegais

Alcançada a conclusão de não haver violação por parte do legislador ordinário do princípio constitucional da igualdade pela consagração de um tratamento mais favorável para os trabalhadores estrangeiros ilegais, uma vez que o tratamento do trabalho ilegal de estrangeiros é igual ao tratamento ilegal dos trabalhadores nacionais, não resistimos, porém, a levar um pouco mais além as considerações sobre tal regime.

Se bem que nenhuma solução semelhante tenha sido adoptada para os trabalhadores nacionais afectados por dívidas salariais provocadas por gestores ruinosos ou negligentes, não merece estranheza especial o facto de responderem solidariamente pelo pagamento dos salários em dívida dos trabalhadores estrangeiros ilegais não apenas o empregador como o utilizador, o empreiteiro geral ou até o dono da obra. Igual juízo pode ser formulado sobre a solução legal de fazer responder todos estes entes pelo pagamento dos impostos devidos – designadamente a retenção do IRS – ou das contribuições para a segurança social – designadamente a parte da taxa social única a cargo do trabalhador (11%).

---

[22] Cfr. precisamente a parte final do art. 144º/4 do DL 244/98.

Mas já oferece a maior das dúvidas fazer responder solidariamente todas essas entidades *pelo incumprimento da legislação laboral*[23]. Se o que se pretendeu significar com essa expressão é que todos os intervenientes que directa ou indirectamente estão em contacto com o trabalhador estrangeiro ilegal respondem pelas contra-ordenações, e não apenas pelo pagamento das respectivas coimas – e o intérprete tem de pressupor que o legislador sabe exprimir correctamente o seu pensamento[24] – temos então uma curiosa, quiçá inconstitucional figura de comparticipação em infracção em que, ao contrário do que decorre do regime geral das contra-ordenações, cada um dos comparticipantes não responde segundo a sua culpa[25], mas, antes, segundo a culpa de outrem que se repercutirá igualmente em todos.

Independentemente das consequências desta consagração de *responsabilidade solidária pela contra-ordenação*, que nada tem a ver, enfatiza-se, com a responsabilidade solidária do empreiteiro (contratante) perante os subempreiteiros (subcontratantes) do regime geral das contra-ordenações laborais, que é tão-somente uma *responsabilidade pelo pagamento da coima* – e com consequências práticas importantes ao nível, por exemplo, da reincidência – resta uma interessante, mas intrincada, questão por resolver.

Na hipótese, fortemente provável, de as entidades envolvidas na violação duma qualquer norma laboral terem dimensão diferente, qual a moldura da coima a aplicar? De facto, se a lei relativamente ao grau de gravidade da infracção resolve o problema considerando tratar-se no trabalho ilegal de estrangeiros ilegais sempre de uma contra-ordenação muito grave, já não resolve a questão quando o empregador é, por hipótese, uma pequena empresa, o utilizador uma média empresa e o empreiteiro geral uma grande empresa. Em face da falta de pagamento do salário a um estrangeiro ilegal por parte dum empregador o que dá origem também a uma contra-ordenação, qual a moldura da coima, a da pequena, da média ou da grande empresa, sendo que todas elas são diferentes? Optar-se-á pela dimensão da empresa do empregador, que foi quem directamente deixou de pagar o salário? Com que critério, supondo que a responsabilidade contra-ordenacional é solidária?

Porto, Janeiro de 2002

---

[23] Cfr. art. 144º/4 do DL 244/98 (redacção do DL 4/2001)
[24] Cfr. art. 9º/3 do CC.
[25] Cfr. art.16º/2 do DL 433/82, que consagra o princípio constitucional da individualização da culpa.

DIA 1 DE FEVEREIRO DE 2002
14,30 horas

TEMA V

DIREITOS FUNDAMENTAIS DOS TRABALHADORES
INCONSTITUCIONALIDADES... MUNDIALIZAÇÃO

Presidência
Juiz Conselheiro Dr. Azambuja Fonseca
Supremo Tribunal de Justiça

Prelectores
Prof. Doutor Bernardo Lobo Xavier, da Escola de Direito
da Universidade do Minho e da Universidade Católica e Secretário-Geral
da Academia Ibero-Americana de Direito do Trabalho
Prof. Dr. Fernando Ribeiro Lopes, Director-Geral das Condições
de Trabalho e docente da Universidade Autónoma
Prof. Doutor A. Garcia Pereira, do ISEG e Advogado
Prof. Doutor José João Abrantes da Faculdade de Direito
da Universidade Nova de Lisboa

A CONSTITUIÇÃO, A TUTELA DA DIGNIDADE E PERSONALIDADE DO TRABALHADOR E A DEFESA DO PATRIMÓNIO GENÉTICO. UMA REFLEXÃO

Bernardo da Gama Lobo Xavier

Professor da Escola de Direito da Universidade do Minho e da Universidade Católica e Secretário-Geral da Academia Ibero-Americano de Direito do Trabalho

A CONSTITUIÇÃO, A TUTELA DA DIGNIDADE E PERSONALIDADE DO TRABALHADOR E A DEFESA DO PATRIMÓNIO GENÉTICO. UMA REFLEXÃO

BERNARDO DA GAMA LOBO XAVIER
*Professor da Escola de Direito
da Universidade do Minho
e da Universidade Católica
e Secretário-Geral da Academia
Ibero-Americano de Direito do Trabalho*

Antes de iniciar as minhas palavras, e com licença do meu amigo Prof. Doutor António José Moreira a quem devemos este encontro anual, gostaria de dizer o seguinte.

Como muitos sabem a Academia Iberoamericana de Direito do Trabalho e Segurança Social tem actualmente sede em Portugal, por força de ser português o Secretário-Geral – este que se Vos dirige. Queria dizer-vos que aceitei o cargo – e o encargo – porque julguei que não devia desperdiçar a oportunidade de contribuir para lançar o nosso juslaborismo numa rota que se traça em vastíssimas regiões e em que a doutrina portuguesa é considerada e pode ser lida, e lida com interesse. Na verdade, o modo como nós temos cultivado o Direito do trabalho, porventura até com excessivo pendor comparatístico, e a preocupação com que constantemente acompanhamos o que se passa na Europa, torna a doutrina portuguesa muito relevante para os outros Países.

Neste desígnio nacional, aceitei – a contar com todos vós. Penso que, proximamente, se deveria levar a efeito um relevante evento científico no plano do Direito do Trabalho que possa congregar os nossos juristas com os grandes expoentes dos países fraternos de Espanha, Brasil e de outros grandes países de Ciência Jurídica altamente desenvolvida (México, Uruguai e tantos outros) em que há milhares de docentes e magistrados dos Tribunais Superiores devotados ao Direito do Trabalho. É um desafio para o qual conto convosco, com as nossas Universidades e para o qual tenho já prometido apoios institucionais indispensáveis. Espero, pois, que – no próximo ano – os juslaboristas portugueses possam receber fraternamente os juslaboralistas espanhóis, brasileiros e demais latino-americanos.

Depois desta referência quero apresentar o meu tema:

A Constituição, a tutela da dignidade e personalidade do trabalhador e a defesa do património genético. Uma reflexão.

O problema que convosco pretendo reflectir coloca-se a propósito da informação genética, e diz respeito à preservação da personalidade, integridade e intimidade do homem que trabalha e das suas próprias "chances" de emprego. Grande problema, pois.

A questão do que se chama património genético é, sobretudo, entendida como a da informação genética. Lembraria que essa informação está contida no genoma incluso nos cromossomas de cada organismo. A essa informação é possível ter acesso por colheita de material genético e o resultado de tal informação pode ser processado.

Como os genes são portadores de informação comum herança da espécie humana, poderemos falar de património genético. E daí a declaração da UNESCO sobre o genoma como património comum da humanidade. Não apenas, pois é a específica combinação de genes, como única em cada um, que confere à pessoa a sua singularidade. Teremos assim não só o que é genérico e património da humanidade, mas o específico de cada um. E tal pode ser desvendado.

Daqui se parte para a engenharia genética e para especiais formas de diagnóstico e de tratamento e, sobretudo, conexo com o nosso tema, que é o do prognóstico, para a <u>medicina preditiva ou predizente</u>. Teremos assim que não só é possível despistar doenças actuais, mas também as probabilidades de vir a sofrer certas doenças em que o factor genético é relevante e para além disto encontrar terapias adequadas. E ainda para o conhecimento de muitos aspectos próprios da pessoa e comuns aos familiares, que partilham do seu património genético. Tudo isto é vertiginoso e avassalador.

Eu não vou descrever aqui (e aproveito para saudar os juristas que o conseguiram[1]) os princípios científicos e os processos técnicos. Não me apresento como biólogo: apenas me apercebo do que está em jogo.

A revolução genética abriu extraordinários e perigosos caminhos à humanidade. Vamos aqui percorrer um desses caminhos, reflectindo nos problemas jurídicos levantados pelo conhecimento a propósito da relação de trabalho da informação genética ou, melhor, de informação sobre a informação genética. E do acesso a essa informação pelas empresas enquanto empregadoras, *i.e.*, enquanto pretendem a colaboração laboral de alguém para os respectivos fins.

Os problemas práticos sobre os quais vale muito a pena trocar ideias são os da possibilidade de as empresas solicitarem informações de carácter genético a propósito do contrato de trabalho, com o fim de melhor conhecer, formar juízos e predizer sobre quem admitem ou recrutam. Ou sobre quem intentam encarregar de certas missões especiais. Ou sobre quem promovem na hierarquia ou mesmo sobre quem ficará confiada a sua própria gestão superior. Ou, porventura, quem seleccionam para efeitos de despedimento. Diria ainda que, por extensão, o problema se coloca a propósito de certos institutos jurídicos que poderíamos considerar conexos, tais como os do ordenamento dos serviços públicos ou privados de emprego ou intermediação do emprego.

É obviamente um problema em que estão em jogo direitos de extrema importância para quem trabalha, assim como estão em jogo interesses de quem emprega na melhor adequação e no mais eficaz recrutamento e gestão da mão-de-obra. E estão obviamente em jogo interesses gerais.

O enquadramento está antes de tudo no Direito constitucional. Perguntar-se-á, pois, se é disponível a informação genética, ligada que está

---

[1] Um claro resumo das questões e das noções, bem como um glossário mais indispensável pode ser encontrado – respectivamente – em GUILHERME DE OLIVEIRA, *Temas de Direito de Medicina* (Coimbra, 1999), ed. Coimbra Edª., 101 ss e GOMES "A genética humana", 2001, *Sub Judice* (2001), n.º 19. Nos domínios laborais, podemos contar com uma investigação muito interessante do tema que se deve a STELLA BARBAS ["Contratos de trabalho em face das novas possibilidades de diagnóstico", em *Brotéria* 150 (2000)]. Em termos resumidos mas explícitos, o problema foi tratado também por GUILHERME DE OLIVEIRA (ob. e loc. cit.) com a habitual profundidade. Muito recentemente são de referir as páginas que ÁLVARO DIAS dedica ao tema [*Dano corporal* (Coimbra, 2001) 472 ss]. Publicado já depois de proferida esta conferência, deve referir-se o notável trabalho de ZENHA MARTINS, *O genoma humano e a contratação laboral,* Celta Editora (Oeiras, 2002).

à preservação da personalidade, integridade e intimidade do homem que trabalha. Mas que direitos? Nem mais nem menos que os da identidade (pessoal/familiar), os direitos de conhecimento /desconhecimento; os de reserva e não-discriminação.

O problema vai, pois, muito fundo – reflecte-se no âmago da dignidade da pessoa humana, a que faz apelo logo o primeiro artigo da lei fundamental. Falamos, pois, no art. 1º (dignidade da pessoa humana), mas também teremos de referir os arts.13.º (igualdade), 25º (integridade pessoal) e, mais especificamente, no art. 26º da Const. portuguesa (reserva, informação, identidade genética, não-discriminação).

Está em jogo o trabalhador, e tudo o que se prende com toda a pessoa – vida e dignidade pessoal. Aliás, na integridade do património genético está a privacidade própria e alheia, pois os testes genéticos dão também informação quanto à família. O art.º1º da "Convenção dos direitos do homem e da biomedicina", aprovada pelo Conselho da Europa e já por Portugal ratificada, estabelece a obrigação dos Estados de "proteger a dignidade e identidade de todos os seres humanos e garantir a todas as pessoas sem discriminação o respeito pela sua integridade e pelos outros direitos e liberdades fundamentais". Seguidamente no art. 2.º afirma-se o primado dos "interesses e bem-estar do ser humano"... "sobre o interesse exclusivo da sociedade e da ciência".

Quanto ao contrato de trabalho e à relação do trabalho, eu quero tratar principalmente do problema que se coloca numa fase pré--contratual, determinante da constituição da relação de trabalho. Ficarão para outra altura os problemas relativos à exigência de testes para promoção (modificação do contrato) e a testes relativos a inadaptação (cessação do contrato).

No nosso tema teremos de partir de certos pressupostos: na realidade, algumas questões relevantes têm carácter geral, *i.e.*, são resolvidos pelos princípios gerais quanto à solicitação de informação para a constituição da relação de trabalho. Assim, a questão terá de começar por ser colocada num plano que tem a ver com os próprios limites <u>da solicitação da informação</u> – genética ou qualquer que seja – pelas empresas aos candidatos a emprego. Isto se prende com um problema da boa fé e de respeito pelas pessoas. É certo que quem contrata tem o direito de saber, *i.e.,* a de estar informado sobre aspectos relevantes do negócio, sobretudo quando eles residem na esfera da eventual contraparte. À doutrina laborística nunca pareceu ilícita a solicitação de informações sobre a saúde, a entrega de um *curriculum* exacto, a demonstração de capacidades e aptidões para o posto de trabalho a desenvolver, e o desempenho em testes psicotécnicos, etc. Tal faz parte do quotidiano da selecção e admissão de pessoal.

Mas sempre se entendeu que o acesso ao conhecimento pela empresa encontra limites, para evitar ascendências e intrusões intoleráveis. E, sobretudo, para que fique assegurada uma conduta recta, em que não se verifiquem discriminações ilícitas. Tem de haver um balanceamento no recrutamento do pessoal entre a informação necessária naquilo que no plano jurídico corresponde à formação do contrato, em que existem obrigações de boa fé e de veracidade, e – por outro lado– a necessidade de defesa dos contraentes de excessiva intrusão. E como no contrato de trabalho encontraremos sempre a pessoa (na sua difícil distinção relativamente ao objecto do contrato) é necessário ir buscar princípios de tutela que vão para além do normal parâmetro de boa fé, princípios esses que defendam a personalidade.

Torna-se necessário que seja garantido o seguinte:

1º) Adequação das solicitações de informação e sua obtenção, que não podem ir para além do directamente relevante para a execução das funções que se têm em vista na admissão; aspectos sanitários e outros (interesse justificado, por exemplo, despiste de doenças contagiosas).

2º) Reserva ou sigilo quanto a essas informações, que não podem ser utilizadas por outrem.

3º) Transparência em que deve ser dada a possibilidade de conhecimento dos resultados pelo candidato e dos objectivos.

4º) Fiabilidade, para que o candidato não seja sujeito a provas ou testes exóticos, não aferidos e que às vezes podem relevar da superstição (Tem-se prestado a discussão animada a quiromância, a observação do "carma", a grafologia[2], alguns testes psicológicos de resultados muito contestados, principalmente os projectivos).

Mas o nosso caso coloca outros problemas.

Aplicando as ideias referidas anteriormente aos testes que permitem conhecer da informação genética de um candidato, há que pressupor

---

[2] Necessita de autorização do interessado no Direito alemão. Contudo, já nos foi referida a exigência de várias empresas alemãs no sentido de o "curriculum" do candidato ser apresentado em manuscrito, sem indicação de que tal se destina a análise grafológica.

desde logo: 1.º que o conhecimento do património genético ou da informação sobre esse património tem realmente no plano científico um adequado grau de certeza no diagnóstico ou no prognóstico ou de predição – para o efeito sabemos que há informação relevante quanto a aspectos clínicos; 2.º que o conhecimento tem suficiente relevância; 3.º que a recolha do material informativo não se socorre de técnicas invasivas, é isenta de riscos, prevalecendo sempre o interesse do paciente; 4.º que é feita em instituição adequada no plano científico e de segurança (tem-se colocado o problema dos *kits* de testes ou *home tests*, pouco fiáveis); 5º que essa instituição é terceira. (para garantir que o empregador potencial não fique da posse de elementos de conhecimento do candidato e seus familiares, porventura até irrelevantes para o emprego); 6.º e – finalmente – intervenção da vontade esclarecida e livre do trabalhador[3].

Que dizer destes pressupostos?

O problema será sequer real? É certo que, pelo menos em Portugal, não há notícia de serem solicitados maciçamente testes genéticos. Mas nada nos diz que no futuro muito próximo a situação se altere e se não torne fácil aos empregadores solicitarem sistematicamente e economicamente estas informações, extraídas em instituições terceiras, porventura acreditadas e seguras.

O problema está no acesso da empresa empregadora a métodos de diagnosticar ou predizer de factores de condicionamento ou predisposição genética no plano da saúde, do absentismo e no plano da aptidão. Parece óbvio que se devem colocar as maiores reservas, desde logo as informações eventualmente relativas à personalidade do trabalhador: se se efectuarem sistematicamente serão um factor de discriminação. A empresa não tem o direito a conhecer tudo, tanto mais sabendo-se que o património genético define não só a historicidade do genoma humano, mas também aquilo que é exclusivo de cada um e que, portanto, é algo de absolutamente privado e reservado. Inclusivamente o trabalhador tem o direito a ignorar a sua informação genética e quanto a ela o sigilo terá

---

[3] No domínio dos pressupostos, suponho que eles se não encontram realizados no estado actual da biotecnologia portuguesa: não tanto por falta de acreditação de entidades – pois existe legislação –, mas pela falta de garantia de reserva. É, sobretudo, necessário assegurar que este tipo de exames não seja realizado na própria empresa empregadora. A mesma preocupação é sentida em geral pelo Parlamento Europeu. V., também, o art 6.º da Conv. nº 181 da OIT (pertinência da informação e reserva da privacidade).

de ser especialmente preservado, porque se reporta também a terceiros (como se disse, os testes fornecem informação sobre a família).

Um outro ponto é o do consentimento. Não poderemos confiar muito na protecção da vontade esclarecida e livre de quem quer conseguir um posto de trabalho a todo o risco. E, sobretudo, teremos de estar em guarda contra selecções injustas de quem gostaria de apresentar o seu próprio perfil genético impecável[4]...

Há um problema importante, que é o de um cientismo que prolifera e ao qual podem aderir os próprios trabalhadores. É, sobretudo, perigoso relativamente aos quadros das transnacionais, às quais é fácil estabelecer – sem limites – uma prática de colheita e de informação genética feita em países terceiros quanto à relação de trabalho. Há necessidade de ponderar estes aspectos. Julgo que a necessidade de o Direito do trabalho ultrapassar as fronteiras nacionais se imporá aqui mais uma vez.

Resolvidas estas questões, poderemos colocar a questão de saber se é lícito, do mesmo modo que é lícito solicitar ao trabalhador um *check-up*, ou – noutros domínios – provas de habilidade, destreza ou competência, e assim dar as informações adequadas, informando lealmente o futuro empregador, se é lícito, dizia, requerer-lhe acesso à informação genética?

Já sabemos que é diferente! De qualquer modo, convém examinar a argumentação da banda da defesa à abertura da legitimidade da solicitação da informação genética: Há a considerar aspectos gerais e quase de saúde pública (o rastreio genético pode destinar-se a prevenir doenças que afectam o público). Têm sido em Portugal (GUILHERME OLIVEIRA) examinados com prudência os argumentos mais frequentemente usados para sustentar a posição dos empregadores: saúde do trabalhador, protecção de terceiros, custo/benefício entre encargos de formação e produtividade esperada, competitividade das empresas, prevenção e controlo de doenças profissionais[5]. Colocadas as questões neste plano, afigura-se-nos

---

[4] Depende das ópticas, mas há sinais de que certas informações favorecem candidaturas, tais como a demonstração de impossibilidade de gestação apresentada por candidatas a emprego!

[5] Há fontes normativas a considerar. A Const. portuguesa (certamente pioneira) diz expressamente, logo a seguir à referência à integridade das pessoas e ao reconhecimento do direito à identidade pessoal, ao desenvolvimento da personalidade, à reserva de intimidade e da protecção contra a discriminação, a utilização abusiva de informações sobre as pessoas e famílias (nº 3 do art. 26.º): "A lei garantirá a dignidade pessoal e a identidade

necessário distinguir os testes genéticos com fins médicos de aqueles que têm a ver com a personalidade ligada à prestação de trabalho.

Por certo que o contrato de trabalho, sendo embora comutativo e não aleatório, tem uma especial acentuação de risco relativamente ao empregador, acentuação no risco que até vale para contradistingui-lo dos contratos de prestação de serviço. Os nossos tempos, para protecção do trabalhador, levaram à acentuação da "alea" a cargo do empregador, no risco da utilidade da prestação e nos riscos que têm a ver com a conservação do contrato quando há patentes deficiências na sua comutatividade (segurança de emprego unilateral, mesmo em casos em que os mecanismos civilísticos recomendariam a resolução da relação).

Mas apesar da acentuação da carga aleatória do contrato de trabalho no que se refere ao empregador, não poderemos aceitar, nos termos previstos nas referidas declarações internacionais, a intrusão gravíssima que envolve a solicitação de informações genéticas, com relevo em aspectos não clínicos. Se é de encarar com reservas a solicitação de testes com relevância na saúde, muito mais no caso de testes de personalidade. Ainda não sabemos até que ponto são cognoscíveis certas predisposições genéticas ("destino genético") no domínio da personalidade e comportamento (vontade, capacidade de integração, inteligência, força anímica, capacidade e rapidez de decisão, desembaraço). Seja como for, tal conhecimento está vedado como critério de selecção. Se a grande aposta, como diz o reputadadíssimo cientista português Padre LUIS ARCHER está em "conhecer o homem na própria raiz do seu enigma, prever o seu futuro, mudar a sua rota", os dados não poderão ser lançados de modo a estabelecer – pelo jogo do mercado – uma selecção genocrática, a pretexto da liberdade da empresa, da informação e até da ciência.

Quanto a aspectos clínicos, no nosso Direito positivo, o que está previsto tem a ver com a prevenção da segurança, saúde e higiene:

---

genética do ser humano, nomeadamente na criação, desenvolvimento e utilização das tecnologias e na experimentação científica". Salientes são também o art 70º do C.Civ. e a protecção contra as ofensas à personalidade física e moral e o direito à reserva da intimidade -art 80º do C.Civ.-. Fundamental é a resolução adoptada pelo Parlamento europeu em 16.3.89, que reclama uma proibição penalmente assegurada da selecção com base em critérios genéticos. A CEDHB – artº 11º – proíbe a discriminação da pessoa em função do património genético e o art 13.º limita os testes preditivos a fins médicos (a ratificação desta convenção foiaprovada pela R. da AR nº 1/2001 – deve atentar-se que não parece ser *self executing*).

obviamente, não se pensou em testes genéticos. O trabalhador deve (art 22.º, 1, c) do DL 26/94) "prestar informações que permitam avaliar, no momento da sua admissão, a sua aptidão física e psíquica para o exercício das funções correspondentes à sua categoria profissional, bem como sobre factos ou circunstâncias que visem garantir a segurança e saúde dos trabalhadores, sendo reservada ao médico do trabalho a utilização da informação de natureza médica".

Não ignoramos que a lei confere ao empregador – directa ou indirectamente – (pensamos em serviços que servem ao mesmo tempo o trabalhador, a empresa e a saúde pública) uma série de competências que podem pôr em causa a intimidade do trabalhador. Aqui temos a difícil compatibilização entre serviços destinados a garantir a segurança, higiene e saúde do trabalhador e a defesa deste contra discriminação e intrusão. Os testes genéticos têm o seu papel na saúde, higiene e segurança do trabalho. Contudo, tais testes não devem ser utilizados para excluir do trabalho em certas actividades cujos riscos podem ser desde logo diminuídos pela aplicação das normas necessárias de saúde, higiene e segurança[6], ainda que no trabalho não se podem excluir todas as situações de risco[7].

É difícil aceitar que os testes genéticos se reportem a mais que possibilidades patológicas específicas e identificadas – (o empregador não tem de possuir conhecimento da integridade do "perfil genético" do trabalhador). O art. 11º da Convenção Europeia dos Direitos do Homem e da Biomedicina é terminante sobre a proibição de "qualquer forma de discriminação contra uma pessoa em razão do seu património genético". E, pelo art 12.º, "os testes que sejam preditivos de doenças genéticas ou

---

[6] Através de testes genéticos poderemos encontrar indicações, *vg*, sobre a hipersensibilidade de um candidato ao emprego a um produto químico que tenha de manusear nas suas funções.

[7] Os princípios quanto à higiene e segurança vão no sentido de tentar excluir actividades perigosas, e onde não for possível procurar os métodos e processos mais eficazes para prevenir os riscos que não podem ser evitados e, relativamente aos trabalhadores, equipá-los com todo o conhecimento de prevenção e de meios individuais de protecção. Mas, nas actividades de grande risco será inadequada uma selecção genética que concorre também para evitar acidentes? Aí, afasto-me um pouco das opiniões restritivas, admitindo os testes, ainda com controlo de comissões técnicas e éticas adequadas. Por outro lado, o conhecimento de genes de predisposição para certa doença permite criar condições de género de vida (logo, de trabalho) e assim se impedirá que a predisposição se transforme em doença.

que sirvam para identificar a pessoa como portadora de um gene responsável por uma doença, quer para detectar uma predisposição ou uma susceptibilidade genética a uma doença, podem ser efectivados apenas para fins médicos, e sob reserva de aconselhamento genético adequado". Que nesses fins médicos se incluam os da higiene e segurança do trabalho não parecerá injusto, como vimos, mas não para excluir do emprego um trabalhador que possa vir a sofrer de doença curável ou mesmo incurável, a longo prazo.

No que se refere a aspectos não clínicos, no que toca à informação genética, o empregador só tem *direito a saber* dentro de certos limites. Fora de casos com relevo para a segurança, higiene e saúde, creio devem estar banidos outros testes, sobretudo para apuramento de "condicionantes" da personalidade. Neste plano – exceptuando casos extremos [talvez para a selecção de um astronauta – ou ao nosso nível antes da contratação de um dispendioso jogador de futebol ou então no caso de caríssimo investimento na formação] não parece dever ser permitida sequer a solicitação, quanto mais a exigência. Estaríamos em face de um cientismo que envolveria, pelo excesso de conhecimento, uma violação de uma certa igualdade de partida que a todos terá de reconhecer-se e a frustração do sentido solidário, em que se afirma a diferença sem a graduar *a priori*.

Assim, para efeitos do contrato de trabalho, e quanto a aspectos não clínicos, deve estar vedada a solicitação de informação genética. Admitimos apenas excepções em casos raríssimos, que devem ser avaliados por comissões éticas independentes[8], casos em áreas profissionais determinadas em que seja nítida a confluência de interesses do candidato e da empresa e, sobretudo, do interesse público (trabalhadores cujo erro funcional seja imprevisto e afecte terceiros – hipótese dos pilotos, ou caso de pessoa destacada para lugares isolados).

Não nos parece também lícito que entidades de intermediação no emprego (serviços de colocação, etc.) possam aceder uma informação genética não direccionada ou possuam material genético ou que com ele configurem um perfil do candidato ao emprego em todos os vectores.

---

[8] Neste plano, é geralmente aceite que, excepto quando haja riscos para a segurança de terceiros, os testes de aptidão devem apenas incidir sobre o estado actual de saúde do candidato, e não sobre a previsibilidade das suas enfermidades.

Estariam lançadas as possibilidades de selecção genética à partida, proibida já pelo art 11.º da referida convenção.

Resumindo. Para os testes genéticos devem assegurar-se internacionalmente condições de *processo*: fiabilidade, reserva, consentimento esclarecido e livre. E de *fundo*, no plano de congruência relativamente ao seu objecto. Só devem ser admitidos, sem reserva especial, testes clínicos de diagnóstico. Quanto aos de prognóstico, devem admitir-se com base no interesse do trabalhador (eventualmente sensível a certas exposições ou ambientes) e mantendo-se o fim de adaptar as condições de trabalho às condições pessoais. Só em casos excepcionais é de afirmar a existência de um interesse patronal e de terceiros suficientemente forte para que esses testes sejam aproveitados para fins que vão além dos interesses do próprio trabalhador. Devem ser proibidos os testes genéticos de carácter predizente quanto a aspectos de personalidade, a não ser em casos excepcionalíssimos.

Caros Colegas:
Trata-se de defender a autoresponsabilidade contra o determinismo biológico. O projecto FIORI do Parlamento Europeu (penso que neste aspecto sem contestação) considera que deve ser retirada a ênfase quanto ao aspecto predizente. Apesar de malogrado, o projecto de declaração FIORI reconheceu que deve ser reformulada a tese da predominância do gene. O homem não está programado fatalmente pelo genoma. Nada está escrito.

Haverá que conhecer as raízes da identidade humana, evitando qualquer genocracia. Não há apenas um problema de transparência de mercado em nome de um cientismo que ignore os seus próprios limites. Contra um cientismo cujos resultados se têm revelado falíveis, contra um economicismo que ignora as realidades pessoais e humanas do trabalho, cabe-nos exigir o estabelecimento de um sólido contexto jurídico.

Reclamar a lei da *polis*, a lei da cidade para todos os cidadãos, o banimento da lei da selva que pode ser a lei do mercado, constitui hoje a prudência e a sabedoria dos que conhecem os eternos perigos que ameaçam o indivíduo e a liberdade.

Concluo, Senhoras e Senhores! Não se tratará de manter selados antiquíssimos arcanos. O problema tem outra gravidade! Só manteremos a liberdade, só florescerá em nós a igualdade e a noção do outro que é raiz da fraternidade, se persistir algum mistério sobre a radical diferenciação humana.

Muito obrigado pela vossa atenção.

A GRANDE E URGENTE TAREFA DA DOGMÁTICA JUSLABORAL: A CONSTITUCIONALIZAÇÃO DAS RELAÇÕES LABORAIS

António Garcia Pereira
Professor do ISEG
Advogado

A GRANDE E URGENTE TAREFA DA DOGMÁTICA JUSLABORAL: A CONSTITUCIONALIZAÇÃO DAS RELAÇÕES LABORAIS[*]

António Garcia Pereira
Professor do ISEG
Advogado

I – A importantíssima tarefa da moderna dogmática do Direito do Trabalho

À moderna dogmática do Direito do Trabalho compete hoje, em nosso entender, uma importantíssima tarefa: a tarefa de <u>consolidação, síntese e mesmo constitucionalização</u> daquelas que devam ser as grandes linhas gerais, as grandes traves mestras desse novo "estatuto" de trabalhador dependente, "afinando" consequentemente a vocação normativa do Direito do Trabalho para as grandes questões gerais e comuns, e deixando a regulamentação da especificidade e da heterogeneidade para instrumentos de regulação social de grau hierárquico inferior, *maxime* a contratação colectiva.

Ora, face à manifesta incapacidade do Direito Civil para levar a cabo tamanha tarefa[1], pode dizer-se que o Direito do Trabalho – a grande

---

[*] Texto que corresponde no essencial a um capítulo da tese de doutoramento do autor, especialmente dedicado a esta matéria.

[1] Veja-se a este propósito a demolidora crítica desenvolvida por Bernardo Xavier, *A matriz constitucional do Direito do Trabalho*, in *III Congresso Nacional ...* cit., pp. 100-102, em especial na nota 7, relativamente às posições do P. Romano Martinez, (*As razões de*

"invenção jurídica" do século XX, como exemplarmente definiu Alain Supiot[2] – permitiu "pensar juridicamente" as questões da dependência (ou da hierarquia) e do colectivo.

Até aqui e sob este prisma o Direito do Trabalho, face às óbvias limitações que a respectiva dependência relativamente ao empregador acarreta necessariamente para a liberdade individual do trabalhador, o que curou foi de comprimir quanto possível tais limitações, fosse procurando restringir o poder patronal ao estritamente necessário à boa execução do contrato, fosse buscando restituir ao trabalhador a nível colectivo (por meio, designadamente, da consagração dos direitos à organização e actividade sindical, à greve e à contratação colectiva) os direitos e liberdades de que ele se vira em larga medida privado a nível individual.

Ora, e ainda que tal objectivo bem como os valores e princípios que ele corporiza devam ser mantidos e preservados, é indiscutível que hoje se tornaram já claramente insuficientes.

---

ser do Direito do Trabalho, in *III Congresso Nacional* ... cit, pp. 129-144, muito em particular p. 130). BERNARDO XAVIER invoca em seu abono a lição de "RADBRUCH, na sua Introdução à Ciência Jurídica, texto com mais de setenta anos (...), que frisava as diferenças de óptica entre o Direito Civil e o do Trabalho"; salienta que o direito civil ou não explica ou não explica de todo diversos e fundamentais aspectos, entre os quais o da supremacia patronal, com os seus poderes hierárquicos, regulamentares e disciplinares, a normação colectiva, o direito de greve e a intervenção das estruturas representativas dos trabalhadores na definição do conteúdo do próprio contrato e nos mecanismos societários e gestionários, para além da "consabida imperatividade unilateral de quase todas as normas do trabalho e do seu carácter tutelar (favor laboratoris), bem como do controlo publicístico, administrativo e penal", acrescentando que "quanto a estes últimos aspectos (únicos que costumam merecer a atenção dos civilistas) poderão encontrar-se certamente aproximações num Direito privado renovado como observamos nos nossos dias, mas deve salientar-se que os campos de conexão principais têm eles próprios um carácter centrífugo quanto ao Direito civil (v.g. direito de arrendamento para habitação, direito dos consumidores)". E Bernardo Xavier termina citando POGGI ("Justamente no centro do sistema capitalista, encontra-se travestida de relação contratual, uma relação essencialmente coercitiva e altamente assimétrica em que as partes são necessariamente hostis uma à outra") e MANCINI ("os legisladores europeus sempre se propuseram modificar o fenómeno tão acertadamente definido por POGGI: eles operaram sempre para que na conclusão do contrato o trabalhador permaneça tanto quanto possível livre, para que a coerção e a assimetria intrínseca à respectiva relação se temperem e para que à congénita hostilidade entre as partes se substitua a apreciação racional dos custos e de benefícios que significam as suas manifestações").

[2] A. SUPIOT, in *Le Travail em prespectives* ... cit., p. 11.

É que a necessidade de protecção do contraente mais débil – sendo certo que tal debilidade tem muito menos que ver, como por vezes se vê referido, com o nível de remuneração auferido pelo trabalhador, e muito mais com a incapacidade de se autodeterminar do ponto de vista económico, com a incerteza e precariedade da sua situação e, sobretudo, com a permanente compressão a que a sua liberdade e os seus direitos de cidadania estão sujeitos por parte dos poderes patronais – tem hoje porventura maior importância do que nunca, e seguramente muito superior àquela que se fazia sentir numa época então caracterizada por uma considerável expansão económica, por altos níveis de emprego, pela pujança da contratação colectiva e pela grande capacidade de intervenção do movimento sindical!

II – A necessária deslocação do centro de gravidade da tutela protectiva

De toda esta evolução resulta assim que o grande traço distintivo do princípio "protectivo" da actualidade deverá ser o da <u>deslocação do respectivo centro de gravidade da pessoa do trabalhador e do espaço circunscrito da empresa para as questões da cidadania, e colocada esta ao nível do conjunto da sociedade</u>[3].

Assim, não se trata agora, sequer, do problema da garantia da cidadania <u>na</u> empresa, mas antes, sobretudo e acima de tudo, "é a cidadania *tout court*, isto é a própria possibilidade do exercício dos direitos e liberdades que são apanágio constitucional do cidadão, que se oferece aí como objecto central de tutela", na feliz expressão de Monteiro Fernandes, que sintetiza esta ideia fundamental afirmando ainda que "a <u>efectiva</u> protecção da dignidade e da liberdade pessoal (...) tem a prioridade sobre os projectos de reestruturação das relações de trabalho baseados na participação, na coordenação e no diálogo social interno, que se tornaram conhecidos sob o lema "cidadania na empresa""[4].

---

[3] Aliás, era já nesse sentido que apontaram sucessivamente a Constituição alemã de Weimar, a espanhola de 1931 (em particular no artigo 44º), a francesa de 1946 (sobretudo no seu Preâmbulo), a alemã actualmente vigente (cfr. artigos 15º, 20º e 28º), a italiana de 1947 (artigo 3º ss), a Constituição portuguesa de 1976 e a espanhola de 1978.

[4] A. Monteiro Fernandes, *Competitividade, Cidadania e Direito do Trabalho* in *A Reforma do Pacto Social* – Debates – Presidência da República, pp. 430-431. No mesmo

E se a primeira linha da redefinição do centro de gravidade do moderno Direito do Trabalho deverá ser ocupada pela centralidade da regulamentação das questões da cidadania em geral[5], há agora que atentar nas implicações de vária ordem que daí necessariamente terão de decorrer.

É que a concepção do trabalhador como um cidadão de pleno direito, integrado numa sociedade democrática que tem como princípio estruturante fundamental o respeito pela dignidade da pessoa humana e pelos direitos dos cidadãos[6], haverá em nosso entender de forçosamente conduzir à consideração da completa e imediata inadmissibilidade de práticas e até de normas de fontes inferiores (como por exemplo regulamentos internos das empresas) que atentem contra essa plena cidadania do trabalhador.

E não estamos, sequer, a pensar aqui em situações como as dos já célebres casos dos "cartões magnéticos" para controle das idas dos trabalhadores às casas de banho ou a outros locais das empresas (e que, ao invés do que eventualmente se pensará, não se verificam apenas em pequenas organizações de empresários mais retrógrados e nas mais recônditas zonas do país), uma vez que é patente a sua completa ilegalidade, [cfr. Ac. STA-CA, de 15/4/99 in BMJ-486°-143 – A satisfação de necessidades fisiológicas por parte dos trabalhadores e o tempo de permanência nas instalações sanitárias para tal fim, são inquestionavelmente aspectos da sua intimidade privada que não podem deixar de ser tratados como dados pessoais para os fins da Lei 10/91, de 29/4. Sendo o registo informatizado daqueles dados utilizado para fins de concessão de prémios de produtividade e para fins disciplinares, ele não se enquadra nas excepções das al. a) e b) do n° 2 da citada Lei], que nenhuma construção de "instrumentalidade" ou "funcionalidade" organizativas permite sanar ou salvar[7].

Mas antes e sobretudo do que se trata é da estruturação de soluções legais substantivas – e também adjectivas ou procedimentais de forma a

---

sentido, JOSÉ JOÃO ABRANTES, *Direito do Trabalho – Ensaios*, Lisboa, 1995, pp. 35 ss., e *Contrat du Travail et Droits Fondamentaux – contribution à une dogmatique commune européenne avec reference spéciale au droit alemand et au droit portugais*, Bremen, 2000, em especial pp. 127 ss.; Ver ainda *Droit du Travail, droits de l'homme*, RIT (Número especial), 137, 1998.

[5] Cfr. DAÜBLER, *Arbeitsrecht*, Vol. I, 14ª ed., 1995, p. 79.
[6] Cfr. J.M. VERDIER, *Travail et liberté*, D.S., 1982, p. 419.
[7] É já "clássica" a decisão do Tribunal Federal do Trabalho alemão [BAG 15.8.84, BAGE 46 (1986), pp. 163-174] que considerou injustificado o despedimento de um chefe de orquestra, levado a cabo por a sua actuação "não agradar" ao empregador.

garantir uma tutela efectiva e em tempo útil[8] – que impeçam que, em nome do direito de propriedade privada e das liberdades de empresa e de iniciativa económica, bem como dos consequentes poderes organizativos ou regulamentares do empregador, a cidadania tenha de ficar, como hoje na prática infeliz e frequentemente fica, "à porta da fábrica"[9].

Quer isto significar que se terão desde logo de haver por constitucionalmente inaceitáveis, entre muitos outros exemplos, igualmente verídicos, que se poderiam a tal respeito alinhar:

– uma regulamentação ou ordem patronal (ou até uma cláusula contratual!) proibindo um trabalhador de exprimir publicamente, designadamente na comunicação social, a sua opinião relativamente aos destinos da empresa ou à actuação da respectiva Administração[10];

---

[8] Pois já MANUEL DE ANDRADE fazia notar que quantas vezes aquilo que o direito substantivo concede, o direito adjectivo retira, exactamente pela incapacidade de se fazer reconhecer, valer e exercer em tempo útil o primeiro.

[9] Conforme nota JOSÉ JOÃO ABRANTES, *Contrato de Trabalho e Direitos Fundamentais*, in *II Congresso de Direito do Trabalho...* cit., pp. 105-114, na Alemanha o artigo 2º da Grundgesetz (referente ao livre desenvolvimento da personalidade) serve de base ao princípio da separação entre a esfera privada do trabalhador e a relação de trabalho, sendo vedado ao empregador investigar e/ou fazer relevar, designadamente para efeitos disciplinares, factos daquela esfera, a não ser que haja uma ligação <u>directa</u> com as funções por ele exercidas; na Itália, doutrina e jurisprudência têm entendido que o empregador não pode averiguar "factos não relevantes para efeitos de valoração da actividade profissional" do trabalhador.

[10] Sobre esta matéria, ver de novo JOSÉ JOÃO ABRANTES, *ibidem* – enquanto na Alemanha por vezes se previlegiam os valores da base contratual como o da "paz na empresa" (parágrafo 74 Betr VG), aceitando-se a admissibilidade da proibição do uso de emblemas de propaganda política [é o caso de BAG 2.03.82, BAGE 38,85 ("Anti-Atomkraft Plakette") ou de BAG 9.12.82, BAGE 41,450 ("Anti-Strauss Plakette")], em Itália consagrou-se um critério de ponderação de interesses, na base do qual se entende que o trabalhador não pode formular juízos ou acusações que possam lesar a empresa, a não ser que exista uma '"justificação adequada", em função da necessidade de tutela de bens e valores equivalentes.

Em França, o aresto da Cour de Cassation de 16/12/97 nº 95-41.326 proclamou que um facto imputado ao trabalhador relevando da sua vida pessoal não pode constituir falta disciplinar; e o aresto de 10/2/99, nº 96-42.998 considerou ilícita a desqualificação profissional alegadamente destinada a evitar o risco de espionagem industrial a favor do marido da trabalhadora atingida, precisamente por não bastar o simples risco (casos citados por RAY, J-E, "Droit du Travail – Droit Vivant", 8ª ed., Paris, 1999).

Em Espanha, o aresto STC 6/1988, de 21/1 (Rec. de amparo nº 1.221/1986) declarou a ilicitude do despedimento de um trabalhador por ter feito declarações no sentido de

– ou impondo ou proibindo (sem que nenhuma razão de ordem pública, v.g. de higiene ou segurança o possa minimamente justificar) às mulheres trabalhadoras o uso de calças ou a maquilhagem, e aos trabalhadores homens o uso de barba, por exemplo;

– ou ainda estabelecendo a proibição do uso de quaisquer emblemas de organizações políticas, religiosas, culturais ou desportivas;

– a adopção de um critério de atribuição de promoções ou de subidas de vencimento[11] que exclua precisamente quem gozou de licença de parto, de licença de maternidade ou paternidade, ou de faltas justificadas para exercício de funções sindicais, cívicas ou políticas;

– a organização dos serviços da empresa de molde a que o trabalhador (mesmo fora de qualquer situação de emergência ou de regime de "piquete" ou "assistência") tenha de estar vinte e quatro horas por dia, sete dias por semana, contactável, designadamente por telemóvel (as mais das vezes "oportunamente" disponibilizado pela própria empresa), ou disponível para executar qualquer tipo de tarefas em qualquer ponto geográfico do país, do continente ou até do mundo, que lhe seja indicado pela entidade patronal[12];

– a colocação de câmaras de vigilância apontadas aos trabalhadores sem conhecimento ou sem consentimento dos próprios, nos respectivos locais de trabalho e até nos locais de lazer, ou a sujeição (mesmo que "contratualizada") dos mesmos trabalhadores a revistas pessoais executadas por seus superiores à entrada e à saída das instalações da empresa;

– a instituição de um sistema de funcionamento interno da empresa que implique a devassa das conversações telefónicas, do correio electrónico pessoal e da correspondência privada dos trabalhadores, bem como

---

proximamente ir denunciar situações irregulares; em sentido paralelo da declaração de nulidade do despedimento cuja causa deriva do exercício legítimo da liberdade de expressão constitucionalmente consagrado, ver STC 1/1998, de 12/1 (Rec. de amparo nº 2.324/ /1994) e também SSTC 88/1985, 126/1990, 6/95, 106/96, 186/1996, 1/1998 e 197/1998); da liberdade de informação e até do direito à própria imagem (SSTC 6/1988, 1126/1990 e 4/1996), uns e outros citados por M.E. CASAS BAAMONDE, A. BAYLOS GRAU, R. ESCUDERO RODRIGUEZ, in *Casos y materiales de Derecho del Trabajo*, Valencia, 1999.

[11] É o caso, já citado, de certo tipo de subsídios ou de prémios de "assiduidade" ou de "disponibilidade".

[12] Pondo-se aqui sobretudo em causa a questão já anteriormente examinada da validade de cláusulas de contratos individuais pelas quais o local de trabalho é assim "determinado" ou em que o trabalhador dá desde logo a sua concordância a qualquer alteração posterior que a entidade patronal decida unilateralmente promover.

dos seus espaços pessoais, como sejam as gavetas da respectiva secretária e o seu cacifo;

– o acesso, e subsequente utilização dos dados assim obtidos, às contas bancárias[13] e aos movimentos de cartões de débito e de crédito do trabalhador de uma dada instituição bancária;

– o acesso, e subsequente utilização, de dados e informações relativos à saúde e à orientação sexual do trabalhador, ou até de familiares próximos[14];

– a obtenção e uso, designadamente por parte de empresas de recrutamento e selecção de pessoal[15] de dados e informações da vida íntima e pessoal do trabalhador, como por exemplo a identidade da pessoa com quem vive e até as suas preferências sociais e políticas, tal como a realização de testes para acesso a determinado cargo ou função com a indagação directa ou indirecta do mesmo tipo de dados;

Sobre estes exemplos – que seria possível multiplicar à exaustão – poderá eventualmente arguir-se que a tutela dos interesses ali postos em causa já existiria no momento presente, pelo que não justificaria a invocada necessidade de "ampliação" da protecção normativa do Direito do Trabalho. Tal objecção não colhe, porém, porquanto – para além do patente défice procedimental que actualmente se verifica, tornando praticamente inútil qualquer decisão do conflito que venha a ser tomada apenas alguns anos depois – a verdade é que todas estas questões, na lógica e no estádio actual do Direito do Trabalho, têm sido sempre colocadas sob uma prespectiva exclusivamente funcional ou instrumental em relação aos

---

[13] O *Acordão do Supremo Tribunal de Justiça de 29 de Março de 1991*, in *BMJ* 407º-p. 308, admitiu como lícita a actuação de uma entidade patronal (um Banco) que se permitiu inspeccionar as contas bancárias de um seu próprio trabalhador para alegadamente determinar a existência de infracções disciplinares por aquele praticadas. Contra tal entendimento, por consagrar uma violação do segredo relativo às contas bancárias, consagrado na lei e representando uma manifestação da tutela da vida privada, ver A. MENEZES CORDEIRO, *O respeito pela esfera privada do trabalhador*, in *I Congresso Nacional de Direito do Trabalho* ... cit., pp. 19-37.

[14] Em França, no Aresto da Cour de Cassation de 14/5/97 nº 94 – 45.473, consagrou-se que "a vida pessoal" do trabalhador constitui um espaço de liberdade, uma "zona irredutível" na qual o empregador não pode entrar.

[15] É importante o exemplo da lei francesa de 31/12/92, que exige não só a pertinência das informações pedidas, mas também a transparência e lealdade da colheita de tais informações.

poderes empresariais, e de protecção puramente passiva dos direitos e liberdades individuais do trabalhador.

III – De uma protecção passiva a uma protecção activa dos direitos e liberdades fundamentais

Porém, do que agora se trata é de definir com clareza as barreiras impostas por esses direitos e liberdades as quais o poder privado do empregador, como qualquer outro poder privado, não pode nunca transpôr, bem como aqueles outros pontos de fronteira com que se admite que aquele mesmo poder possa contender de alguma forma, mas sempre com respeito pelo princípio da salvaguarda da não afectação irreversível e irremediável do conteúdo essencial dos outros direitos fundamentais de valor idêntico.

Há, assim, que ir mesmo bem mais longe na análise do tema da eficácia directa e imediata dos direitos fundamentais[16] ao nível da relação de trabalho, tanto mais que, de uma forma geral, o problema jurídico da eficácia dos direitos fundamentais no quadro da relação laboral – rejeitado que seja, em nome da unidade da Constituição, o "totalitarismo" de qualquer deles (no sentido de que nenhum princípio constitucional pode eliminar ou inutilizar por completo o outro) – se reconduz ainda e sempre ao problema da dualidade, da ambivalência e do conflito existentes, de modo irredutível, na sociedade em geral e de uma forma muito particular na própria relação de trabalho. Nesta, com efeito, trabalhador e empregador têm direitos e interesses autónomos, frequentemente em completa oposição, forçando por isso "a uma reestruturação (ou melhor a uma releitura) do esquema normativo do contrato de trabalho, admitindo no seu seio todas as liberdades e direitos fundamentais que, em face da situação concreta, não se oponham ao correcto desenvolvimento das diversas prestações e à funcionalidade própria desse contrato"[17]. Neste caso, e pela sua própria lógica, "o respeito integral do contrato é, em princípio, impossível sem a compressão destes direitos; mas é, igualmente, verdade

---

[16] A pela doutrina germânica – que tem dado grande relevo ao tema – chamada "Drittwirkung" ou "Horizontalwirkung".

[17] José João Abrantes, *Contrat du Travail*, cit., p. 153.

que eles apenas deverão ser comprimidos na estreita medida em que a dita finalidade o exija"[18].

IV – O cerne do problema: o trabalhador nunca deixa de ser um cidadão

O certo todavia é que a situação de subordinação do trabalhador e os poderes e direitos de que é titular o empregador são obviamente susceptíveis de afectar, ao menos tendencialmente, todos os direitos do trabalhador, determinando não apenas que as possibilidades do seu exercício concreto diminuam efectivamente como também que manifestações de liberdade – que noutro circunstancialismo nenhuma dúvida ou oposição suscitariam – no quadro da relação de trabalho se vejam confrontadas afinal com limitações mais ou menos amplas.

Ora é exactamente aqui que reside, quanto a nós, o cerne da questão: é que o trabalhador, num Estado de direito democrático, é uma pessoa humana e um cidadão como qualquer outro membro da sociedade e não perde qualquer dessas condições por franquear a porta da empresa. Por outro lado, sendo a liberdade o valor fundamental da nossa Ordem Jurídico-política, naturalmente que as respectivas restrições ou compressões terão sempre de se encontrar fundadas na verificação de três requisitos cumulativos[19]:

1º O da sua origem ou natureza – ou seja, de decorrerem do exercício de outro ou outros direitos ou interesses constitucionalmente consagrados (e não de direitos de valor ou dignidade inferior);

2º O da sua necessidade, quer dizer, o de se terem de revelar absolutamente necessárias para assegurar a tutela efectiva desse(s) outro(s) direito(s) ou interesse(s) patronais, visto que tal tutela não pode ser utilmente prosseguida por qualquer outra via;

3º O da sua proporcionalidade, isto é, o de a sua medida ser (apenas) a absolutamente indispensável para assegurar a não inutilização dos direitos em conflito.

---

[18] JOSÉ JOÃO ABRANTES, *ibidem*.
[19] É aliás o critério consagrado no artigo 18º, nº 3 da Constituição para as situações de conflitos de direitos.

Quer tudo isto significar que, numa relação jurídica como a laboral, em que uma das partes se encontra em situação de sujeição relativamente às ordens e direcção do empregador, os poderes deste não só não beneficiam de qualquer "presunção de superioridade"[20] relativamente aos direitos fundamentais do trabalhador/cidadão como apenas poderão determinar a sua compressão e limitação quando e na medida em que, na situação concreta, se verificarem os requisitos cumulativos supra indicados.

Ou seja, e como ademais desde há muito vínhamos sustentando[21], na relação contratual de trabalho – como em todas as outras, aliás – vigora uma verdadeira e própria "presunção de liberdade" ("Freiheitsvermutung") como lhe chama JOSÉ JOÃO ABRANTES[22], ou um autêntico princípio do "in dubio pro libertate", na sugestiva expressão de P. SCHNEIDER[23].

V – As vastas implicações da "presunção de liberdade" ou do "in dubio pro libertate"

As consequências que a partir daqui se projectam são de muito maior alcance do que aquelas que inicialmente se poderiam adivinhar. É que "isto significa que, na empresa, a liberdade civil do trabalhador se encontra protegida contra as limitações inúteis e que toda a limitação imposta a esta liberdade deve ter uma natureza absolutamente excepcional, apenas se podendo justificar pela necessidade de salvaguardar um outro valor que, no caso concreto, deva ser considerado como superior"[24].

---

[20] Ao invés do que, na senda de algumas das velhas concepções institucionalistas (como as da "inerência" dos poderes patronais ou do dever de "lealdade", entendido como sujeição eminentemente pessoal) se vê por vezes ser sustentado – cfr. A. MENEZES CORDEIRO, Da situação jurídica laboral... cit., pp. 110 ss.

[21] Cfr. A. GARCIA PEREIRA, O Fundamento do Poder Disciplinar, in Temas Laborais cit., pp. 89-90 onde se afirmava expressamente: "A regra será então a inversa: a entidade patronal só poderá invadir a esfera pessoal do trabalhador, impondo-lhe restrições ou exigindo-lhe outras acções ou omissões, quando isso lhe seja especificamente (...) permitido. Sustentamos assim firmemente que a conduta do trabalhador que se recusa a submeter-se a um dos exames referidos (a não ser na hipótese excepcional de a entidade patronal visar outros objectivos ou interesses juridicamente valorados e protegidos) não legitima, de todo em todo, o exercício do poder disciplinar".

[22] Contrat du Travail... cit., p. 167.

[23] FS 100, DJT III, pp. 263 ss.

[24] JOSÉ JOÃO ABRANTES, Contrat du Travail... cit., p. 167.

Em suma: o empregador não pode, em matéria que contenda com direitos fundamentais dos trabalhadores, fazer tudo aquilo que entender e lhe não seja especificamente proibido. Ao invés, apenas poderá determinar as limitações desses mesmos direitos que forem fundamentadas na prossecução de um interesse constitucionalmente garantido e sejam não apenas necessárias como proporcionais, nunca podendo inutilizar o "conteúdo essencial" dos referidos direitos[25].

A esta luz, as condições do exercício dos poderes de actuação ou alteração unilaterais por parte do empregador (como os relativos à contratação, à transferência individual do local de trabalho, à marcação do período de férias em situação de desacordo, à organização dos tempos de trabalho, à definição e à classificação dos trabalhadores para efeitos das condições de progressão na carreira ou nos diferentes níveis e escalões remuneratórios, ao exercício do poder disciplinar, em particular no tocante às condutas do trabalhador tidas fora do âmbito da relação de trabalho) assumem contornos completamente novos.

É que não se trata já apenas de considerar ilegítimas e ilícitas – como é inegável que o são – as condutas patronais, porventura até patológicas, directa e gravemente violadoras de direitos de personalidade[26] [27] [28].

---

[25] Como, ao menos para alguns autores, nas situações jurídicas de poder-sujeição como aquela que caracteriza o contrato de trabalho, quer o fundamento quer os condicionalismos de aplicação da "Drittwirkung" encontram o seu fundamento na analogia com o poder do Estado, e como a compressão dos direitos fundamentais do trabalhador assumirá sempre natureza excepcional e terá sempre que ser devidamente justificada, facilmente se adivinham as possibilidades de desenvolvimento desta teoria quanto à própria necessidade de fundamentação das decisões patronais (tornando assim ilegítima quer a ordem ou determinação imposta neste campo sob a mera invocação do "argumento da autoridade", quer a recusa em fundamentar uma qualquer decisão que afectou o trabalhador nos seus legítimos direitos e interesses).

[26] Para que infelizmente só muito tarde, demasiado tarde se acordou entre nós, como sucedeu com o já há muito tempo empiricamente conhecido fenómeno do chamado "mobbing", ou "assédio moral" ou "terrorismo psicológico", que já determinou entre nós a apresentação de dois projectos de lei (o nº 252/VIII – Protecção Laboral contra o Terrorismo Psicológico ou assédio moral" e o nº 334/VIII – Estabelece medidas de prevenção e combate a práticas laborais violadoras da dignidade e integridade física e psíquica dos trabalhadores").

No primeiro deles (artigo 1º, nº 3) refere-se o seguinte: "Os actos e comportamentos relevantes para o objecto da presente lei caracterizam-se pelo conteúdo vexatório e pela finalidade persecutória e ou de isolamento, e traduzem-se em considerações, insinuações ou ameaças verbais e em atitudes que visem a desestabilização psíquica dos trabalhadores com o fim de provocarem o despedimento, a demissão forçada, o prejuízo das

O que agora se impõe é também, para não dizer sobretudo, "operacionalizar", nos termos e pelas vias já indicadas, os valores constitucionalmente conferidos pela Lei Fundamental aos cidadãos/trabalha-

---

perspectivas de progressão na carreira, o retirar injustificado de tarefas anteriormente atribuídas, a despromoção injustificada de categorias anteriormente atribuídas, a penalização do tratamento retributivo, o constrangimento ao exercício de funções ou tarefas desqualificantes para a categoria profissional de assalariado, a exclusão da comunicação de informações relevantes para a actividade do trabalhador, a desqualificação dos resultados já obtidos. Estes comportamentos revestem-se de um carácter ainda mais gravoso quando envolvem desqualificação externa (para fora do local de trabalho) dos trabalhadores, através do fornecimento de informações erradas sobre as suas funções e ou as suas categorias profissionais e de desconsiderações e insinuações prejudiciais à sua carreira profissional e ao seu bom nome".

No segundo dos projectos (artigo 2°, n° 1) pode ler-se: "Entende-se por assédio o comportamento persecutório, deliberado, abusivo do empregador, do seu representante, do superior hierárquico, colega ou outra pessoa com poder no local de trabalho, através de insinuações ou ameaças verbais e por atitudes que visem a desestabilização psíquica dos trabalhadores, originando a degradação das condições de trabalho e tendo por objectivo principal o despedimento do trabalhador, a sua demissão forçada ou o prejuízo das prespectivas de progressão na carreira", sendo certo que nos termos do respectivo n° 2, são "actos e comportamentos indiciadores de assédio, entre outros: a) o retirar injustificado de tarefas anteriormente desempenhadas pelo trabalhador; b) a despromoção injustificada de categoria anteriormente atribuída; c) o constrangimento ao exercício de funções ou tarefas desqualificantes para a categoria; d) a exclusão de informação relevante para a actividade do trabalhador; e) a desqualificação sistemática dos resultados obtidos; f) a violação, relativamente ao trabalhador, do princípio constitucional "a trabalho igual, salário igual"".

[27] Sobre esta matéria do assédio e da violência moral, ver MARIE FRANCE HIRIGOYEN, *Assédio moral, Coação, Violência no quotidiano*, Lisboa, 1999, em particular pp. 61-97; AAVV, *Souffrances et precarités au travail – Paroles de médicins du travail*, Paris, 1994 e RICARD SENNET, *A corrosão do carácter – as consequências pessoais do trabalho no novo capitalismo*, Lisboa, 2000.

[28] Em Espanha, o Real Decreto Legislativo 5/2000, de 4 de Agosto, acrescentou ao elenco de infracções muito graves em matéria de relações laborais individuais ou colectivas "os actos do empresário que forem contrários ao respeito da intimidade e consideração devida à dignidade dos trabalhadores".

Em Itália está apresentada desde Setembro de 2000 uma proposta de lei (a AC n° 6410) sobre esta matéria, prevendo a anulabilidade dos actos discriminatórios e outra, (N° 1813) desde Julho de 1996, que previa penas de prisão de 1 a 3 anos para aquele que adoptasse "uma conduta tendente a instaurar uma forma de terror psicológico no ambiente de trabalho". Finalmente em França, em 11 de Janeiro de 2001 foi finalmente aprovado o projecto de lei que introduziu no "Code du Travail" a noção de "harcèlement moral" (art.os L 122-46 e 47).

dores face ao exercício quotidiano e normal dos poderes e faculdades patronais.

E só a defesa do valor jurídico fundamental da liberdade que tal construção encerra já seria mais do que bastante para demonstrar a sua insuperável relevância na real democratização dos diferentes e cada vez mais diferenciados tipos de relações laborais e, por via destes, de toda a sociedade no seu conjunto.

Mas é, cremos, bastante mais do que isso: exactamente porque situações similares ou paralelas de desnecessárias, injustificadas e desproporcionadas compressões dos direitos mais basilares de cidadania se verificam igualmente nas relações de trabalho (só formalmente) autodeterminado, esta dignificação e constitucionalização desses direitos constitui igualmente o elemento essencial da argamassa unificadora capaz de funcionar como a sua "força reguladora centrípeta" e de por esta via conferir uma lógica protectora comum a realidades que, não deixando como já vimos de ter traços comuns, se revestem afinal de particularidades e especificidades próprias, e são, inclusive, cada vez mais "dispersas".

Deste modo, definitivamente afastada a concepção de que, em matéria de direitos, liberdades e garantias do cidadão-trabalhador, ao empregador – dados os poderes que lhe eram reconhecidos, em particular dentro da lógica das concepções institucionalistas e "comunitaristas", como "inerentes" à sua posição – seria lícito fazer tudo quanto lhe não fosse expressamente proibido, não se trata já sequer de definir, como regra geral, as situações em que as invocadas "necessidades funcionais" da empresa possam restringir ou comprimir aqueles direitos e liberdades, mas antes e acima de tudo de procurar delinear, também aqui, aquele "núcleo duro da constitucionalidade" das relações laborais em que, sejam quais forem as "imperiosas exigências organizativas" invocadas, aquela restrição ou compressão jamais possa licitamente ocorrer, bem como os exactos contornos daqueles outros casos em que ela se possa verificar, mas sempre e só quando verificados os requisitos já anteriormente definidos.

Bastará aliás pensar que o direito à intimidade e à privacidade não tem assim que ceder perante "exigências organizativas" do direito de propriedade e que, por isso mesmo também, os cidadãos em geral só podem ter as suas comunicações telefónicas e correspondência pessoal devassadas por ordem judicial, para se ter de concluir que nenhum fundamento constitucional permite que um empregador privado se arrogue fazer aquilo que afinal, mesmo em caso de responsabilidade criminal, nem as polícias estatais podem, sem autorização de um Juiz de instrução, levar a cabo...

Mas não só. É agora a esta (nova) luz da "presunção de liberdade" que o exercício de todos os poderes patronais tem de ser integralmente relido e revisitado, pois que, por exemplo, ao exigir a prestação de trabalho suplementar, ao decidir da transferência (ou mesmo da deslocação) radical do local de trabalho, ao procurar impôr a polivalência, ao decidir dos esquemas remuneratórios e dos critérios de progressão na carreira, o empregador estará sempre (ao menos tendencialmente) confrontado com a necessidade, a adequação e a proporcionalidade de que, para efeitos da respectiva legalidade, se tem de revestir aquele exercício sempre que ele possa contender com o já referenciado "núcleo duro de constitucionalidade" dos direitos do cidadão/trabalhador.

Mas é mais do que isso, ainda! É que se é certo que a busca de um aumento de efectividade das normas laborais tem de passar por uma especial atenção aos particularismos das diversas situações jurídico-laborais em que se pulverizou na época actual a anterior tendencialmente "unitária" relação de trabalho – e tal atenção terá de ser sobretudo operada por um "patamar" normativo bem mais próximo das realidades do que o é a instância legal, e em que simultaneamente se não verifique a acentuada diferenciação de poder negocial que normalmente caracteriza a negociação do contrato individual de trabalho, ou seja, tem de sê-lo por via da contratação colectiva, a qual também por isso mesmo urge dinamizar e vivificar – não é menos certo que tal desiderato só poderá ser alcançado se a unidade sistemática de todo o ordenamento jurídico-laboral for devidamente assegurada. E só poderá (e deverá) sê-lo na base da definição de um verdadeiro e próprio "estatuto geral" de todos os trabalhadores, depurado que seja de questões e regulamentações secundárias e periféricas, mas em contrapartida fortemente sedimentado em torno do referido "núcleo duro" da tutela efectiva dos direitos de personalidade e dos direitos, liberdades e garantias fundamentais dos cidadãos[29].

---

[29] J.M. PUREZA, in *Justiça e Cidadania: para uma Justiça mais democrática*, in *Rev. Critica de Ciências Sociais*, nº 54 (1999), p. 53, refere muito claramente: "A globalização, como escreveu já Eduardo Faria (1997:43), está a substituir a política pelo mercado como instância privilegiada de regulação social. Ora, os novos imperativos categóricos da eficácia, da competitividade e da produtividade não só colidem com os valores-guia das três gerações de direitos humanos (a liberdade, a igualdade e a

Tal "estatuto geral" deverá assim consubstanciar uma verdadeira "constituição material" das relações de trabalho[30], assente num corpo tão coeso e sistematizado quanto possível de normas da Lei Fundamental de cada país, das regras de um hoje ainda relativamente incipiente Direito Internacional (convenções da O.I.T., Tratados e normas do que se pode designar de "Direito Social" comunitário[31]) e também de leis internas de natureza estatutária e de valor reforçado, (ou seja, que não correspondam a meras intervenções legislativas pontuais ou de conjuntura, mas sim a aspectos estruturantes de toda a relação laboral), umas e outras norteadas pelos princípios da salvaguarda da liberdade, da defesa da personalidade e da dignidade humanas e da garantia da cidadania de quem presta trabalho na dependência de outrém.

De igual modo por esta via facilmente se alcança a conclusão de que o Direito do Trabalho, longe de tender para a diluição e para o enfraquecimento, revela afinal enormes virtualidades para reforçar a sua capacidade interventiva na regulação das relações sociais de trabalho, logo também para aprofundar a dimensão e autonomia que lhe são pró-

---

autonomia) como condenam ao puro esvaziamento as respectivas mediações: a promulgação constitucional das liberdades públicas é substituída pela desconstitucionalização, as políticas redistributivas são substituídas pela privatização e pela desregulamentação e a judicialização dos novos espaços materiais da cidadania é substituída pela sua mercadorização.

Nesse sentido, a globalização do modelo de Estado de Direito, longe de corresponder à planetarização de um quadro jurídico e institucional forte, de radicalização da cidadania, está antes a traduzir-se numa radicalização universal do minimalismo, ou seja, na imposição à escala mundial de um enquadramento jurídico e institucional que dê garantias de iniciativa e de segurança aos investimentos e aos movimentos financeiros e que exclua, numa lógica pragmática de redução da complexidade, os novos desafios da cidadania e da democracia". Sobre este tema, cfr. ainda J. E. FARIA, *Direitos humanos e globalização económica: notas para uma discussão*, Estudos avançados nº 11, pp. 43-53; B. SOUSA SANTOS, et al., *Os Tribunais na sociedade contemporânea. O caso português*, Porto, 1996 e P. B. VASCONCELOS, *A crise da Justiça em Portugal*, Lisboa, 1998.

[30] No sentido de considerar que a sua elevação a nível constitucional constitui o dado básico para a afirmação do Direito do Trabalho como Ramo Jurídico "entitativamente substancial", relativamente ao conjunto do ordenamento jurídico, e muito em especial ao Direito Civil, ver G. RADBRUCH, *Introducción a la Filosofia del Derecho"*, trad. W Races, Madrid, 1974, pp. 160 ss..

[31] Sobre as questões gerais da interacção entre os fenómenos de integração económica, mas também política e social, ver J. BARROS MOURA, *Direito do Trabalho e integração económica* cit., G. e A. LYON CAEN, *Droit Social International et Européene,* Paris, 1991.

prias e sobretudo para constituir um factor incontornável na construção do Estado de direito democrático.

Mas para tanto impõe-se igualmente a adopção de meios procedimentais expeditos e eficazes que confiram à protecção destes direitos e princípios fundamentais a imperatividade e a imediatividade de que ela necessariamente carece para que eles sejam efectivos (como por exemplo os consagrados no artº L 422.1 do Côde du Travail francês ou mais impositivamente ainda no artº 28º do "Statuto dei lavoratoti" italiano, como instrumentos de "repressione della condotta anti sindacale" e que vão ao ponto da emissão, urgente e expedita e após prova sumária, de mandato judicial intimando o empregador a pôr cobro imediato às ilegalidades em curso, sob pena da instauração de processo-crime por desobediência).

E implica, igualmente, uma autêntica "revolução de mentalidades" por parte da nossa doutrina e sobretudo da jurisprudência, em particular da jurisprudência constitucional, no sentido, por um lado, de um cabal conhecimento – infelizmente nem sempre existente... – das novas realidades e dos novos desafios do mundo do trabalho e, por outro, da relevância das questões de cidadania e da defesa da personalidade moral como essencialmente estruturantes do Estado de direito democrático.

E a verdade é que o juízo que se há-de formular em particular relativamente à jurisprudência constitucional em matéria laboral afigura-se-nos – não obstante algumas decisões de reconhecido mérito e de particular importância – dever ser, apesar de tudo, assaz negativo.

Sem nos podermos alongar em demasia, antes de tudo, e dentro da lógica (que é, em nosso entender, tão profundamente errónea quanto injustificada) de reacção a um pretenso "excesso de garantismo", entre soluções legais (como a de permitir decisões sumárias proferidas somente pelo relator, quando a Constituição refere expressamente o funcionamento do Tribunal Constitucional apenas por secções – cfr. artº 224º, nº 2 da C.R.P.) e orientações jurisprudenciais designadamente em matéria adjectiva (como a estreitíssima concepção adoptada quanto ao cumprimento do requisito de a questão de inconstitucionalidade ter sido suscitada "durante o processo", impondo-se ao recorrente o pesadíssimo ónus de ter de analisar todas as diversas e possíveis linhas normativas susceptíveis de serem seguidas pelas diversas instâncias, sob pena de, face a um Acórdão do Supremo Tribunal de Justiça, que veio invocar e aplicar uma determinada norma pela primeira vez, ser-lhe oposto o argumento de que se o recorrente não previu devia ter previsto anteriormente tal hipótese arguindo previamente a inconstitucionalidade da norma relativamente à qual deveria ter considerado a possibilidade de vir a ser aplicada!? Ou até sustentando-se que a parte que não contra-alegara na 3ª instância relativamente a uma questão de inconstitucionalidade que fora por ela arguida e declarada pela 1ª e 2ª instâncias, "abandonara" afinal tal questão, não podendo agora recorrer para o Tribunal Constitucional de uma eventual decisão desfavorável do mesmo S.T.J.), pode hoje, em nosso entender, dizer-se que o recurso de inconstitucionalidade (que já de raiz não é um recurso de amparo), longe de facilitado e vulgarizado (enquanto forma de ao cidadão comum, e em nome dos princípios mais basilares do Estado de direito democrático, estar facultada a "missão cívica" de fazer verificar a conformidade das leis ordinárias com a Lei fundamental do País, antes constitui actualmente um meio de grande dificuldade e, simultaneamente, de elevadíssimo custo, sobretudo para o recorrente/trabalhador.

Com efeito, mesmo em caso de Acórdãos que não declararam a inconstitucionalidade arguida mas relativamente aos quais foram produzidos votos de vencido – o que bem mostra nesse caso a natureza altamente discutível da questão e a inexistência de qualquer eventual intuito de chicana processual que aliás, a verificar-se, sempre podia, e devia, ser sancionado através do regime próprio do instituto da litigância de má fé – se tornou vulgar, aliás na base da existência de um regime de custas único e exclusivo do próprio Tribunal Constitucional (outra das singularidades deste Tribunal, o Dec. Lei nº 303/98, de 7/10) a tributação em montantes que excedem frequentemente, para não dizer quase sempre, o milhar de euros (é a já infelizmente habitual taxação em 15 unidades de conta por cada um dos recorrentes, seja qual for o número destes, a dimensão e complexidade do processo, o bem fundado da questão suscitada, etc.).

A lógica decorrente do combate a uma pendência eventualmente considerada excessiva conduziu em linha recta à busca "a autrance" da questão prévia que permita evitar o julgamento da questão de fundo.

Assim se chegou, em matéria de questões laborais, à recusa de apreciação da inconstitucionalidade de regulamentos internos da empresa, sob o inaceitável argumento de que não promanam de um poder normativo público (cfr. Ac. nº 156/88 do T.C. de 29/6/88, referente ao Regulamento da Prevenção e Controlo do Alcoolismo na CP, e sobretudo Ac. nº 1172/96 do mesmo T.C. de 20/11/96 in DR, II de 7/2/97, p. 1651 e a ampla jurisprudência constitucional aí citada), idêntico entendimento havendo sido inicialmente formado relativamente às cláusulas de convenções colectivas (cfr. Ac. 172/93 de 10/2/93 in Ac. TC, vol. 24) passando depois a admitir-se tal apreciação apenas quando aquelas fossem objecto de uma Portaria de Extensão (cfr. Ac. 392/90 e 431/91, in Ac. TC, vol. 13, pp. 1035 ss e vol. 16, pp. 761 ss, respectivamente) e só muito mais tarde se tendo abandonado, ainda que não completamente, tão restritivo e inaceitável entendimento (cfr. Ac. nº 214/94 de 2/3/94 e sobretudo o Ac. nº 368/97 do TC, de 14/5/97, in DR, nº 159, de 12/7/97, pp. 8294 ss).

Mas um dos pontos onde a jurisprudência do Tribunal Constitucional terá, manifestamente, evidenciado uma maior debilidade na capacidade de análise dos direitos fundamentais dos trabalhadores e dos próprios princípios do Estado de direito democrático é seguramente o da questão da cessação por ente público quer dos contratos a termo entretanto sucessivamente renovados muito para além dos respectivos limites legais, quer dos contratos ditos de prestação de serviços e que não passavam afinal da cobertura, fraudulenta muitas vezes, de verdadeiros vínculos contratuais de natureza permanente.

Perante a respectiva cessação, e face a diversas decisões das instâncias laborais a reconhecer a natureza permanente de um tal vínculo de natureza laboral, o Tribunal Constitucional, na mais grave e incompreensível indiferença perante o elementar princípio da proibição "venire contra factum proprium", caucionando o benefício do infractor e a eficácia da invocação de uma hipotética nulidade precisamente pelo autor e principal beneficiário dessa mesma nulidade, colocando assim de modo em absoluto injustificado a Administração Pública prevaricadora numa situação totalmente distinta e muito mais favorável do que a do próprio empregador privado, acabou por consagrar a tese de que seria inconstitucional – por violação do artº 47º, nº 2 da C.R.P. – o artº 14º, nº 3 do Dec. Lei 427/89, de 7/12, quer na interpretação segundo a qual os supracitados contratos a termo se converteriam em contratos sem termo (entre diversos outros, ver Ac. 683/99, 191/00 e 368/00, este com força obrigatória geral, todos consultáveis na base de dados do próprio TC), quer na interpretação segundo a qual o contrato dito de "prestação de serviços" mas caracterizado por inquestionável subordinação jurídica e destinado à satisfação de necessidades permanentes dos serviços teria de ser considerado como contrato de trabalho sem termo (cfr. Ac. TC nº 434/00, 160/01 e 172/01).

Ou seja, é o Tribunal Constitucional a caucionar aquilo que de mais grave, inaceitável e de autêntica fraude à lei o Estado e demais entidades públicas vinham praticando e que um célebre e, a nosso ver, correctíssimo

Acórdão do Tribunal da Relação de Évora (de 23/9/97-Ape. Soc. 127-96--30 AC) certeiramente fulminou da seguinte forma : "A atitude dos serviços estaduais que desrespeitaram a lei – renovando sucessivamente o contrato para além de todos os limites estabelecidos – e, depois, vêm argumentar que não podem ter pessoas contratadas por tempo indeterminado (para fugir à sanção geral da conversão) é chocante, violadora da mais elementar ética e boa fé contratuais, cai na proibição do "venire contra factum proprium" e faz tábua rasa de princípios constitucionais (igualdade, segurança no emprego, proibição dos despedimentos sem justa causa, "favor laboratoris"), a cuja obediência não pode furtar-se, em primeira linha, o próprio Estado".

A isto se some ainda a quase sistemática utilização, em sede de fiscalização sucessiva, do regime excepcional da limitação dos efeitos da inconstitucionalidade previsto no nº 4 do artº 282º da C.R.P., o que faz com que, sobretudo por parte de entes públicos, o "crime" acabe sempre por compensar alguma coisa, já que se não apagam os efeitos (inconstitucionais) entretanto produzidos, como por exemplo a criação e cobrança, inclusive coerciva, aos cidadãos de um verdadeiro novo imposto por parte de um município, sob a capa de uma inocente "derrama".

Mas não só. No mesmo sentido vão entendimentos como os de que normas que alterem "regras do jogo" a meio do mesmo só serão "constitucionalmente ilegítimas quando a confiança do cidadão na manutenção da situação jurídica com base na qual tomou as suas decisões for violada de forma intolerável, opressiva ou demasiado acentuada" (sic!), daqui se podendo extrair então a conclusão de que a alteração acentuada (desde que não em demasia ...) da situação jurídica com base na qual o cidadão formou a sua vontade, tomou essa sua decisão afinal não violaria o princípio da tutela da confiança, da certeza e da segurança jurídicas, ínsita na ideia de Estado de direito democrático, consagrado no artº 2º da C.R.P.!?

O recurso de inconstitucionalidade queda deste modo fortemente amputado das suas virtualidades de "constitucionalização" das relações sociais, dificilmente se podendo assumir uma atitude de grande optimismo quanto ao papel a desempenhar pelo Tribunal Constitucional na cada vez mais urgente e importante tarefa, também dogmática, da constitucionalização das relações laborais.

Não obstante, o caminho da cidadania plena, também no mundo do Trabalho, far-se-á inevitavelmente como instrumento do progresso, da cultura e do bem estar de toda a Humanidade que força alguma jamais conseguiu ou conseguirá entravar!

DIA 1 DE FEVEREIRO DE 2002
17 horas

SESSÃO SOLENE DE ENCERRAMENTO

Presidência
Conselheiro Dr. Aragão Seia
Presidente do Supremo Tribunal de Justiça

Mesa de Honra
Conselheiro Dr. Azambuja Fonseca,
do Supremo Tribunal de Justiça
Procurador-Geral Adjunto Dr. Carlos Alegre, da PGR
Director-Geral das Condições de Trabalho, Dr. Fernando Ribeiro Lopes
Presidente da Comissão para a Igualdade no Trabalho e no Emprego,
Dr.ª Josefina Leitão
Prof. Doutor Bernardo Lobo Xavier, da Universidade do Minho
e da Universidade Católica e Secretário-Geral da Academia Ibero-Americana
de Direito do Trabalho
Prof. Doutor José João Abrantes, da Faculdade de Direito
da Universidade Nova de Lisboa
Prof. Doutor António Moreira, das Universidades Lusíada

Conferência de Encerramento

UM BREVE OLHAR SOBRE A PROBLEMÁTICA
DO *TEMPO DE TRABALHO*, QUER NA CONFORMAÇÃO
DOS CONTRATOS DE TRABALHO, QUER NA DURAÇÃO
E SEGURANÇA DO TRABALHO

Carlos Alegre
Procurador-Geral Adjunto

UM BREVE OLHAR SOBRE A PROBLEMÁTICA DO *TEMPO DE TRABALHO*, QUER NA CONFORMAÇÃO DOS CONTRATOS DE TRABALHO, QUER NA DURAÇÃO E SEGURANÇA DO TRABALHO

CARLOS ALEGRE
Procurador-Geral Adjunto PGR

1. O tempo – o tempo de trabalho – não faz parte dos termos da definição legal eleita, quer pelo artigo 1152.º do Código Civil, quer pelo artigo 1.º do Regime Jurídico do Contrato de Trabalho. O que ali consta é a tradução típica dos princípios clássicos do sistema liberal, em que o contrato de trabalho constitui a fonte normal e quase exclusiva das relações individuais de trabalho. Talvez por isso, as noções referidas não vão além do simples enunciado de uma típica relação sinalagmática: um contraente presta a sua actividade intelectual ou manual ao outro, sob a sua autoridade e direcção e, em contrapartida recebe uma retribuição.

Por resolver ficam todas as muitas questões que, em torno deste contrato, se levantam, para a solução das quais o próprio Código Civil remete para legislação especial, como se de uma construção jurídica abstracta se tratasse, que desconhecesse os imperativos sociais do mundo laboral e a preocupação crescente pela estabilidade do emprego. No universo jurídico laboral, além da legislação especial, regem também e de forma tão ou mais forte e premente, todas as inúmeras convenções colectivas de trabalho e, não raro, as regras pessoais e específicas que empregadores e empregados fixaram para as suas relações.

2. Diferentemente do mito liberal da reciprocidade, a evolução do Direito do Trabalho toma, em cada vez maior medida, o factor tempo de

trabalho (em sentido geral), como um factor fundamental que se cola indelevelmente ao desenrolar de cada contrato de trabalho concreto. Em grande parte ao princípio da liberdade de escolha e início de um contrato de trabalho, já não corresponde o corolário lógico da livre rescisão, desde que foi banida do nosso regime jurídico a possibilidade da rescisão unilateral, pelo menos da parte do empregador, sem quaisquer consequências. Mas esta impossibilidade de rescisão unilateral, constituindo uma medida de protecção do trabalhador, implicava consequências graves, especialmente, no aspecto da concretização do direito ao emprego. O legislador depressa se apercebeu que era importante permitir a existência de contratos de trabalho por tempo fixo, consagrando os chamados, entre nós, contratos de trabalho a termo.

Eis como o factor tempo tem, desde logo, uma decisiva importância na classificação dos próprios contratos de trabalho, permitindo distinguir entre contratos a tempo fixo e contratos por tempo indeterminado, consoante tenha sido ou não fixado, logo no seu início, satisfeitas certas condições, a sua própria duração.

3. Na evolução registada no regime dos contratos de trabalho, no que ao tempo diz respeito, estiveram diversos factores, de que destacaremos dois grupos – *factores técnicos* que, basicamente, são o resultado do progresso técnico que permitiu produzir o mesmo, em menos tempo, sem diminuir o nível dos salários; e *factores ideológicos* em que, principalmente, os embates entre as teorias marxistas e capitalistas explicam a natureza da evolução verificada.

O *tempo* do Homem, medido em função da sua condição de *Homo laboratoris* pode conceber-se sob quatro distintos aspectos fundamentais:
  – um primeiro aspecto em que o tempo influencia o momento da admissão para poder prestar trabalho e o posterior momento em que influencia, também, por se ter atingido determinada idade;
  – um segundo aspecto, balizado num período de tempo mais curto – um ano – em que a redução do tempo da prestação do trabalho pode/deve ser reduzida, mediante a concessão de férias pagas e a generalização da obrigação de não prestar trabalho em dias feriados, igualmente remunerados;
  – um terceiro aspecto, que tem que ver com a duração semanal da prestação do trabalho e,
  – um último aspecto que se reporta à organização do tempo de prestação diária do trabalho.

Trataremos, seguidamente, de forma necessariamente sumária, cada um destes quatro aspectos em que tempo tem uma importância decisiva no desenvolvimento de qualquer contrato de trabalho.

4. Tínhamos insinuado, antes, que o início de um qualquer contrato de trabalho estaria na livre disponibilidade contratual das partes e que o fim de um contrato fixo também não estaria sujeito ao factor tempo. É evidente que não rigorosamente assim.

Não é qualquer pessoa, com qualquer idade, que pode entrar livremente no chamado "mundo do trabalho". Em nome de princípios humanistas que têm que ver especialmente com o são desenvolvimento das crianças e dos jovens, a lei impôs regras relativas à idade com que se pode começar a trabalhar.

A idade mínima de admissão para prestar trabalho, que, em nome dos mesmo princípios humanistas, anda intimamente ligada à escolaridade obrigatória, foi fixada pelo artigo 122.º do Regime Jurídico do Contrato de Trabalho, entre os 14 e os 16 anos, conforme certas condições ali referidas.

Os limites temporais que são as idades mínimas de admissão para prestar trabalho estão, pois, legalmente, fixados, como está fixado, mais para o fim da vida, uma outra barreira temporal, que se entende social e politicamente importante – a chamada idade da reforma por velhice ou por limite de idade. Existem como que duas balizas temporais ao longo da vida normal de qualquer trabalhador: uma antes da qual não pode aceder a prestar trabalho e outra, para além da qual, pode, livremente deixar de prestar trabalho ou, o que é importante num contrato de trabalho de tempo indeterminado, permite ao empregador por termo, livremente, ao contrato de trabalho existente.

Os menores possuem, no nosso ordenamento jurídico laboral, um estatuto que alegadamente os protege de forma especial. Não se trata, apenas, da limitação da idade antes da qual não devem prestar trabalho subordinado. Existem, também a preocupação com a sua formação escolar minimamente obrigatória e com a sua formação profissional. São previstas especiais garantias de protecção na saúde e na segurança no trabalho, proibindo-lhes tarefas que, pela sua natureza ou pelas condições em que são prestadas, sejam prejudiciais ao seu desenvolvimento físico, mental ou moral. É-lhes vedada, por semelhantes razões, a prestação de trabalho suplementar. Os menores de 16 anos não estão autorizados a prestar trabalho nocturno em estabelecimentos industriais.

Por outro lado, são-lhes garantidos direitos especiais, como a concessão de licenças sem retribuição para a frequência de programas de formação profissional que confiram grau ou equivalência escolar e a passagem ao regime de trabalho a tempo parcial quando frequentem estabelecimento de ensino ou estejam abrangidos por modalidade especial de educação escolar ou por programa de aprendizagem ou de formação profissional que lhe confira um grau de equivalência escolar obrigatória.

Em caso de acidente de trabalho, os menores gozam também da possibilidade de ver equiparado o salário auferido ao de trabalhadores de maior idade para efeitos de compensação.

5. A reforma por velhice ou por limite de idade (também designada aposentação e, em certos casos, jubilação), constitui, em regra, um acto administrativo relativo à previdência social ou a uma instituição de seguro, consistindo na retirada da actividade laboral normal do trabalhador que atinge uma determinada idade, mas recebendo uma pensão, em prestações periódicas, calculada em função dos salários recebidos e do tempo de descontos sociais prestados.

A reforma (quer por limite de idade, quer por invalidez) é uma das causas de caducidade do contrato de trabalho, previstas no artigo 3.º, do Regime Jurídico da Cessação do Contrato Individual de Trabalho, aprovado pelo DL n.º 64-A/89, de 27 de Fevereiro.

Todavia, não basta que ocorra o acto administrativo da concessão da reforma do trabalhador para que o contrato de trabalho caduque. É necessário, ainda, que o facto seja do conhecimento dos dois sujeitos do contrato de trabalho e que um deles queira pôr-lhe termo efectivo.

A lei admite que a prestação de trabalho se prolongue validamente para além do facto conhecido da reforma, basta que essa prestação se prolongue por mais de 30 dias sobre o conhecimento, por ambas as partes, da reforma por velhice. Simplesmente, ocorre uma alteração profunda no contrato de trabalho: – se ele é um contrato por tempo indeterminado, passa a ser, automaticamente, um contrato a termo, pelo prazo de seis meses. Mas com duas vantagens muito grandes em relação à celebração dos contratos de trabalho a termo normais: – é dispensada a redução do contrato a escrito; – o contrato vigora pelo prazo de seis meses, sendo renovável por períodos iguais e sucessivos, sem sujeição aos limites máximos estabelecidos no n.º 2 do artigo 44.º, do DL 64-A/89, de 27 de Fevereiro; – a caducidade do contrato fica sujeita a aviso prévio de 60 dias, se for da iniciativa da entidade empregadora ou de 15 dias, se a iniciativa for do trabalhador.

6. Os mesmos motivos de saúde física, de desenvolvimento intelectual e moral que justificaram a limitação o número de horas diárias de trabalho e o descanso semanal, foram, igualmente invocados para fazer triunfar a concessão de férias pagas. É importante a adjectivação dada às férias – *férias pagas* – só assim, diz-se, é possível aos trabalhadores sair do seu ambiente normal de trabalho e desfrutar outros lugares, como a descontracção das praias e do ar livre dos campos.

Esta foi uma conquista recente dos trabalhadores que se situa, na generalidade dos países europeus na década de 1930 e, ainda assim, não para a generalidade dos trabalhadores. A própria OIT se preocupou com o assunto, através da Convenção 182, Convenção que esteve na origem da fixação em 21 dias consecutivos do período mínimo legal de férias, através do DL n.º 874/76, de 28 de Dezembro. As férias pagas respondem a um evidente afã de universalização dos *beneficiários* a que se contrapõe um apertado controlo no que respeita à apreciação da duração dos serviços prestados.

Em cada ano civil, o tempo de prestação de trabalho interrompe-se, assim, por um período mínimo de 21 dias, durante o qual o trabalhador continua a ter direito a auferir a sua remuneração normal (neste caso, até, acrescida de um subsídio proporcional).

O diploma legal citado é muito pormenorizado não apenas no que se refere à aquisição do direito a férias e à duração do período de férias, como à retribuição durante as férias (que inclui hoje, uma remuneração suplementar, a que se chamou subsídio de férias), ou acumulação de férias não gozadas durante o ano, ou as indemnizações a que os trabalhadores, se lhe for negado o gozo efectivo do direito a férias, como ainda, aos procedimentos para a marcação do próprio período de férias. A este último propósito, e a fim de conciliar os interesses de empregadores e trabalhadores, acabaram por vingar, na prática, duas formas possíveis: – *férias por turnos de pessoal*, de forma a que fique assegurada a continuidade do funcionamento da empresa, e – o *encerramento total* da empresa durante o período de férias, forma que obriga todos os trabalhadores a gozarem férias no mesmo período.

Os *feriados* anuais tiveram, de início, cariz essencialmente religioso – guardavam-se do trabalho subordinado os dias santificados mais significativos – quando os fervores políticos ou patrióticos começaram a ter influência na vida da sociedade civil, passou a proibir-se a prestação do trabalho subordinado, em certos dias que os ciclos políticos vão reciclando ao sabor daqueles fervores. Há quem pense que são poucos esses dias e houve já quem pensasse (e decidisse, logo recuando) que eram demais. De qualquer modo, o facto dos dias feriados, fixados no calendário anual, caírem em certos dias da semana, fez surgir no panorama laboral nacional a curiosa figura das *pontes*, nunca, ainda, com a benção da lei, mas não raro, com o consentimento expresso dos governos.

7.1. Com isto, porém, o factor tempo está longe de esgotar a sua importância e influência no desenvolvimento de cada contrato de trabalho, com esta sua capacidade de moldar ou encurtar o tempo da prestação do trabalho.

Historicamente, logo que se contratualizou o trabalho, deu-se o passo decisivo para pôr cobro ao trabalho escravo, que pressupunha trabalho contínuo com as folgas estritamente necessárias para que o prestante do trabalho não adoecesse ou morresse. Mas não foi muito rapidamente que se viu o fim das jornadas prolongadas, sem descanso semanal e, menos ainda, do descanso anual.

À medida que a tecnologia avançou permitindo produzir mais e melhor, no mesmo ou em menos tempo e a monotonia das tarefas repetidas até à exaustão causava graves danos na saúde física e psíquica dos trabalhadores, estes passaram a reivindicar a redução do tempo de trabalho. E, quando o conseguiram, depressa se verificou que a concessão do "*ócio*" é, afinal, uma medida não apenas social, mês também económica e, consequentemente, política, indispensável em qualquer situação organização empresarial moderna.

O contrato de trabalho puro e duro, simplista, tal como a definição civilista o apresenta – *prestação de trabalho a troco de remuneração* – foi como que domado, no que à duração diária da prestação do trabalho concerne. Empregadores e trabalhadores tiveram que refazer os seus modos de empreender e de viver as suas vidas.

Os trabalhadores passaram a poder dividir os dias e os tempos das suas existências em, pelo menos, dois períodos – *tempo de trabalho* e *tempo depois do trabalho* – sendo que este último pode ser aproveitado das formas mais diversas, mas que admitem duas grandes classificações – tempo de descanso físico e tempo de ócio psíquico – e que acabou por se transformar na fonte de novas actividades empresariais, geradores de trabalho para quem descansa. Deu, até, origem a uma indústria com nome próprio – Turismo – a quem andam ligadas outra formas semânticas de dizer coisa parecida – lazer, tempos livres, etc..

A organização dos tempos ou períodos de trabalho diário e semanal é que tem dado origem a algumas questões mais controvertidas que as anteriormente referidas. No fundo, quase exclusivamente, porque a disciplina legal da organização do tempo de trabalho se reparte, hoje, no mínimo, por três diplomas, datados de períodos históricos e políticos diferentes, cujos regimes, quando não se contradizem, se coadunam, entre si, com dificuldades. São eles, o DL 409/71, de 27 de Setembro, a Lei 21/96, de 23 de Julho e a Lei 73/98, de 10 de Novembro.

As dificuldades interpretativas daqueles diplomas começam logo com o conceito nuclear do regime jurídico da organização temporal (diária e semanal) da prestação de trabalho – o *período normal de trabalho* ou «o número de horas de trabalho que o trabalhador se obrigou a prestar», como se refere no DL 49.408, de 24Nov1969 (LCT).

Em Julho de 1996, quando foi publicada a Lei 21/96, sobre esta matéria, o limita máximo desse período normal de trabalho, estava fixado, através de sucessivos diplomas entretanto publicados, em 44 horas semanais. Aquela Lei 21/96 determinou a diminuição para 40 horas semanais, mas com a implementação prática faseada em dois anos, em que a redução não seria superior a duas horas por ano. Além disso, determinou (n.º 3 do art. 1.º) que «as reduções do período normal de trabalho semanal previstas... definem períodos de trabalho efectivo, com exclusão de todas as interrupções de actividade, resultantes de acordos, instrumentos de regulamentação colectiva ou da lei e que impliquem a paragem do posto de trabalho ou a substituição do trabalhador».

O resultado foi a introdução de um modo diferente de medir o tempo da prestação de trabalho, com diversos cultores do Direito do Trabalho a reponderar a noção de «período normal de trabalho», como foi o caso de Monteiro Fernandes no seu *Direito do Trabalho*, 11.ª edição (1999) ou de Jorge Leite, em «*Trabalho é trabalho, descanso é descanso*», um comentário ao Acórdão do STJ de 17 de Março de 1997, em *Questões Laborais*, n.º 12, de 1998.

No fundo, em causa está, fundamentalmente, a questão da importância das pausas ou das interrupções da actividade no cálculo do período de trabalho, sendo certo que mesmo antes da disciplina da Lei 21/96, já aquelas pausas e interrupções eram tidas em conta para esse efeito. Terá sido a expressão *tempo de trabalho efectivo*, referida expressamente pela Lei 21/96, que levou à construção do conceito de efectividade de prestação de trabalho e, simetricamente, ao de pausa ou interrupção. Nesse aspecto, há, portanto, que saber se além da duração máxima do tempo de trabalho efectivo, passou a existir um outro limite que inclua os intervalos ou pausas na prestação do trabalho, diminuindo, por isso, o tempo de permanência do trabalhador na empresa.

O que trouxe, então, de novo ou de diferente, a Lei n.º 21/96, neste aspecto?

Partindo do conceito anterior de tempo de trabalho efectivo, esta lei (art. 1.º, n.º 3) limitou-se a excluir dele «todas as interrupções de actividade resultantes de acordos, de normas de instrumentos de regulamentação colectiva ou da lei e que impliquem a paragem do posto de trabalho ou a substituição do trabalhador». Pouco tempo depois, a Lei 73/98 veio desenvolver e a rectificar substancialmente aquela noção, enumerando as situações de interrupção da actividade ou de não trabalho, que são equiparadas, para todos os efeitos, ao tempo de trabalho (art. 2.º/1). Esta enumeração passou a fornecer ao intérprete ou aplicador da lei os elementos necessários para a formulação da ideia de efectividade, como *critério* delimitador do período de trabalho. Jorge Leite, no trabalho citado, veio acentuar a consagração da ideia de *tempo* numa acepção normativa, substancialmente diferente da orientação naturalística ou descritiva.

As dúvidas suscitadas têm toda a pertinência, porquanto, quanto ao primeiro limite (duração máxima do tempo de trabalho efectivo) é inegável a importância de um período de tempo que a lei reserva exclusivamente para o próprio trabalhador que é o resultado do limite do tempo de permanência na empresa e que, em princípio é intangível; quanto ao segundo limite (a inclusão das pausas ou intervalos na prestação do trabalho) ele é perfeitamente defensável, em termos jurídicos, se ponderarmos que a Lei 21/96 não revogou expressamente a art. 5.º/1 do DL 409/71 (duração do trabalho), continuando a prestação do trabalho temporalmente delimitada pelas 44 horas semanais.

A solução que parece obter maior consenso é a de que não existe uma dupla limitação – ou seja 40 horas de trabalho efectivo semanal e 44 horas de «permanência» na empresa – porque a natureza da norma do art. 1.º/3 da Lei 21 deve ser considerada interpretativa de todas as restantes anteriores que utilizam o conceito de «período normal de trabalho».

Não existindo uma dupla limitação, o que resta é, apenas, um limite temporal à prestação de trabalho – de 40 horas – para o cálculo das quais se deve ter em conta certas interrupções de trabalho, que se acham interpretando e aplicando *a contrario* o disposto no art. 2º/2, alíneas b) e c), da Lei 73/98.

7.2. O período normal de trabalho não é necessária ou obrigatoriamente igual em todos os dias da semana, nem em todas as semanas do ano.

Ele pode ser adaptado, organizando o esforço e a disponibilidade exigidos aos trabalhadores, em função das necessidades e interesses de produção da empresa. É o que se chama de «adaptabilidade dos períodos de trabalho», que tem por base o cálculo do tempo de trabalho, em termos médios, num determinado período. Assim, se um dado trabalhador deve prestar 8 horas de trabalho diário e 40 horas semanais, poderá ser chamado a trabalhar mais horas num determinado dia ou semana, que serão compensadas noutro dia ou semana, em que trabalhará menos horas, desde que, no tal período determinado, o tempo de 8 horas diárias e 40 semanais não seja ultrapassado.

A adaptabilidade do tempo de trabalho, tornou-se legalmente admissível com alteração da redacção do art. 5.º do DL 409/71, pelo DL 398/91, de 6 de Outubro. Os números 7 e 8, então introduzidos, vieram permitir que, por convenção colectiva de trabalho, se possam determinar os termos médios do período de trabalho, desde que essa determinação se faça num período de referência (que a lei supletivamente fixa em três meses). Ponto é que o tempo de trabalho, apurado dessa forma, não ultrapasse o limite legal de 40 horas semanais e os trabalhadores nunca prestem a mais, mais de 2 horas diárias e mais de 50 horas semanais. Para o limite de 50 horas semanais interessa, também, o tempo de trabalho suplementar eventualmente prestado, excepto em situações de força maior.

Frise-se que apenas as convenções colectivas de trabalho podem instituir períodos de trabalho em regime de adaptabilidade, não o podendo fazer os contratos individuais de trabalho, por força do disposto no art. 13.º/2 da LCT.

Mas, o art. 3.º da Lei 21/96 (redução do período normal de trabalho) veio consagrar um outro princípio, dirigido às relações de trabalho cuja duração foi atingida pela redução imposta pela Lei, e, por isso, claramente especial. O legislador da Lei 21/96 pretendeu, com isso, minimizar os efeitos da redução do tempo de trabalho, permitindo soluções mais propícias à gestão dos recursos humanos, por parte das empresas, mais atingidas por essa medida. Porque se trata de disposição de cariz excepcional, mantêm-se em vigor as normas dos números 7 e 8 do art. 5.º do DL 409/71.

8. A noção de tempo de trabalho, adquire, no direito infortunístico em geral, uma feição particular. De facto, tudo quanto temos vindo a dizer sobre o tempo de trabalho, período normal de trabalho, tempos suplementares, etc., só pode ser adoptado, quer nos acidentes de trabalho, como nas doenças profissionais, sob o especialíssimo ângulo de análise que tem a segurança no trabalho um factor decisivo.

O tempo de trabalho é um elemento constitutivo da noção de acidente de trabalho, dada pelo art. 6.º da Lei 100/97 (de 13 de Setembro), desenvolvida pelo art. 6.º do DL 143/99, de 30 de Abril, que regulamenta aquela.

De facto, ali se diz: *É acidente de trabalho aquele que se verifique no local e no tempo do trabalho e produza directa ou indirectamente lesão corporal, etc.*.

Para melhor esclarecer o que se deve tomar por tempo de trabalho, para este efeito, o n.º 4 do art.º 6 da referida Lei 100/97, diz: *entende-se por tempo de trabalho, além do período normal de laboração, o que preceder o seu início, em actos de preparação ou com ele relacionados, e o que se lhe seguir, em actos também com ele relacionados, e ainda as interrupções normais ou forçosas de trabalho.*

Encontramos, neste entendimento de tempo de trabalho, sob o ponto de vista do direito infortunístico, desde logo, algumas novidades ou especificidades, em relação à noção de tempo de trabalho havida no direito do trabalho comum.

Uma das especificidades resulta da clara diferença que existe entre *período normal de trabalho* que é, segundo o art. 45.º/1, do DL 49.408, «o número de horas de trabalho que o trabalhador se obrigou a prestar» e *período normal de laboração*.

Que no período normal de trabalho se inclua o período normal de laboração parece ser, à primeira vista, uma evidência. Porém, o tempo de trabalho de que aqui se trata não é o tempo de *laboração* da empresa, que essa pode ser variável – contínua ou descontínua – mas é, antes, o período de tempo que o trabalhador permanece (trabalhando nas suas tarefas específicas ou não) dentro das instalações da empresa em laboração, eventualmente dentro do seu horário ou tempo de trabalho normal. Se, porventura, em grande número de casos, o horário de trabalho normal do trabalhador coincide com o período normal de laboração da empresa, em muitos outros pode não ser coincidente, quer no seu início, quer no seu termo.

O que o legislador infortunístico terá querido significar com a expressão período normal de laboração é, exactamente, aproximá-lo do período normal de prestação de trabalho (dentro de um determinado horário), por parte do trabalhador.

Mas *tempo de trabalho*, para efeitos infortunísticos, não é, apenas, aquele. Incluem-se nele os tempos necessários para os actos de preparação do período normal de laboração, isto é, do tempo de trabalho efectivamente prestado ou com ele relacionados, como também os tempos que se lhe seguirem, em actos também com ele relacionados e, ainda as interrupções normais ou forçosas. Ora isto, quando comparado com o clássico período normal de prestação de trabalho, adquire ou pode adquirir uma amplitude enorme.

É que, se em relação ao período normal de prestação do trabalho não é difícil contabilizar o tempo e balizá-lo com rigor, outro tanto não se pode dizer, em abstracto, em relação aos tempos necessários para actos que antecedem o sucedem àquele período, em actividades com ele relacionadas. A verdade é que esses tempos que precedem ou que sucedem ao *período normal* variam de acordo com múltiplos factores, alguns imprevisíveis ou ocasionais, que vão desde a complexidade do trabalho que vai começar a executar-se, dos mecanismos ou ferramentas eventualmente necessários para ele, até ao próprio ritmo pessoal de trabalho do trabalhador.

Em termos práticos, o critério mais rigoroso deverá ser, pois, o de contabilizar esses tempos de acordo com o primeiro momento em que se iniciou o primeiro acto de preparação do trabalho e com o último momento, em que o trabalhador dá por "arrumado" o seu trabalho. Também, em termos práticos, nem sempre é possível discernir, com certezas, o que são ou não são actos preparatórios do período normal de laboração. Por exemplo, é fácil aceitar que o mineiro que, no vestiário, enverga o seu equipamento para descer ao fundo da mina, pratica um acto de preparação, antes de iniciar a sua tarefa específica, aceitando-se, igualmente, como tempo que se lhe segue, o que ele consome, no balneário, a tomar banho. Mais difícil é concluir que o mesmo mineiro que no vestiário faz exercícios de aquecimento, antes de envergar o equipamento, pratica ou não um acto de preparação do período normal de laboração ou, mesmo, se se trata de um acto com ele relacionado.

Tomando isoladamente a noção de tempo de trabalho dada pela Lei 100/97, as dificuldades em delimitar aqueles tempos são muitas; mas, já serão menos, se – como deve ser – ligada à noção de tempo de trabalho, se tiver em conta a de local de trabalho.

A lei considera, também, tempo de trabalho as *interrupções normais*, assim como as *interrupções forçosas* do trabalho. Ambas os conceitos são vagos e admitem uma grande variedade e multiplicidade de situações concretas. As *interrupções normais* podem resultar da lei ou da contratação colectiva, como de regulamentos de empresa ou determinações da entidade empregadora (ao permitir, por exemplo, períodos curtos de descanso, no próprio local do trabalho), como podem resultar de necessidades regulares do próprio trabalhador (quer da necessidade de breves cuidados de saúde ou de assistência, quer necessidades fisiológicas). São *normais*, porque acontecem com regularidade e são devidamente consentidas ou aceites.

As interrupções forçosas (também podem ser forçadas) serão as que se apresentam, de um modo geral, de forma imprevisível e imediata, alheia à vontade do trabalhador ou, até, do próprio empregador.

Portanto, qualquer acidente que ocorra ao trabalhador durante o tempo de trabalho, neste sentido lato, é, em princípio, caracterizado como de trabalho; e, se, ocorrer, simultaneamente, no local do trabalho, adquire--se, mesmo, a presunção legal de que é acidente de trabalho.

Mas, também, fora do tempo de trabalho, o acidente pode ser considerado como de trabalho, de acordo com o disposto na alínea f) do n.º 2 do art. 6.º da Lei 100/97, bastando para isso, que se verifique que o trabalhador sinistrado se achava a executar serviços: a) determinados pela entidade empregadora; b) ou por esta consentidos.

Existem actividades e profissões em que esta circunstância é típica ou frequente. Pense-se, por exemplo, na actividade dos chamados caixeiros-viajantes, dos distribuidores domiciliários de bens e serviços, de certos motoristas, etc..

Nestes casos, o legislador prescindiu dos elementos local e tempo de trabalho, integradores do conceito tipo de acidentes de trabalho, para ter em conta, exclusivamente a *missão* ou *função profissional*. A missão ou função profissional, exercida fora do local e do tempo do trabalho (melhor se diria, fora do tempo de laboração normal da empresa), pode ter carácter duradoiro ou ser meramente ocasional ou esporádica e consiste, exactamente, nos *"serviços determinados pela entidade empregadora ou por esta consentidos"*.

O elemento missão ou função profissional, para estes efeitos, coloca problemas complexos e, muitas vezes, de difícil resolução prática.

Em regra, o cumprimento da missão impõe ao trabalhador não só a deslocação a certos locais, como a determinação do tempo necessário para a sua permanência aí, mais curta ou mais longa e, até, muitas vezes, sem que o objecto específico da missão esteja a ser directamente trabalhado. Por outras palavras, o trabalhador que se desloca, fora do local e do tempo de trabalho, está sujeito a acidentes ocasionados, directa ou indirectamente, pelo cumprimento da sua função profissional. Podem, nomeadamente, ser acidentes ocasionados por actos da vida corrente, cujos riscos normalmente não correria, se não fosse o cumprimento da missão.

Para uma boa interpretação e aplicação do disposto no n.º 2, alínea f) do art. 6.º da Lei 100/97, é importante ter em conta a diferenciação entre *actos da vida corrente* comuns, impostos pelas necessidades pessoais quotidianas (higiene, repouso, refeições, lazer, etc.) e os *actos decorrentes da execução da missão ou função profissional*. Um primeiro critério de distinção, mais apertado, é exactamente este: os actos da missão ou função profissional, distinguem-se dos actos da vida corrente, desde que os primeiros decorram *directamente* da execução da missão.

Alguns exemplos, especialmente extraídos da experiência estrangeira, sobretudo francesa, podem fornecer-nos pistas para aquela distinção.

Assim: a) a queda num hotel, à chegada do trabalhador, ainda com a bagagem na mão, foi considerada um acidente da vida profissional, porque aconteceu no momento em que a vítima ainda não havia recuperado a sua inteira liberdade e independência, em relação à sua missão profissional;

b) pelo contrário, a queda já no quarto do hotel, quando lavava os pés; quando saía da banheira; quando corria a atender o telefone ou, quando caiu de uma janela do quarto que não possuía parapeito, foram imputáveis a actos da vida corrente, porque acontecidos em momentos (em tempos) em que a vítima já havia recuperado a sua independência em relação à sua missão profissional.

c) do mesmo modo, a morte surgida durante o sono, tida como morte natural ou por asfixia provocada por um aparelho de aquecimento instalado pela própria vítima, a fim de minorar o quarto de hotel que ele próprio havia escolhido, são acontecimentos que foram imputados à vida corrente, porque, de certo modo, escapam ao tempo em que se manifesta a autoridade patronal, referenciada directamente pelo objecto da missão.

Não pode deixar de notar-se a subtileza de certas distinções, onde pesaram, certamente, algumas vezes, considerações de outra ordem, designadamente, a sensibilidade o julgador em relação ao infortúnio dos trabalhadores, um tanto diferentemente da posição geral do julgador português, não raro estritamente legalista e incapaz de uma análise que ultrapasse o cómodo e descansativo silogismo em que assentam muitas decisões. E, todavia, o legislador, sobretudo, o da lei actualmente em vigor, fornece-lhe uma fórmula legal suficientemente ampla – diria, vaga – para, a partir dela contemplar casos limite e fazer verdadeira jurisprudência. Jurisprudência, exactamente, como ciência do justo e do injusto.

Mesmo quando, nas alíneas a) a e) do n.º 2 do art. 6.º da Lei 100/97 e nas alíneas a) e b) do n.º 4 do art. 6.º do DL 143/99

PALAVRAS DO COORDENADOR

António Moreira
Professor Catedrático das Universidade Lusíada
Director do Instituto Lusíada de Direito do Trabalho
Assessor Principal do IDICT

DISCURSO DE ENCERRAMENTO

Senhor Juiz Conselheiro Dr. Aragão Seia, ilustre Presidente do Supremo Tribunal de Justiça
Senhor Juiz Conselheiro Dr. Azambuja Fonseca, do Supremo Tribunal de Justiça
Senhor Procurador-Geral Adjunto, Dr. Carlos Alegre
Senhor Director-Geral das Condições de Trabalho, Dr. Fernando Ribeiro Lopes
Senhora Presidente da Comissão para a Igualdade no Trabalho e no Emprego, Dr.ª Josefina Leitão
Senhor Prof. Doutor Bernardo Xavier, da Universidade do Minho e da Universidade Católica e Secretário-Geral da Academia Ibero-Americana de Direito do Trabalho
Senhor Prof. Doutor José João Abrantes, da Faculdade de Direito da Universidade Nova de Lisboa
Senhoras e Senhores Conferencistas e Prelectores
Senhoras e Senhores Convidados
Senhoras e Senhores Congressistas
Minhas Senhoras e Meus Senhores

Aproxima-se velozmente o termo destes dois dias de intenso trabalho. Estamos, pois, no fim do V Congresso Nacional de Direito do Trabalho. Nele depositámos muitas esperanças como, de resto, vem ocorrendo nas anteriores edições. Esperanças traduzidas na aplanação de algumas dificuldades, no trilhar de novos caminhos, na busca de soluções mais justas e mais eficazes.

O sopro, a lufada de ar fresco insuflada neste curto arco temporal são bens preciosos numa época de mundialização da economia e do mercado de trabalho, de proliferação de economias paralelas e subterrâneas, em escolas inimagináveis há alguns anos e em países da União tradicionalmente avessos ao fenómeno. O tempo do nosso tempo é portador de vírus insidiosos, de ameaças fortes e constantes à efectividade deste ramo do Direito. Tão importante quanto a necessária reforma é colocar a *law in action* de par com a *law in the books*.

É época de profundas discriminações no trabalho e no emprego, em função da idade, do género, do território de origem;

É época de terrível sinistralidade laboral com trabalhadores a *perderem a vida a ganhá-la*;

É tempo de caminhos sinuosos e ínvios, de subterfúgios, para que o tempo da prestação do trabalho seja mais elástico, com técnicas que nos reconduzem a épocas que julgávamos pertencerem já a um passado distante;

Mas também é altura de lembrar que o Direito do Trabalho, incapaz de gerar emprego, pode contribuir, e de que maneira, para a sua destruição. E, hoje, o desemprego em idade adulta, na terceira estação da vida, desemboca quase sempre na exclusão social.

Como linhas conclusivas dir-se-á:
– A temática do Congresso revelou-se propiciadora de prelecções muito ricas e abriram novas pistas de reflexão;
– O Direito do Trabalho está vivo e actuante e motiva debates muito ricos e sem paralelo noutros ramos do Direito;
– O princípio geral da boa fé tem privilegiadas condições para ser actuado ao nível do Direito do Trabalho;
– A Constituição continua a ser uma referência fundamental;
– Através da via legislativa é necessário reformular os equilíbrios no âmbito das relações laborais;
– Algumas das ameaças ao Direito do Trabalho têm privilegiadas condições de ocorrência nos grupos de empresas, sendo necessário reequacionar a dignidade de quem trabalha, condição necessária para evitar conflitos de dimensão imprevisível;
– Viu-se da importância dos tempos de trabalho e da sua conexão com a segurança no trabalho.

Um Direito do Trabalho mais justo e mais solidário, sem esquecer a problemática da produtividade e da competitividade, tem que ser mais equilibrado. E urge a reconstrução deste ramo do Direito, sem esquecer a sua razão de ser, mas atentos os postulados dos novos tempos. A paz e a justiça sociais exigem-no.

DISCURSO OFICIAL

Conselheiro Dr. Jorge Alberto Aragão Seia
Presidente do Supremo Tribunal de Justiça

DISCURSO DE ENCERRAMENTO

JORGE ALBERTO ARAGÃO SEIA
Presidente do Supremo Tribunal de Justiça

Com esta intervenção que aqui assumo com gosto, satisfazendo o convite que me foi amavelmente dirigido pelo Senhor Prof. Doutor António Moreira, coube-me o privilégio e a honra de encerrar mais um Congresso Nacional de Direito de Trabalho. Trata-se de uma área do Direito que, pela sua acrescida importância, tem merecido uma especial atenção nos tempos que correm, face aos cenários de mudança que estamos todos a viver, tornando-se inadiável a discussão de temas que o actual contexto nacional mantém na ordem do dia.

Antes, porém, seja-me permitido distinguir o Senhor Prof. Doutor António Moreira, a quem felicito pelo fundamental empenho que, uma vez mais, colocou na coordenação deste evento, a par de todos os que trabalharam pela sua notável concretização.

Aproveito ainda para sublinhar o papel da Livraria Almedina, nas pessoas dos Senhores Joaquim Machado e Eng. Carlos Pinto que, há décadas, tem privilegiado a área do Direito, seja na sua actividade editorial, seja no apoio concedido a iniciativas como a que aqui nos reúne hoje.

Se existem áreas do nosso ordenamento jurídico onde hoje se fazem sentir, com particular acuidade, os efeitos da sua heterogeneidade, de alguma desarticulação internormativa e, simultaneamente, da respectiva insuficiência, o Direito do Trabalho é uma delas.

Longe vão os tempos em que este ramo de direito se baseava fundamentalmente no contrato individual de trabalho[1], assumindo-se, deste

---

[1] Até 25 de Abril de 1974, a negociação colectiva era pouco expressiva e, por conseguinte, também as normas de origem convencional tinham uma influência muito reduzida.

modo, como esteio da subsistência do trabalhador e do equilíbrio da vida social no seu conjunto, com os pretendidos reflexos na paz e no regular funcionamento das instituições colectivas[2].

De então para cá, muita coisa mudou na sociedade. Basta pensarmos apenas nalguns índices dessa evolução: a facilidade de acesso aos benefícios proporcionados pela ciência e pelas novas tecnologias, o crescimento da força de trabalho feminino e, ao nível dos comportamentos humanos, um aumento do individualismo. Neste ambiente social, vários desafios foram entretanto colocados ao direito laboral, quer pelo impulso revolucionário de 1974, quer por força do dinamismo económico e social que progressivamente se foi intensificando em Portugal, sobretudo depois da nossa adesão à Europa comunitária.

Logo nos primeiros anos do processo de democratização assistiu-se a uma abundante produção legislativa, concedendo-se múltiplas garantias aos trabalhadores, designadamente em matéria de segurança e de estabilidade no emprego e de melhoria geral do nível remuneratório, ao mesmo tempo que se afastava ao máximo a possibilidade de cessação do vínculo por parte da entidade patronal.

Por conseguinte, não obstante a débil situação económica com que se defrontava, o país dispunha de leis laborais altamente garantísticas, o que, associado a um baixo nível de produtividade, a um alto poder reivindicativo e à consequente e generalizada incapacidade financeira do tecido empresarial, desencadeava múltiplos efeitos perversos, tais como o desemprego, por exemplo devido a falências, o não pagamento de salários e o acumular de dívidas à Segurança Social.

A reacção dos agentes económicos a este quadro legal e social, conduziu a que cada vez fosse mais difícil o acesso ao emprego duradouro e seguro, pois, dadas as enormes dificuldades em fazer cessar qualquer contrato individual de trabalho, as empresas passaram cada vez mais a recorrer à contratação a termo certo, furtando-se por esta via a uma indesejável ligação laboral por tempo indeterminado.

Deste modo, a excessiva protecção dispensada pelo legislador ao trabalhador redundava frequentemente em seu prejuízo; além do conservadorismo da relação de trabalho não permitir às empresas adaptar o recrutamento de mão-de-obra às suas necessidades, de acordo com as variações destas em quantidade e em qualidade.

---

[2] Cfr. Preâmbulo do Decreto-Lei n.º 49408, de 24 de Novembro de 1969.

Semelhante proteccionismo tinha como pressuposto um modelo de relação laboral estabelecida entre o trabalhador, a parte mais fraca, e a entidade patronal, detentora de uma organização de meios produtivos, apoiada numa estrutura hierarquizada, de grande dimensão e autoridade, na qual o primeiro se integrava de forma estável, a tempo inteiro e com um vínculo sem limite de duração. Portanto, o Direito do Trabalho era e, em certa medida, ainda hoje é, um direito vocacionado para a relação laboral na empresa industrial, de tipo *fordista*[3] e *taylorista*[4], com produção em larga escala, uma estratificação piramidal do trabalho e uma divisão deste entre o que é de concepção e o que é de execução ou de concretização.

O desenvolvimento, no entanto, tornou mais complexas as relações económicas, criou novos direitos sociais e pôs a descoberto a contradição entre um proteccionismo imediatista do trabalhador, em relação ao empregador, e a falta de substrato económico que o suportasse.

Com o advento em força das novas tecnologias da informação, designadamente a informática e, a partir desta, a burótica, a robótica e a telemática, aplicadas às mais diversas actividades produtivas, deu-se uma autêntica revolução na organização empresarial e nos métodos de trabalho. Com efeito, aumentou a procura de mão-de-obra qualificada e, tanto quanto possível, libertou-se força de trabalho indiferenciada ou menos habilitada face às necessidades de modernização e de formação específica. As empresas passaram a competir entre si, não só em inovação tecnológica, mas também na procura dos melhores quadros e dos melhores técnicos, os mais competentes e mais criativos.

Esta realidade pressupõe hoje maior mobilidade no emprego e, por consequência, a precarização dos vínculos laborais, postergando as carreiras profissionais lineares e contínuas em benefício da sua intermitência, com diversas ocupações sucessivas ao longo da vida activa de cada trabalhador.

---

[3] Cfr. Alan Supiot, *Au-delà de l'Emploi – Rapport pour l'Union Européenne*, Flammarion, Paris, 1999, 25 e ss.; Drª. Maria do Rosário Palma Ramalho, «Ainda a Crise do Direito Laboral: A Erosão da Relação de Trabalho "Típica" e o Futuro do Direito do Trabalho», *Memórias do 3.º Congresso de Direito do Trabalho*, coordenação do Prof. Doutor António Moreira, Almedina, Coimbra, 2001, 257.

[4] No sistema de Taylor, aplicava-se à gestão empresarial um método de organização racional do trabalho industrial, com uma remuneração estimulante e uma especialização de funções, para que com o mínimo de tempo e de actividade se obtivesse o máximo de rendimento.

Mas o ordenamento jurídico-laboral não tem conseguido acompanhar, como seria desejável, a evolução do sistema económico, pois ainda hoje enferma de graves disfuncionalidades que, pese embora a função social do direito do trabalho, o vão tornando desajustado à realidade sócio-profissional.

Efectivamente, pode afirmar-se que a grande inflação de normas, visando as relações entre trabalhadores e empregadores, tem contribuído para um certo caos na legislação laboral, com frequentes alterações e sobreposições de regras jurídicas. Ademais, quando se opera a substituição de um diploma legal ou de normas, raramente tal acontece de forma clara, ou seja, por revogação expressa, o que torna mais dificultosa a tarefa do aplicador do direito, que vê acrescido o seu trabalho exegético e hermenêutico. Isto, para além do hermetismo jurídico que uma tal complexidade normativa provoca, impedindo, assim, a compreensão do Direito pelos seus destinatários mais directos – designadamente os trabalhadores.

A rigidez do enquadramento legal, inibidora da adaptabilidade do sistema juslaboral às transformações sociais e económicas, entretanto ocorridas, deve-se também a um complicado processo legiferante, pelas exigências de concertação dos diferentes interesses em confronto, sendo muitas vezes difícil ultrapassar intransigências político-ideológicas ou corporativas.

Acresce um amplo conjunto de princípios, a consolidar certos direitos sociais, que se impõem ao legislador ordinário, tais como a constitucional segurança no emprego (art.º 53.º da CRP), o *favor laboratoris* ou o princípio da igualdade, este último, tanto na vertente de não discriminação em função do sexo, como na sua formulação positiva de igualdade de tratamento no trabalho e no emprego[5].

Em todo o caso, o Direito do Trabalho impõe às partes determinados princípios ético-deontológicos, que tornam possível a confiança mútua indispensável à manutenção de qualquer relação laboral, e até pessoal, e que neste caso visam também proteger o bom funcionamento da empresa e, consequentemente, a sua credibilidade externa num mercado generalizadamente concorrencial.

Desde logo, e como manifestação do princípio geral da boa fé no cumprimento das obrigações[6], temos o dever de lealdade cujo conteúdo,

---

[5] Art.s 58.º e 69.º de CRP; Decreto-Lei n.º 392/79, de 20 de Dezembro, e Decreto-Lei n.º 105/97, de 13 de Setembro.

[6] Art.º 762.º do Código Civil

na relação de trabalho, varia com a natureza das funções do trabalhador, sendo tanto mais intenso quanto maior for a sua qualificação[7] e a sua responsabilidade na empresa.

Outra decorrência da boa fé contratual é o dever de zelo e diligência que recai sobre o trabalhador para que aplique um esforço de vontade e uma adequada orientação no cumprimento da sua prestação, de acordo com os objectivos prosseguidos pelo empregador.

Por outro lado, a transparência nas relações entre empregadores e empregados encontra-se hoje garantida pela Carta Social Europeia[8], ao estabelecer, no seu art.º 21.º, o direito dos trabalhadores de serem informados regular ou oportunamente sobre a situação económica e financeira da empresa onde trabalham e consultados, em tempo útil, sobre as decisões previstas que, de forma substancial, os possam afectar nos seus interesses, designadamente no emprego.

A par da crise estrutural do direito do trabalho, relativamente à sua adaptação às condições sociais e económicas, tem-se feito sentir uma diminuição da negociação colectiva e, em contrapartida, um aumento da individualização das relações laborais, o que se traduz numa perda de influência das organizações representativas: as comissões de trabalhadores e os sindicatos. Por outro lado, as convenções colectivas pouco têm inovado, em termos de maior flexibilidade do sistema, pois destinando-se tais instrumentos negociais a preencher vazios legislativos ou a completar a regulamentação legal, no essencial sempre o têm feito no sentido mais favorável ao trabalhador.

Também merece destaque uma relativamente excessiva formalização do exercício do procedimento disciplinar, que torna mais morosa e complexa a apreciação e a resolução dos conflitos laborais. É certo que, em geral, a forma é inimiga da arbitrariedade e está ao serviço da justiça, mas urge instituir fórmulas mais expeditas e céleres que, diminuindo este tipo de litigiosidade, aliviem os tribunais de processos e os particulares de gastos de tempo e dinheiro, que melhor empregues seriam, por exemplo, na formação profissional e no aumento da produtividade.

---

[7] Neste sentido o Acórdão do Supremo Tribunal de Justiça de 18 de Janeiro de 2001, Revista n.º 2960/00.

[8] Ratificada pelo Decreto do Presidente da República n.º 54-A/2001, de 17 de Outubro, D.R. 1.ª Série-A, n.º 241, Suplemento.

Parece assim evidente o desencontro entre o panorama legislativo, o mercado de trabalho e a nossa realidade económica e social.

Contudo, é importante realçar que o direito do trabalho não pode ser encarado apenas como instrumento afeiçoado aos interesses da economia, nem o trabalho pode ser visto como mero factor de produção. Pelo contrário, enquanto actividade humana de utilidade pessoal e social[9], o trabalho representa o melhor processo de afirmação e de realização do homem como cidadão pleno na sociedade dos valores e dos direitos.

As mutações da natureza das relações laborais têm conduzido ao surgimento progressivo de formas atípicas de prestação de trabalho e ao consequente abandono da já tradicional relação de emprego estável e duradouro.

Assim, e para além do já referido contrato de trabalho a termo certo, que tanta contestação sindical e política suscitou, estão no rol das novas realidades, em ruptura com o modelo clássico, nomeadamente, as seguintes alternativas:

– O trabalho independente, como forma de externalização da prestação de trabalho a cargo de trabalhadores autónomos. Esta modalidade surge, amiúde, em consequência do chamado emagrecimento das empresas, no que respeita a encargos com pessoal, pela atribuição a agentes externos, por vezes até seus ex-empregados, de certos serviços[10], em regime de autonomia de direcção e de organização do trabalho, fora das suas instalações, libertos da subordinação jurídica, mas nem sempre da dependência económica perante a entidade que recebe o resultado da sua actividade.

– O trabalho temporário, prestado a um utilizador que recebe os trabalhadores da empresa fornecedora deste tipo de trabalho, com quem contrata a prestação de serviço, exercendo por delegação desta os poderes de autoridade e direcção sobre esses trabalhadores sem os integrar nos seus quadros. Trata-se de uma solução mais flexível que o contrato a termo, indicada para necessidades pontuais de mão-de-obra, imprevistas e de curta duração, em que o utilizador recebe o trabalhador sem ter de o integrar nos seus quadros. Com a regulamentação desta utilização de

---

[9] Cfr. Art.s 47.º, n.º 1, e 58.º, n.ºs 1 e 2, da CRP.
[10] Por exemplo, escritas contabilísticas, serviços jurídicos que eram prestados em regime de contrato de trabalho por advogados ou solicitadores, etc.

mão-de-obra a lei procurou disciplinar uma relação contratual triangular que já existia de facto sem controlo legal e sem protecção social dos trabalhadores envolvidos[11].

— O trabalho no domicílio, cujo regime jurídico se aplica, quer ao trabalho realizado sem subordinação jurídica, em casa do trabalhador, quer àquele em que o trabalhador compra matérias-primas e fornece por certo preço ao vendedor delas o produto acabado, sempre que, em qualquer destes casos, o trabalhador deva considerar-se na dependência económica do dador do trabalho (art.º 1.º do DL n.º 440/91, de 14.11). Esta forma de execução deslocalizada do trabalho não se aplica a todas as espécies de actividade, pois, desde logo ficam excluídos os contratos que tenham por objecto a prestação de trabalho intelectual, como os de teletrabalho[12], sem que se evidenciem fortes razões para tal exclusão.

— Ao tirar partido da fusão da informática com as telecomunicações, o teletrabalho assume-se como um caso paradigmático de trabalho à distância, talhado exclusivamente para actividades de natureza intelectual. Esta forma de execução da prestação laboral pode integrar-se tanto numa relação de subordinação jurídica, como num vínculo de trabalho autónomo, tudo dependendo da forma como estão estruturados os encargos, a responsabilidade pelo risco de possíveis danos, a direcção e o controlo do processo produtivo. O consequente isolamento do teletrabalhador, que assim se vê desenquadrado da interacção presencial com seus colegas, trabalhadores internos da empresa, implicará necessariamente uma alteração na gestão do seu tempo e nos respectivos hábitos de vida e de trabalho, com algum benefício para o próprio em termos de maior disponibilidade para a família, devido principalmente à supressão de tempos mortos em deslocações pendulares entre a habitação e o local de trabalho[13].

Perante estas novas realidades, a distinção entre o que deve e o que não deve ser objecto do direito do trabalho faz-se, sobretudo, através da convocação de critérios de integração na organização e de dependência económica, perdendo cada vez mais relevância o índice da subordinação jurídica, com os seus integrantes poderes de direcção, de conformação da prestação de trabalho e de imposição da disciplina da empresa.

---

[11] Decreto-Lei n.º 358/89, de 17.10.
[12] Art. 1.º n.º 5, do Decreto-Lei n.º 440/91, de 14 de Novembro.
[13] Cfr. Dr.ª Maria Regina Gomes Redinha, «O Teletrabalho», in *Memórias do 2.º Congresso Nacional de Direito do Trabalho*, Almedina, Coimbra, 1999, 83 e ss.

Por outro lado, a regulamentação destas formas emergentes de relação de trabalho não pode deixar de prevenir eficazmente o uso abusivo de qualquer delas com prejuízo, quer para os trabalhadores nelas comprometidos, nomeadamente em matéria de certeza na retribuição e na protecção social, quer para os trabalhadores com outro tipo de vínculo, que poderão ver o seu posto de trabalho ameaçado por mão-de-obra mais barata à custa do desrespeito por direitos elementares dos respectivos trabalhadores.

Efectivamente, não devemos esquecer que muitas das situações de contratação à margem do contrato individual de trabalho, e não apenas o trabalho clandestino, são motivadas pelo propósito de fuga aos inerentes encargos, nomeadamente com a segurança social, sendo o trabalhador quem sofre as consequências desfavoráveis de uma tal desprotecção social. É certo que, no mundo da concorrência, as empresas devem optimizar a sua competitividade, e que, ao nível macroeconómico o desenvolvimento sustentado é fundamental para a garantia de efectividade dos direitos sociais. Mas tudo isto não pode ser conseguido a qualquer preço, designadamente pela desregulação das relações de trabalho.

Carece, portanto, de modernização o nosso direito do trabalho, com a transformação da legislação laboral, o que passa pela sua sistematização e simplificação. Esta modernização implica expansão no sentido de abranger todas as formas de trabalho para outrem, recorrendo para tanto a critérios de natureza económica e financeira em detrimento da proeminência de critérios exclusivamente jurídicos, como a referida subordinação.

Além das mencionadas novas formas de prestação de trabalho, tradutoras de flexibilização do mercado de trabalho, e que podem considerar-se de origem externa, outras têm sido adoptadas mesmo no interior do próprio vínculo por tempo indeterminado, visando igualmente tornar menos rígida a situação jurídica de quem se ocupa da prestação de trabalho. Estão neste caso a polivalência, tanto no aspecto funcional, como em matéria de adaptação do horário de trabalho às necessidades da empresa[14].

Noutra perspectiva, dá-se particular ênfase à flexibilização no domínio da legislação atinente à cessação do contrato de trabalho[15], onde a

---

[14] Art.º 22.º da LCT, na *redacção introduzida* pela Lei n.º 409/71, 27.12, e art.s 10.º a 11.º desta Lei.

[15] Decreto-Lei n.º 64-A/89, de 27 de Fevereiro.

garantia constitucional da segurança no emprego impede os despedimentos arbitrários por parte do empregador, isto é, sem causa justa ou por motivos políticos ou ideológicos (art.º 53.º da CRP).

No entanto, também aqui houve necessidade de quebrar um pouco o rigor da protecção quanto à duração ilimitada da relação jurídica laboral, por razões que ainda se prendem com a revolução tecnológica, sempre que o trabalhador revele, objectivamente, uma insustentável inadaptação ao posto de trabalho[16].

Aqui chegados, é altura de questionarmos o futuro do direito do trabalho. Será que tende a desaparecer no *mare magnum* do Direito Civil ou do Direito Comercial, ou mesmo de um direito privado geral aglutinador? Ou será que o direito laboral se vai adaptar às novas regras do jogo no grande tabuleiro das relações de produção entre dadores de trabalho e trabalhadores, continuando a respectiva jurisdição a ocupar-se de forma especializada, humanista e, portanto, mais aprofundada da respectiva conflitualidade?

Para que esta última hipótese se materialize, é necessário que os juslaboralistas se empenhem no estudo da nova problemática à luz das mais recentes concepções das relações laborais, analisando-as e interrogando-as, para detectar os seus desajustes e propor soluções adequadas aos novos desafios.

Por outro lado, impõe-se uma reformulação dogmática que tenha em consideração a crise da subordinação jurídica e o carácter compósito deste ramo de direito, assente numa pluralidade de modelos de trabalho divergentes na natureza do vínculo e na organização espacio-temporal da prestação.

Tudo isto, sem esquecer que as fontes do Direito do Trabalho já se não confinam ao âmbito do território de um Estado, devendo também ser equacionadas, quer num plano supranacional comunitário, como instrumento de coesão económica e social do povo europeu, quer numa perspectiva de globalização e mundialização da economia, liderada pela Organização Mundial de Comércio. Desta última emanam imposições legislativas aos Estados associados[17] – o que nos convida, desde logo, a encarar com muita circunspecção as garantias dos trabalhadores imi-

---
[16] Nos termos do art.s 1.º e 2.º do Decreto-Lei n.º 400/91, de 16 de Outubro.
[17] Neste sentido, Francesco Paolo Rossi, *Nozioni di Diritto Europeo del Lavoro*, 7.ª edição, CEDAM, 2000, 2.

grantes[18], nomeadamente no que se refere às condições de contratação e à eficácia da respectiva protecção social. A própria OMC deverá também preocupar-se, em termos efectivos, com os aspectos sociais e não apenas com os de natureza comercial e económica.

Ademais, impõe-se a adopção de mecanismos legais ou convencionais susceptíveis de revitalizar a negociação colectiva, por se afigurar a forma mais adequada para a regulamentação de diversas matérias, entre as quais a duração do tempo de trabalho e outras condições da sua prestação.

Estou certo de que a crise do Direito do Trabalho é de crescimento, e não de abatimento ou decadência, e que a resposta positiva dos estudiosos e do legislador contribuirá para o seu indispensável relançamento.

O êxito, que sei, que constituiu este Congresso autoriza-me esta esperança.

Supremo Tribunal de Justiça, 1 de Fevereiro de 2002

---

[18] Nomeadamente para em matéria de reparação de consequências de acidentes de trabalho, da falta de pagamento de salários e de neutralização de «mafias» ou redes de tráfico de mão-de-obra.

COMUNICAÇÕES DE CONGRESSISTAS

DIÁLOGO SOCIAL E NEGOCIAÇÃO COLECTIVA NA EUROPA COMUNITÁRIA

Sabina Pereira Santos
Docente da ESGIN – IPCR

DIÁLOGO SOCIAL E NEGOCIAÇÃO COLECTIVA NA EUROPA COMUNITÁRIA

O papel dos actores colectivos na construção do direito social europeu[1]

SABINA PEREIRA SANTOS
Docente da ESGIN – IPCB[2]

1. Enquadramento. O diálogo social no seu significado e nas suas dimensões.

O diálogo social europeu constitui hoje a pedra angular da política social europeia, o melhor caminho para o desenvolvimento salutar da política de emprego e o instrumento mais adequado à diminuição (ou controlo) dos efeitos socialmente perversos da integração económica e da união monetária: o diálogo social é instrumento de política social, mas também ferramenta de actuação noutros domínios da integração europeia.

Originada fora deste específico contexto institucional, a expressão "diálogo social" perde por ter sido integrada, recolhida ou assumida no domínio do direito comunitário sem a devida cautela de precisão jurídica,

---

[1] O presente texto constitui, com algumas adaptações, parte integrante do trabalho de investigação desenvolvido no Departamento de Direito do Trabalho da Universidade de Salamanca, sob a orientação do Prof. Doutor Wilfredo Sanguineti Raymond, com vista à obtenção do grau de doutor. A acção tem o apoio financeiro do programa comunitário PRODEP III, acção 5.3.

[2] Docente da ESGIN – IPCB, Mestre em Estudos Europeus, área de especialização em estudos político-jurídicos, por equivalência, doutoranda em Direito do Trabalho na Universidade de Salamanca, Espanha.

antes se apresentando como uma «expressão evanescente»[3], que foi sendo utilizada nos documentos da Comissão e nos textos jurídicos dos Tratados e de outros actos jurídicos comunitários com uma «calculada ambiguidade»[4], tendo-se-lhe dado «distintos enfoques e significados»[5].

Por vezes as figuras "diálogo" e "negociação" surgem como expressões aptas a reflectir o mesmo fenómeno, outras vezes são consideradas fases de um mesmo processo[6], surgem numa lógica de apreciação de género para espécie[7], ou consideram-se como distintos mas sucessivos momentos de participação[8].

Porque a expressão não acolheu a uniformidade que seria desejável nos diferentes contextos da sua utilização – legislativa, política e doutrinal – preferimos adoptar uma perspectiva mais abrangente[9], que permita enquadrar de uma forma coerente o percurso da participação colectiva na construção do direito social comunitário (e portanto também do direito comunitário do trabalho), evitando posições antecipadamente excludentes

---

[3] Joaquín Aparicio Tovar, "¿Ha incluido el Tratado de Maastricht a la negociación colectiva entre las fuentes de derecho?", *Revista Española de Derecho del Trabajo*, n.º 63, enero de 1994, p. 927.

[4] Miguel Rodríguez-Piñero y Bravo Ferrer "Ley e diálogo social en el Derecho Comunitario Europeo", Revista del Ministerio del Trabajo y Asuntos Sociales, n.º 3, 1997, p. 49.

[5] Federico Navarro Nieto, "La negociación colectiva en el derecho comunitario del trabajo", *Revista Española de Derecho del Trabajo*, 2000, n. 102, p. 377.

[6] Cfr. Eduardo Rojo Torrecilla, "En busca de la concertación social en Europa", *Relaciones Laborales*, II, 1993, pp. 1327-1328.

[7] Cfr. Miguel Rodríguez-Piñero, "Diálogo social, participación y negociación colectiva", *Relaciones Laborales*, II, 1995, pp. 93-94.

[8] Cfr. Fernando Valdés Dal-Ré, "La contratación colectiva europea: más que un proyecto y menos que una realidad consolidada", *Relaciones Laborales*, II, 1997, p. 73.

[9] Posição diferente assumiram recentemente os interlocutores sociais que, na sua contribuição para o Conselho Europeu de Laeken, Bélgica (14 e 15 de Dezembro de 2001) afirmaram ser necessário distinguir claramente o diálogo social (bipartido) da concertação social (tripartida). Aliás, de acordo com a posição então manifestada, o diálogo social deve ser entendido como uma figura jurídica que difere tanto da concertação como da consulta, propondo-se as seguintes especificações: a concertação tripartida deve significar as conversações entre os parceiros sociais e as autoridades públicas comunitárias; a consulta aos parceiros sociais deve referir-se à actividade desenvolvida no âmbito dos comités consultivos e à consulta formal da Comissão no âmbito dos artigos 137º e 138º CE; o diálogo social deve significar as acções bipartidas adoptadas pelos parceiros sociais e que podem ou não ter origem nas consultas realizadas ao abrigo dos artigos 137º e 138º CE.

ou limitadoras. Assim, se numa perspectiva estrita se pode considerar o diálogo social como uma antecipação da negociação colectiva (em termos de inserção temporal, de conteúdo e especialmente de efeitos produzidos), num sentido amplo ele inclui a negociação, constituindo esta uma modalidade de diálogo social, tal como a consulta e a concertação[10]. Por isso, apesar de ter encontrado o marco da sua formalização jurídica nas conversações entre os interlocutores sociais interprofissionais de nível comunitário, estabelecidas em Val Duchesse[11], partilhamos a perspectiva ampla de alguns Autores[12] e consideramos que no diálogo social se inclui, para além da concertação social, o diálogo das instituições comunitárias *com* (consulta) os interlocutores sociais e o diálogo *entre* os interlocutores sociais, que pode chegar à dimensão negocial, regulada (insuficientemente) pelo direito comunitário.

Nesta perspectiva, seguro parece ser que o diálogo social se refere sempre à intervenção de actores colectivos representativos de interesses de classe ou sector económico – os interlocutores sociais, seja essa intervenção espontânea ou externamente impulsionada, suponha relações bilaterais ou trilaterais, mantenha-se no domínio das relações privadas colectivas ou integre uma relação institucional. No entanto, se nos restringirmos ao "novo"[13] capítulo social do Tratado CE, o que aí encontramos é legis-

---

[10] Que por vezes é entendida como uma figura jurídica mais absorvente, em que se inclui a negociação colectiva em sentido estrito (Wilfredo Sanguinetti Raymond, "Libertad sindical y rol institucional de los sindicatos: anotaciones a dos décadas de vigencia del texto constitucional", *Revista de Derecho Social*, n.º 8, 1999, p. 54) ou se identifica com o diálogo social, apesar de essa referência se reportar ao período histórico anterior ao Acordo de Política Social (APS), período durante o qual não se poderia falar de contratação colectiva mas simplesmente de "algumas experiências de concertação" (Eduardo Rojo Torrecilla, ob. cit., p. 1327, que fala de um período de «diálogo o concertación social»).

[11] Estamos a referir-nos às conversações desenvolvidas em 1985 nesta cidade entre as organizações interprofissionais de carácter geral: União das Confederações da Indústria e dos Empregadores da Europa (UNICE), Confederação Europeia de Sindicatos (CES) e Centro Europeu das Empresas Públicas (CEEP). Mais tarde (1992), as reuniões destas confederações europeias formalizaram-se no "Comité do diálogo social".

[12] Como Miguel Rodríguez-Piñero, "Diálogo social, participación y negociación colectiva", cit., p. 94 e Maria del Mar Ruiz Castillo, "El diálogo social en el ámbito de a Unión Europea", Revista Española de Derecho del Trabajo", n.º 85, septiembre/octubre, 1997, p. 709.

[13] Com esta expressão queremos referir-nos aos artigos 136º a 143º CE, que substituíram em bloco os antigos artigos 117º a 120º do Tratado CE, operando uma significativa modificação de conteúdo.

lação socialmente legitimada (no procedimento de consulta) e contratação colectiva admitida, apoiada e inclusive sustentada pelo poder público comunitário (na negociação substitutiva[14]). Ou seja, há diálogo social, «pero en el sentido de negociación colectiva entre los interlocutores sociales y de información y consulta de éstos con la Comisión»[15], que o mesmo é dizer, prevêem-se as dimensões consultiva e negocial[16] do diálogo social, inconfundíveis com a concertação, que obedece a uma estrutura tipicamente trilateral e a objectivos não estritamente laborais, mas económico-sociais[17].

Na sua modalidade de consulta, o diálogo social significa um diálogo entre as instituições comunitárias (em particular a Comissão) e os interlocutores sociais, separadamente ou em conjunto, tentando chamar ao debate os directamente interessados nas matérias em análise[18]. Trata-se de uma medida que beneficia da mais valia informativa que eles podem prestar, oferece uma oportunidade para adoptar medidas mais consensuais, quer dizer, mais compatíveis (o mais compatível que o poder político possa suportar) com os interesses dos seus destinatários directos e dinamiza o processo de construção europeia. Falamos da vertente vertical

---

[14] Ver infra nota 36.

[15] Cfr. Antonio Ojeda Avilés, "La negociación colectiva europea", *Relaciones Laborales*, II, 1993, p. 1260.

[16] Consulta e negociação constituem duas dimensões ou vertentes do diálogo social de âmbito comunitário: Alan C. Neal, "We love you social dialogue – but who exactly are you?", in AAVV: *La contrattazione collettiva europea – profili giuridici ed economici*, Milano, F.Angeli Ed., 2001, p. 113-114. Veja-se também Jackie Morin, "Quelle pratique du dialogue social en France?", in AAVV: *La contrattazione collettiva europea – profili giuridici ed economici*, cit., p. 131.

[17] Conforme nos ensinam os Autores Jorge Aragón e Fernando Rocha ("A negociación colectiva y el futuro del proyecto europeo", Gaceta Sindical, Septiembre, 1999, p. 83) e María del Mar Ruiz Castillo (ob. cit., p. 708), respectivamente. Deve consultar-se, para uma abordagem mais desenvolvida das suas características, a análise distintiva de Jorge Leite em "Algumas notas sobre a concertação social", *Questões Laborais*, n.º 14, ano IV, 1999, pp. 148-150.

[18] Porque falamos de consulta poderíamos ser tentados a incluir nesta vertente do diálogo social europeu a informação e consulta dos trabalhadores nas empresas e sociedades de dimensão comunitária, previstas e reguladas na Directiva 94/45/CE, cujo objectivo principal consiste em proporcionar um intercâmbio de opiniões que possa condicionar as decisões empresariais. Contudo, trata-se de um processo intra-empresarial que, de comunitário, só tem a dimensão da empresa ou grupo de empresas e o âmbito material da informação ou consulta, que se relaciona com questões de relevância comunitária.

do diálogo social, que pode assumir diferentes contornos dependendo de se tratar de um processo informal e não obrigatório ou formal e obrigatório, ainda que não vinculante, que contribui para a democratização das decisões[19]. Este segundo aspecto corresponde em boa parte ao período pós-Maastricht e caracteriza-se pela dupla consulta obrigatória integrada no procedimento legislativo em matéria laboral. Dizemos em boa parte porque também aqui se pode incluir a consulta realizada ao Comité Económico e Social (art. 257º CE), um órgão de carácter consultivo composto por representantes dos diferentes sectores da vida económica e social que, à semelhança do que sucede com a consulta ao abrigo do art. 138º CE, sempre que o Tratado a impõe (ela pode ser obrigatória ou facultativa) no procedimento legislativo, a sua ausência resulta em violação de uma formalidade essencial e determina a invalidade do acto, apesar de a posição assumida se manifestar através de instrumentos não vinculativos. No entanto, a consulta prevista nesta última norma tem uma particularidade que justifica o seu tratamento privilegiado: com um âmbito subjectivo limitado aos interlocutores sociais (o mesmo é dizer, à dimensão laboral do social) a consulta pode converter-se em negociação, transformando-se os consultados em sujeitos reguladores.

Quanto à negociação colectiva à escala comunitária há que ter presente que, apesar de todas as dúvidas que se levantam em relação ao seu produto, ela apresenta-se como uma manifestação do diálogo social horizontal (em sentido amplo), dotada de "vocação" para produzir acordos colectivos reguladores das condições de trabalho, independentemente de surgir num contexto institucional ou resultar do livre exercício da autonomia colectiva. Ou seja, para além do formalizado nos tratados (o procedimento institucionalizado do diálogo social, que pode gerar negociação colectiva), há que ter presente a negociação autónoma, livre de qualquer impulso ou condicionante institucional mas com um relevo de dimensão europeia.

---

[19] O dever de consulta serve o propósito de reforçar a legitimidade democrática da legislação laboral europeia (cfr. Wilfredo Sanguinetti Raymond, "El papel de la autonomía colectiva en la construcción del espacio social europeo", *Carta Laboral*, n.º 35, 1999, p. 4) ou tem a virtude de ajudar a suprir os limites de democraticidade das instituições de governo (cfr. María Emilia Casas Baamonde, "«Doble» principio de subsidiariedad y competencias comunitarias en el ámbito social", *Relaciones Laborales*, I, 1993, p. 55). O Livro Verde sobre a Política Social Europeia de 1993 [COM (93) 551, de 17 de Novembro de 1993] refere-o expressamente: as organizações representativas de trabalhadores e empregadores constituem um elemento importante da democratização, a par com o papel crescente do Parlamento Europeu e das regiões (p.61).

2. Breve percurso histórico de afirmação.

2.1. Acções consultivas, experiências horizontais e consagração do papel colectivo na política social comunitária.

Assumindo o adquirido em Val Duchesse[20] o Acto Único Europeu (1986) introduz a expressão "diálogo social" no direito comunitário primário, com isso legitimando formalmente as consultas até então realizadas e reconhecendo juridicamente a modalidade horizontal de participação dos actores sociais.

Até 1985 a participação social de âmbito comunitário estava praticamente restringida à dimensão consultiva e denotava uma certa preferência pelo domínio sectorial. Para além da existência de algumas estruturas orgânicas de carácter consultivo e de representação plurifacetada (Comité Económico e Social e Comité Permanente do Emprego[21]) assiste-se a algumas experiências, integradas em comités consultivos interprofissionais existentes nos distintos domínios políticos de acção comunitária ou em comités conjuntos sectoriais (comités paritários) e inclusive em grupos de trabalho informais de carácter sectorial[22]. Os organismos representativos de interesses colectivos laborais assim reunidos, faziam chegar às autoridades comunitárias os seus pontos de vista sob diversas formas (opiniões, pareceres, declarações, etc.), nenhuma delas dotada de força jurídica vinculante.

---

[20] Ver supra nota 11.

[21] Criado em 1970 pela Decisão n.º 70/532/CEE da Comissão, modificado na sua composição em 1975, foi reformado em 1999 pela Decisão n.º 1999/207/CE do Conselho (JO n.º L 72, de 18/3/1999). Trata-se de um órgão que tem por missão, de acordo com o diploma que o criou, assegurar de modo permanente *o diálogo, a concertação e a consulta* (sublinhado nosso) permanentes entre Conselho, Comissão e parceiros sociais, a fim de garantir os contributos destes para a estratégia coordenada de emprego e facilitar a coordenação pelos Estados membros das suas políticas neste domínio. Distinto é o Comité do Emprego, criado pela Decisão n.º 2000/98/CE, de 24/1/2000 (JO n.º L 29 de 24/2/2000) que, com a sua primeira reunião faz cessar as funções do Comité do Emprego e do Mercado de Trabalho instituído pela Decisão 97/16/CE. Este Comité tem carácter consultivo e visa promover a coordenação entre os Estados membros em matéria de política de emprego e de mercado de trabalho. De acordo com a decisão que o criou, o Comité do Emprego deve actuar em colaboração com o Comité Permanente do Emprego.

[22] Sobre estas estruturas de âmbito interprofissional e sectorial veja-se Ministerio de Trabajo y Asuntos Sociales, *El diálogo social en a Unión Europea*, Madrid, 1997, em especial pp. 41-44.

Diálogo Social e Negociação Colectiva na Europa Comunitária 337

Com o Acto Único Europeu (AUE) introduziu-se pela primeira vez no direito primário uma disposição [o art. 118º-B do Tratado CE (os artigos 117º a 120º do Tratado CE foram substituídos pelos artigos 136º CE a 143º CE)] segundo a qual a Comissão *assume o compromisso* de desenvolver o diálogo *entre* os interlocutores sociais à escala europeia, diálogo que (admite-se expressamente), pode conduzir a relações convencionais. Trata-se de uma disposição que não atribui qualquer direito de negociação colectiva europeia, simplesmente reconhece a sua possibilidade. Melhor, mais que reconhecer um direito formaliza-se um dever. O dever da Comissão em impulsionar o diálogo entre os interlocutores sociais (o diálogo horizontal), agora com um claro objectivo: que as partes estabeleçam um "acordo"[23]. Ou seja, o Tratado prevê expressamente que os interlocutores sociais possam passar do diálogo (em sentido estrito) à negociação colectiva[24], de forma livre e voluntária.

A posição que deverá assumir este "acordo" no ordenamento jurídico comunitário e em particular na conformação da política social, não fica de todo definida, o que faz com se lhe negue um qualquer valor jurídico que vá mais além de um mero reconhecimento formal de um conjunto de acções desencadeadas de forma voluntária e informal, já antes impulsionadas pela Comissão à margem de qualquer previsão normativa.

De facto, o chamado «dialogue bipartite autonome»[25], o diálogo social horizontal realizado fora de um específico contexto institucional, teve nas "acções conjuntas"[26] os seus únicos frutos, obtidos essencial-

---

[23] Utilizou-se aqui a expressão "acordo", sem que tal corresponda ao texto legal do Tratado, que se refere apenas a «relações convencionais» É assim que procede uma parte importante da doutrina que não parece atribuir relevância à diferença de teor literal das duas expressões (veja-se Miguel Rodríguez-Piñero, "La negociación colectiva europea hasta Maastricht", *Relaciones Laborales*, 1992, II, p. 43 e "Diálogo social, participación y negociación colectiva", cit., p. 93; María del Mar Ruiz Castillo, ob. cit., p. 716) ou entende que a obtenção de um acordo é precisamente o fim querido pela norma (Joaquín Aparicio Tovar, ob. cit. p. 928). Não obstante, o facto de no APS ter ficado explícito no seu art. 4º que o diálogo entre os interlocutores sociais pode conduzir a «relações convencionais, acordos incluídos», legitima a interrogação sobre o rigor da expressão "acordo" para referir os resultados do diálogo social reconhecidos em 1986.

[24] Assim se conclui no Livro Verde sobre a Política Social Europeia de 1993 [COM (93) 551], p. 61.

[25] Na expressão de Jackie Morin, ob. cit., p. 132.

[26] Utiliza-se a expressão "acções conjuntas", acompanhando aliás os termos utilizados pela própria Comissão nos seus documentos [veja-se em especial COM (1998) 322

mente a nível interprofissional. Porque assim foi, isto é, porque apesar da nova legitimação "constitucional", as acções colectivas dos parceiros sociais de nível europeu se mantiveram na anterior lógica de generalização de conteúdos (os temas eram de interesse geral, como o mercado de trabalho e a formação profissional) e fragilização de formas (posições e declarações conjuntas apresentadas à Comissão), se entende ter havido uma mera continuação da situação anterior, em vez de uma qualquer previsível inovação.

Nem o diálogo interprofissional nem o sectorial desenvolvidos no quadro jurídico estabelecido pelo AUE geraram instrumentos de natureza contratual[27]. Para sermos mais precisos, em nenhum dos casos ocorridos seria rigoroso identificar os resultados obtidos com verdadeiros convénios colectivos reguladores das condições de trabalho (fontes de produção normativa), nem sequer com contratos obrigatórios para as partes outorgantes. Os (parcos) "acordos" então celebrados constituem na realidade meros precedentes[28] de uma futura negociação colectiva comunitária, independentemente da dimensão negocial assumida. O seu conteúdo limita-se a reflectir alguns pontos de consenso nas relações profissionais e a "comprometer" socialmente as partes outorgantes, pois em nenhum caso fica garantida a tutela jurídica necessária para tornar efectivo o seu cumprimento.

A transformação do diálogo em negociação (melhor, a possibilidade de o diálogo social assumir a forma de negociação), se parece ser teoricamente possível, a verdade é que não encontra no direito comunitário um suporte jurídico suficientemente consistente para a sua realização[29],

---

final, p. 15 ss.]: os resultados dos encontros bipartidos dos interlocutores sociais neste período não podem qualificar-se como acordos e muito menos convenções colectivas, fruto da negociação entre sujeitos colectivos. Considera a doutrina, a propósito destas acções conjuntas, que estamos diante de precedentes da negociação.

[27] Fernando Valdés Dal-Ré, (ob. cit., p.68) exclui da "atonia negocial" com que caracteriza o período, alguns exemplos, como o acordo quadro assinado a 6 de Setembro de 1990 entre CES e CEEP, no âmbito das empresas públicas, sobre formação e preparação para a inovação tecnológica. Assim também María del Mar Ruiz Castillo (ob. cit., p. 715), que fala de uma «manifestación más audaz y de una terminología más poderosa».

[28] Assim os qualifica Tomás Sala Franco, "La negociación colectiva en el marco europeo comunitario y el ordenamiento español, in AAVV: *La contrattazione collettiva europea – profili giuridici ed economici*, Milano, F.Angeli Ed., 2000, p. 98.

[29] Nas palavras de Joaquín Aparicio Tovar (ob. cit., p. 930) não há uma «base jurídica sólida».

constituindo o Acto Único Europeu apenas um meio de prévia legitimação[30] antes de chegar o momento da sua realização prática. Por este facto, isto é, por não ser ao tempo adequado falar de negociação colectiva europeia[31], tem-se atribuído ao art. 118º-B o carácter de uma declaração política[32], uma norma dotada de um sentido programático e meramente promocional[33].

Ora, se não parece de imputar à ausência de obrigatoriedade jurídica imposta à acção da Comissão a escassez dos resultados obtidos neste período, também não parece integralmente legítimo remeter para a inexistência de regulação "constitucional" destes "acordos" (legitimidade das partes, procedimento, natureza e efeitos) a responsabilidade integral pela opção por formas não vinculativas e por um conteúdo não impositivo. Como refere Miguel Rodríguez-Piñero[34] este argumento tem servido apenas para ocultar as verdadeiras dificuldades na acção colectiva, centradas na atitude das partes sociais.

No entanto, se parece ser de atribuir aos próprios interlocutores sociais de âmbito comunitário uma importante parcela de responsabilidade, tanto na deficitária estrutura organizativa e insuficiente base legitimadora como na sua acentuada inércia regulativa (resultado ela mesma dos factores anteriores), não podemos ignorar que no quadro jurídico comunitário anterior a 1992 faltava a necessária base normativa para que o diálogo social horizontal à escala europeia deixasse de surgir como mero fenómeno social e o seu produto pudesse adquirir a dimensão de fonte de direito[35].

2.2. *Inserção participativa e autoregulação colectiva em matéria de política social.*

Convidadas a participar com os seus pontos de vista na Conferência Intergovernamental de 1991, as organizações colectivas CES, UNICE e

---

[30] Cfr. Wilfredo Sanguineti Raymond, últ. ob. cit. p. 2 e Fernando Valdés Dal-Ré, ob. cit.,p. 66, entre outros.
[31] Como assegura Federico Navarro Nieto, ob. cit., p. 379.
[32] Cfr. Nuria Elena Ramos Martín, "El diálogo social en la Unión Europea", *Actualidad Laboral*, n.º 33, septiembre, 2000, p. 558.
[33] Cfr. José Luis Monereo Pérez, "La participación de los agentes sociales en la construcción de la Comunidad Europea y el diálogo social", *Actualidad Laboral*, n. 29, 1989-2, 379-380 e 383.
[34] "La negociación colectiva europea tras Maastricht", cit., p. 50.

CEEP propuseram ao Conselho uma nova redacção para os artigos 118°, n.° 4, 118°-A e 118°-B do Tratado CE, com base no acordo entre elas assinado a 31 de Outubro de 1991. Apesar de destituída de vinculatividade jurídica, a verdade é que os Estados membros acabaram por aceitar a proposta quase na sua totalidade, tendo-a integrado, com ligeiras modificações, no Acordo de Política Social (1992).

Este instrumento jurídico confere aos interlocutores sociais, jovens protagonistas do direito social europeu, um novo papel. Por um lado institucionaliza-se o dever de consulta, que passa a integrar o procedimento legislativo em matéria social, ao ponto de, ainda que limitado a um parecer ou recomendação, por natureza não vinculante, o direito de intervenção dos actores sociais condicionar a validade formal do acto jurídico comunitário. Por outro, integra-se a negociação colectiva europeia nos instrumentos de produção normativa do direito social comunitário (o que não é exactamente o mesmo que atribuir-lhe o carácter de fonte de direito comunitário) com uma posição hierarquicamente preferente, ao permitir que a acção colectiva possa substituir o acto heterónomo das instituições comunitárias[36]. Ao mesmo tempo reforça-se o reconhecimento com carácter geral do produto da negociação colectiva, já iniciado em 1986 (embora deixado em estado embrionário) garantindo-lhe, ainda que em escassa medida e de forma condicionada, a aplicação do seu conteúdo no espaço interno dos Estados membros.

A tudo isto deve acrescentar-se a atribuição de um papel de execução interna do direito comunitário em matéria social à negociação colectiva de âmbito nacional (acordos transpositorios) que pode, a determinação do Estado membro (e salvaguardando o seu cumprimento integral[37]), constituir instrumento de transposição de directivas.

---

[35] Como diz Wilfredo Sanguineti Raymond ("El papel de la autonomía colectiva en la construcción del espacio social europeo, cit., p. 2) «Ni la negociación colectiva queda identificada como proceso normativo, ni el convenio colectivo que le pueda suceder adquiere un estatuto jurídico».

[36] Os chamados "acordos substitutivos", na terminologia de Antonio Ojeda Avilés ("Los euro-acuerdos reforzados y la naturaleza de la decisión del Consejo", *Revista Española de Derecho del Trabajo*, n. 57, enero/febrero, 1993, p. 855 e "La negociación colectiva europea", cit., p. 1250) que os enquadra, junto com as duas situações seguintes, a que chama "acuerdos reforzados" y "acuerdos transpositorios", na "trilogía negocial" do APS.

[37] Através de legislação dispositiva ou supletiva, ou inclusive de actos administrativos de extensão: Antonio Ojeda Avilés, "La negociación colectiva europea", cit., p. 1258.

Trata-se de um complexo conjunto de disposições que dizem muito menos do que supõem, impondo um trabalho doutrinal de interpretação que apela demasiado ao implícito, dedutível ou latente do direito "constitucional" europeu. Contudo, e apesar de todas as insuficiências, existe agora uma base regulativa para a negociação colectiva de âmbito comunitário e prevê-se a possibilidade de alguns dos seus resultados se dotarem de um poder de conformação social, ainda que tal não possa ocorrer de forma autónoma ou independente. Dito de outro modo, se parece difícil admitir que o direito primário instituído em 1992 atribui o carácter de fonte de direito comunitário aos acordos colectivos desse âmbito de realização, também parece certo que os reconhece como instrumentos de regulação social, oferecendo um meio público de aplicação que lhes garante os efeitos imprescindíveis à harmonização das condições de trabalho no espaço de integração.

E ainda que os acordos obtidos não constituam normas jurídicas comunitárias ou nem sequer possam gerar qualquer efeito normativo, porque inviável o meio público de aplicação ou impraticável a absorção por convénios colectivos de trabalho nacionais, tal não significa que o seu conteúdo regulativo seja irrelevante; apenas expressa as dificuldades práticas de o tornar vinculante.

Até hoje nada mais se modificou no direito primário no que concerne à regulação do diálogo social e em particular à sua dimensão negocial. O Tratado de Amsterdão, para além do reconhecimento dos direitos fundamentais descritos e garantidos noutras instâncias (art. 136º CE), limitou-se a incorporar o texto do APS, eliminando a duplicidade de procedimentos para a realização da Política Social[38], enquanto o Tratado

---

[38] Entre a aprovação do APS e a revisão de Amsterdão, a política social comunitária dotou-se de uma dualidade de procedimentos: o que resultava do direito comunitário primário, aplicável a 12 Estados membros (depois de 1995 a 15) e o que resultava do Acordo de Política Social e se baseava no Protocolo XIV, aplicável a 11 Estados membros (depois de 1995 a 14), uma circunstância que justificou o discurso sobre a "Europa de duas velocidades" (à semelhança da mais recente duplicidade existente no processo de integração derivado da participação na união monetária): *Gilles Sintes, La Politique Sociale de l' Únión Européenne*, Colection Travail et Societé, n. 16, Montpellier, Institut de Recherche et de Reflexion sur la Cooperation Européenne, 1996, p. 66; Ami Barav y Christian Philip, *Dictionaire Juridique des Communautés Européennes*, Paris, Presses Universitaires de France, 1993, p. 515; Chris Engels y Lisa Salas, "Labour Law and the European Unión after the Ámsterdam Treaty", in: AAVV, *Institutional Changes and the European Social Policies after the Treaty of Ámsterdam*, Londres, Kluwer, 1998, p. 29.

de Nice (já aprovado, mas ainda aguardando ratificação para a sua entrada em vigor) inclui apenas uma ligeira modificação no procedimento de aprovação das directivas sociais[39], em nada afectando a posição e o estatuto jurídico da negociação colectiva à escala europeia.

3. Âmbito material da negociação.

A negociação colectiva de dimensão comunitária prevista nos artigos 138º e 139º CE apesar de surgir, numa primeira linha de análise, inserida no contexto material da harmonização legislativa institucional, não tem por que restringir-se ao domínio das competências comunitárias. Ao contrário, deve admitir-se a possibilidade de obtenção de acordos colectivos em matérias não previstas, como o emprego e a formação profissional, assim como em matérias expressamente excluídas da competência comunitária, como a remuneração[40].

Esta conclusão resulta directamente do art. 139º CE, o único em todo o texto do Tratado que se refere expressamente aos acordos colectivos. O seu n.º 1 constitui uma norma geral de admissibilidade jurídica, enquanto o número 2 torna operativos esses acordos, determinando os modos da sua aplicação. Um deles, porque supõe uma intervenção normativa do Conselho, circunscreve-se ao âmbito material das competências comunitárias; o outro traduz-se num meio privado de execução, para o qual o TCE não impõe qualquer restrição ficando, por isso, livre quanto ao seu conteúdo – acordos "liberi"[41]. A remissão para o art. 137º CE deve assim entender-se como um limite de conteúdo unicamente no

---

[39] Referimo-nos à alteração introduzida no art. 137º CE, de acordo com a qual algumas matérias até agora exclusivamente reguladas por meio de uma deliberação unânime do Conselho, podem ser aprovadas por maioria qualificada, se assim o determinar o Conselho através de uma deliberação unânime. São os casos da protecção dos trabalhadores em caso de rescisão de contrato de trabalho, da representação e defesa colectiva dos interesses dos trabalhadores e dos empresários, incluída a co-gestão (com excepção das matérias já anteriormente excluídas da competência comunitária: remunerações, direito de associação e sindicalização, direito de greve e lock out) e das condições de emprego dos nacionais de terceiros países que residam legalmente no território da Comunidade.

[40] Cfr. Wilfredo Sanguineti Raymond, "El papel de la autonomía colectiva en la construcción del espacio social europeo", cit., p. 5.

[41] Cfr. Mario Grandi, "La contrattazione collettiva europea: aspetti giuridici", in: AAVV, La contrattazione collettiva europea – profili giuridici ed economici, cit., p. 20.

que se refere à aplicação do acordo mediante decisão do Conselho[42]: a negociação colectiva em âmbitos materiais distintos dos previstos no art. 137º é possível, mas a sua aplicação faz-se por meios próprios, sujeitando-se a problemas mais complexos inerentes às organizações partes da negociação e aos distintos sistemas de negociação colectiva nacionais.

Do exposto resulta que a previsão normativa de acordos colectivos de trabalho de âmbito comunitário, inserida no capítulo de política social, lhes dá uma amplitude material tão ampla quanto o admita a necessidade de regulação socio-laboral. Nesta perspectiva, o art. 139º CE constitui uma norma que, apesar de integrada no capítulo social do Tratado, acaba por assumir uma dimensão que ultrapassa os limites formais da sua inserção. Ou seja, inclusive nos casos em que se encontra já ultrapassado o estrito domínio social de acção, entrando noutra temática como é o emprego (agora integrado num capítulo próprio que reserva aos Estados as principais competências e se limita a estabelecer uma acção de coordenação comunitária), subsistem argumentos para sustentar a possibilidade de negociação colectiva[43].

De facto, se a amplitude material da negociação colectiva na temática da política social encontra a sua justificação mais próxima na adequada interpretação do art. 139º CE, a sua extensão a outros domínios de interesse comunitário encontra a principal razão de ser no princípio geral da autonomia colectiva, manifestado na supra citada norma, mas sustentado em princípios fundamentais reconhecidos e recebidos pelo Direito Comunitário. E se ainda houvesse dúvidas, a "soft law" da Comissão aclarou-as na Comunicação "Adaptar e promover o diálogo social a nível comunitário" [COM (1998) 322 final]: para além da negociação inserida no procedimento de consulta, há um amplo espaço de acção destinado à negociação desenvolvida nas estruturas do diálogo social, tanto interprofissional como sectorial, dispondo os interlocutores sociais de duas soluções para aplicar os acordos obtidos de acordo com o n.º 2 do art. 139º[44].

---

[42] Ibidem, p. 21.
[43] Negociação colectiva e não apenas "acções conjuntas", como o deixa entender o COM (93) 600 final e se confirma no COM (1998) 322 final, p. 15.
[44] Consultar em especial a p. 18 da Comunicação.

4. Níveis de negociação.

Quando se faz referência a níveis de negociação é usual considerar a negociação interprofissional, sectorial e de empresa. Contudo, no contexto comunitário, ademais de se tratar de uma terminologia provavelmente inadequada[45], tal não pode supor uma directa remissão classificatória. De facto, apenas as duas primeiras dimensões têm aqui pleno cabimento, sendo que a negociação empresarial (que surge, na Directiva 94/45/CE que a regulamenta, dotada de prioridade regulativa e com eficácia jurídica assegurada[46]), de comunitário apenas tem a dimensão da empresa ou empresas e a relevância dos interesses prosseguidos. A dimensão empresarial que estas negociações necessariamente assumem exclui por si só qualquer pretensão harmonizadora à escala comunitária, essencial para integrar o título do qual havíamos partido. Assim o confirma a doutrina que só com o apoio de adjectivos claramente excludentes a considera negociação colectiva comunitária: negociação comunitária "imprópria"[47], inscrita no processo de transnacionalização das empresas e grupos de empresas.

Os restantes níveis de negociação (interprofissional e sectorial) podem ocorrer tanto no contexto do procedimento institucionalizado do diálogo social previsto no Tratado (ou seja, originando-se no procedimento de consulta) como em resultado do livre exercício da autonomia privada, originando-se nas estruturas do diálogo social (comité do diálogo social – para o âmbito interprofissional de negociação – e comités de diálogo sectorial[48]).

---

[45] A terminologia não é completamente correcta já que falar de níveis de negociação supõe a existência de um sistema de negociação colectiva europeia, o que não corresponde ainda à realidade comunitária: cfr: Antoyne Lyon-Caen, "La négociation collective dans ses dimensions internacionales", *Droit Social*, n.º 4, Abril, 1997, p. 359. Manfred Weiss (Collective bargaining in Germany from a european perpective", in: AAVV, *La contrattazione collettiva europea – profili giuridici ed economici* cit., p. 91), partilha da mesma opinião.

[46] Cfr: Antoyne Lyon-Caen, "La négociation collective dans ses dimensions internacionales", cit, p. 362.

[47] Como o faz Miguel Rodríguez-Piñero, "Información y consulta de los trabajadores a nivel transnacional comunitario: el modelo negocial", Relaciones Laborales, 1995, II, p. 55.

[48] Os comités de diálogo sectorial foram criados pela Decisão da Comissão 98/500/CE, de 20 de Maio de 1998, tendo então substituído as múltiplas estruturas anteriormente existentes neste nível de negociação.

Esta negociação, dita não institucionalizada, embora potencialmente muito abrangente, defronta-se com sérios obstáculos para a sua realização prática. As dificuldades (até ao momento, impossibilidade) em "transpor" internamente e em todos os Estados membros o seu conteúdo regulador, necessário à produção dos efeitos normativos exigíveis para qualquer acção harmonizadora, associa-se a outras questões prévias, como a necessidade de reconhecimento mútuo dos interlocutores sociais, a sua predisposição para regular determinadas matérias, algumas das quais dificilmente objecto de consenso e a legitimidade que têm para negociar.

Porque estes problemas são mais facilmente verificáveis ao nível macro da negociação, tende-se a considerar que a acção autónoma constitui espaço reservado à negociação sectorial, actuando os interlocutores sociais interprofissionais por exclusivo impulso externo. Assim o entende Giuseppe Santoro-Passarelli[49], que afirma em relação à negociação interprofissional que «allo stato attuale non è ipotizzabile la conclusione di un accordo libero» e o confirma a prática, já que os três acordos quadro adoptados no âmbito interprofissional de negociação tiveram origem institucional e por via de um acto institucional forma aplicados, o que supõe estarem materialmente restringidos aos limites de competência do Conselho. Estamos a referir-nos ao acordo quadro sobre licença parental, de 14 de Dezembro de 1995, ao acordo quadro sobre trabalho a tempo parcial, de 6 de Junho de 1997 e ao acordo quadro sobre trabalho de duração determinada, de 18 de Março de 1999.

Por seu lado, a negociação sectorial, potencialmente mais favorável ao desenvolvimento autónomo das relações contratuais apresentou, como resultado da negociação não institucionalizada, o acordo quadro de *recomendação*[50] do sector agrícola, de 24 de Julho de 1997, assinado pelas organizações EFA/CES y GEOPA/COPA. Trata-se de um acordo relativo à melhoria da formação profissional e das competências no quadro dos fundos e iniciativas comunitárias, identificação e aplicação de novos tipos de contratos, com o objectivo de melhorar a competitividade do sector e o aumento do emprego, assim como a reorganização do tempo de traba-

---

[49] "Unione economico-monetaria e contrattazione collettiva europea: organizzazione técnico-giuridica dei processi negoziali e loro picaduto nell'ordenamento italiano", in: AAVV, *A contrattazione collettiva europea – profili giuridici ed economici*, cit., p. 59.

[50] Por ser um acordo de "recomendação", e como tal estar destituído da necessária vinculatividade, não foi difícil enquadrá-lo no repertório de "declarações comuns" e "códigos de conduta": Jorge Aragón e Fernando Rocha, cit., p. 85.

lho. Neste último caso faz-se uma recomendação de redução do tempo de trabalho para as 39 horas e a introdução, pela primeira vez no sector, do conceito de flexibilidade na organização do tempo de trabalho. As partes sociais comprometem-se também a por um freio à mão de obra ilegal.

Mais recentemente (em 1998 e 2000) concluíram-se dois acordos europeus sectoriais, mas agora impulsionados pela Comissão ao abrigo do procedimento de consulta do art. 138º CE[51]: o acordo relativo à organização do tempo de trabalho dos marítimos, de 30 de Setembro de 1998, celebrado pela Associação de Armadores da Comunidade Europeia (ECSA) e pela Federação dos Sindicatos dos Transportes da União Europeia (FST) e o acordo de 22 de Março de 2000, relativo à organização do tempo de trabalho do pessoal da aviação civil, celebrado pela Associação das Companhias Aéreas Europeias (AEA), a Federação Europeia dos Trabalhadores dos Transportes (ETF), a Associação Europeia do pessoal Navegante (ECA), a Associação das Companhias Aéreas das Regiões da Europa (ERA) e a Associação Internacional de Chárteres Aéreos (AICA). Estes dois acordos tiveram origem na necessidade de ampliação e especificação da Directiva sobre a organização do tempo de trabalho de 1993[52]. No primeiro caso o acordo evita a regulação hetónoma na sua área sectorial por parte da directiva de ampliação, no segundo substitui a referida directiva no sector em questão ao estabelecer disposições mais específicas.

5. Novos desafios para o diálogo social e experiências de coordenação das negociações nacionais.

O facto de nos termos referido até agora ao domínio de acção dos interlocutores sociais de dimensão comunitária na obtenção de acordos europeus, não significa que se considere despiciendo o papel dos interlo-

---

[51] Apesar de a experiência ao tempo não o poder ainda comprovar, a possibilidade de negociação sectorial derivada do procedimento de consulta era perfeitamente admitida pela Comissão na sua Comunicação "Adaptar e promover o diálogo social a nível europeu", já referida. Aqui se indica que a negociação sectorial tanto pode surgir como complemento aos acordos interprofissionais, como pode referir-se a acordos independentes, limitados ao sector em questão (p. 18 da Comunicação).

[52] Directiva 93/104/CE do Conselho, de 23 de Novembro de 1993 (JO n.º L 307, de 13/12/93), recentemente alterada pela Directiva 2000/34/CE do Parlamento Europeu e do Conselho, de 22 de Junho de 2000 (JO n.º L 195, de 01/08/2000).

cutores nacionais, especialmente das estruturas de topo, na realização de alguns dos mais importantes objectivos comunitários, como também não significa que se pretenda limitar o papel dos actores sociais europeus à mera conclusão de acordos com essa dimensão. Isto é, para além da acção contratual colectiva destinada à regulação das condições de trabalho no espaço comunitário, aos interlocutores sociais em geral reclama-se uma intervenção mais activa noutras áreas e impõe-se-lhes novos desafios: cabe-lhes um papel de relevo na nova estratégia para o emprego[53] e uma função na coordenação das negociações nacionais, com particular ênfase para a política reivindicativa salarial.

Estas novas vertentes de acção encontram a sua justificação mais próxima no estádio actual da integração europeia, em que à realização do mercado único acresce a união monetária, aumentando os riscos de produção de efeitos sociais desfavoráveis como consequência de medidas de sustentação económica das empresas[54].

Quer-se com isto dizer que, se o mercado único facilita a deslocalização empresarial para áreas de menor protecção[55], onde as empresas podem reduzir custos no seu factor de produção mais vulnerável – o trabalho, a integração das políticas monetária e cambial, apesar de tornar mais transparentes as diferenças entre os Estados[56], impede-os de utilizar

---

[53] De acordo com a nova estratégia para o emprego, definida no Conselho Europeu Extraordinário de Luxemburgo, de Novembro de 1997, os interlocutores sociais deverão ser consultados no seio do comité de emprego; assim como também serão consultados, através da sua participação no Comité Económico e Social, sempre que o Conselho decida adoptar medidas de promoção do emprego (art. 129º CE). Por sua vez, as directrizes para o emprego aconselham os interlocutores sociais a incluir estes temas nas negociações.

[54] Para Juan Moreno ("El sindicalismo, en la construcción de Europa", *Gaceta Sindical*, 1999, p. 92) as experiências de coordenação foram impulsionadas pelo funcionamento do mercado único e pela centralização das políticas monetárias, mas a tomada de consciência da sua importância já tem alguns anos: na Conferência de confederações sindicais europeias de Oslo, celebrada em Novembro de 1971, aprovou-se uma resolução, de acordo com a qual o movimento sindical está consciente de que no futuro terá que coordenar as actividades nacionais assim como as suas reivindicações (cfr. Laurentino J. Dueñas Herrero, "Los actores sociales en la Unión Europea. La política social y las estrategias de la Confederación Europea de Sindicatos", *Revista de Estudios Europeos*, n.º 25, 2000. p. 62).

[55] Como afirma Antonio Ferrer Sais ("Il caso españolo", in: AAVV, *La contrattazione collettiva europea – profili giuridici ed economici*, cit., pp. 137-138), desde o ponto de vista do mercado, as normas laborais são regras de concorrência.

[56] Veja-se, sobre esta questão em particular: Manfred Weiss, ob. cit., p. 69.

o instrumento de desvalorização monetária como típico mecanismo de compensação frente à perda de competitividade internacional, o que se reflecte necessariamente no mercado de trabalho[57].

Acompanhando a explicação de Alvaro Anchuelo Crego[58], ao surgirem perturbações assimétricas entre os vários países europeus, a perda de competitividade daí resultante, só pode ser solucionada com a adaptação da taxa de cambio do país em dificuldades – se a moeda desvalorizar os produtos tornam-se mais apetecíveis porque mais baratos, aumentando a sua procura externa, com os inerentes efeitos positivos na produção e no emprego. Deve ser assim porque não funcionam (ou não funcionam adequadamente) os outros instrumentos de ajuste: flexibilidade do mercado de trabalho, mobilidade internacional dos trabalhadores e centralização de um sistema fiscal que permita a redistribuição das receitas entre as distintas zonas de integração. Contudo, o único mecanismo de ajuste do país em dificuldades que parece subsistir, elimina-se com a integração monetária, gerando-se necessariamente estratégias empresariais proporcionadoras de uma maior eficácia económica, como a já referida deslocalização empresarial, ou ainda a fragmentação e especialização (geradoras de desemprego) bem como pressões crescentes sobre os salários e as condições de trabalho.

Do exposto de forma muito breve resulta que, à medida que se intensifica a integração, aumentam também as necessidades de protecção do trabalhador no espaço por ela abrangido. Mas estas necessidades não têm tido correspondência nas medidas adoptadas (mais do que nas previstas), em particular nas medidas que resultam da técnica legislativa de harmonização de mínimos de protecção, prevista no capítulo social do Tratado CE e que se tem demonstrado claramente insuficiente. Uma insuficiência que deriva do âmbito material de acção (restrito), da intensidade da regulação (mínima) e de uma concretização prática deficitária, fruto de graves entraves procedimentais e não menores reticências políticas.

---

[57] Como concluem Reiner Hoffmann y Emmanuel Mermet, "Wage coordination in the European Union challenges for the coordination of collective bargaining", in: AAVV, *La contrattazione collettiva europea – profili giuridici ed economici*, cit., pp. 142-143.

[58] "Las consecuencias económicas del euro", *Revista de Estudios Europeos*, n.º 17, Dez de 1997, pp. 78-79.

A estes problemas acresce o facto de a autorregulação colectiva de âmbito comunitário não ter permitido melhores resultados, limitando-se a oferecer a sua contribuição para a política harmonizadora institucional já que, em tudo o que pudesse ultrapassar os seus limites (acordos livres), surgem os (até agora) insuperáveis problemas de aplicação prática (eficácia e vinculatividade). No entanto, e sem diminuir a importância das questões anteriormente referidas, o grande obstáculo de acção parece estar na dificuldade em obter o consenso social necessário à celebração de acordos vinculativos. Uma dificuldade que, se tem sido manifesta nas áreas de competência institucional e em situações de impulso externo[59], mais evidente será quando o âmbito material recair sobre temas como as remunerações dos trabalhadores e os sistemas de apoio e protecção[60]. Contudo, as reticências empresariais não diminuem a responsabilidade dos sindicatos, que se lançam numa nova estratégia: a coordenação das negociações nacionais.

Neste contexto, as principais organizações sindicais do Benelux (Holanda, Luxemburgo e Bélgica) e Alemanha reuniram-se em Doorn (Holanda), em 1998, para definir uma estratégia de coordenação das suas acções nacionais com os seguintes objectivos: prevenir o dumping salarial, adequar os salários à taxa de inflação e repartir de modo mais equitativo os aumentos de produtividade. Posteriormente, a Federação Europeia de Trabalhadores da Metalurgia, adoptou uma resolução (em Dezembro de 1998) no sentido de as suas reivindicações salariais seguirem os mesmos critérios: os salários deveriam evoluir no mínimo a par com a taxa de inflação e os aumentos de produtividade deveriam incidir de forma equilibrada nos rendimentos dos trabalhadores. Na mesma linha de orientação podemos ainda referir as directrizes adoptadas pela Federação europeia do sector têxtil em Setembro de 1999.

---

[59] Assim ocorreu com a matéria dos conselhos de empresa europeus, em que as partes não chegaram a acordo dentro do prazo estabelecido pela Comissão e com o tema da informação e consulta dos trabalhadores a nível nacional, em que a UNICE se recusou a negociar. Mais recentemente também a tentativa de regulação convencional do trabalho temporário saiu frustrada, impedindo que se concluísse pela via convencional a regulação comunitária do designado trabalho "atípico". Quanto ao teletrabalho a negociação tem enfrentado algumas dificuldades porque a UNICE está renitente em celebrar um acordo com carácter vinculativo.

[60] A possibilidade existe mas é óbvia a dificuldade de obtenção de um acordo, como já o admitia a doutrina no inicio da vigência do APS: Eduardo Rojo Torrecilla, "En busca de a concertación social en Europa", *Relaciones Laborales*, II, 1993, p. 1330.

Estes casos traduzem o intento de criar uma «European framework formula»[61] de negociação salarial nacional, de acordo com a qual se elegem os principais critérios determinantes do aumento salarial, entre os quais a produtividade deve adquirir um peso crescente nas reivindicações sindicais, já que os limites impostos pela União Monetária (UM) diminuem a margem de manobra para as negociações.

Na sequência destas experiências sectoriais a CES, no seu Congresso de Helsínquia (Junho de 1999), decidiu criar um comité para coordenar a negociação colectiva a nível europeu, com o que se procurava gerar uma espécie de convergência das políticas negociais, à semelhança do que se passa a nível comunitário com a coordenação e convergência das políticas estatais em matéria de emprego[62]. Na sua reunião de 14-15 de Dezembro de 2000, adoptou-se uma recomendação segundo a qual se indicava um conjunto de directrizes para seguir nas negociações nacionais: o aumento nominal dos salários deve, no mínimo, superar a inflação, os incrementos de produtividade deverão repercutir-se em benefício dos trabalhadores e os salários dos sectores público e privado deverão crescer em paralelo. Para além disso, sugere-se a inclusão das matérias de formação profissional e educação ao longo da vida e a defesa da igualdade entre homens e mulheres.

Os acordos de coordenação (por agora limitados a uma das partes) não têm como objectivo uniformizar, nem sequer homogeneizar ou estandardizar, mas apenas regular a diversidade[63] procedendo a uma convergência das políticas contratuais na base de critérios de orientação comuns. Para isso, recorre-se a uma forma jurídica cujo modelo, longe de produzir efeitos jurídicos vinculantes, gera sem embargo uma importante eficácia social e compromete estes sujeitos colectivos num âmbito supranacional do qual se afastaram progressivamente e que constitui hoje em dia o seu domínio privilegiado de acção[64].

---

[61] Reiner Hoffmann y Emmanuel Mermet, ob. cit., pp. 149-150.

[62] A comparação pode ver-se em Antonio Baylos, "La necesaria dimensión europea de los sindicatos y de sus medios de acción", *Gaceta Sindical*, septiembre, 1999, p. 74.

[63] A estratégia de coordenação deve ter em conta as diversidades regionais, caminhando no sentido da sua convergência: cfr. Reiner Hoffman y Emmanuel Marmet, ob. cit., p. 152.

[64] Originado numa ideia internacionalista e globalizadora, o movimento sindical encontra-se desadaptado da dimensão internacional, que se apresenta hoje como uma necessidade urgente: Antonio Baylos, cit., p. 69.

ÍNDICE

NOTA PRÉVIA 7

Comissão de Honra 9

Mensagem ao Congresso 11

Sessão Solene de Abertura 13

As Razões do Congresso – *António Moreira* 15

Conferência de Abertura 21
Contrato de Trabalho e Objecção de Consciência – *António Menezes Cordeiro* 23

TEMA I – As Novas Ameaças ao Direito do Trabalho 47
O direito do Trabalho Perante a Realidade dos Grupos Empresariais – Alguns problemas ligados à transmissão de estabelecimento entre empresas do mesmo grupo – *Catarina de Oliveira Carvalho* 51
As Novas Ameaças ao Direito do Trabalho – *Pedro Ortins de Bettencourt* 93

TEMA II – A Boa Fé no Contrato de Trabalho 99
O Princípio da Boa Fé no Direito de Trabalho – Breve nota introdutória – *Mário Mendes* 103
Reflexões acerca da Boa Fé na Execução do Contrato de trabalho – *António Monteiro Fernandes* 109
Da Rescisão do Contrato de Trabalho por Iniciativa do Trabalhador – *Júlio Gomes* 129
Assédio Moral ou *Mobbing* no Trabalho – *Maria Regina Redinha* ... 169

TEMA III – Tempos de trabalho e de não trabalho 173
    Tempos de Trabalho e de Não Trabalho – *Albino Mendes Baptista* 177
    La Protección Jurídica de la Seguridad y Salud en el Trabajo en el
    Derecho Español – *Manuel Carlos Palomeque* 195

TEMA IV – O Direito do Trabalho e a Problemática da Igualdade ... 205
    O Assédio Moral no Trabalho – *Isabel Ribeiro Parreira* 209
    Igualdade no Trabalho de Estrangeiros – *J. Soares Ribeiro* 247

TEMA V – Direitos Fundamentais dos Trabalhadores Inconstitucionalidades... Mundialização 257
    A Constituição, a Tutela da Dignidade e Personalidade do Trabalhador e a Defesa do Património Genético. Uma Reflexão – *Bernardo da Gama Lobo Xavier* 261
    A Grande e Urgente Tarefa da Dogmática Juslaboral: A Constitucionalização das Relações Laborais – *António Garcia Pereira* 275

Sessão Solene de Encerramento 295

Conferência de Encerramento 297
    Um breve olhar sobre a problemática do *tempo de trabalho*, quer na conformação dos contratos de trabalho, quer na duração e segurança do trabalho – *Carlos Alegre* 299

Palavras do Coordenador – *António Moreira* 313

Discurso Oficial – *Jorge Alberto Aragão Seia* 317

Comunicações de Congressistas 329
    Diálogo social e negociação colectiva na europa comunitária – *Sabina Pereira Santos* 331